BERGAUF
BERGAB

Nichts im Leben endet oben

Wozu ein Vorwort?

»BERGAUF – BERGAB« war für mich immer groß geschrieben. Einmal, weil seit der Idee des Titels für die Bergsteigersendung (1975) von mir ein bestimmter oder unbestimmter Artikel vorausgedacht war – also ein Bergauf – Bergab oder das Bergauf – Bergab nicht nur des Bergsteigens, sondern auch des Alltags. Zum anderen war es groß geschrieben, weil es mein Berufsleben – und nicht nur das – über viele Jahre in Atem gehalten hat.

Heute macht, moderiert und verantwortet mein Freund Michael Pause die Bergsteigersendung des Bayerischen Fernsehens. Immer noch unter demselben Titel. Und er tut seine Arbeit so gut, dass er noch Interessenten dazu gewonnen hat. Erst kürzlich haben mich eine Mutter und eine Tochter gebeten: »Können wir nicht ein Autogramm von Ihnen haben – Herr Pause?«

Als Oldie der Münchner Bergsteigerszene erfüllt es mich auch mit einer gewissen abrundenden Genugtuung, dass akkurat der Sohn des Mannes (Walter Pause), der unsere bergsteigerische Sturm- und Drangzeit mit seinen Sachbüchern stark beeinflusst und mitgesteuert hat, wiederum Anreiz und Information von besonderer Qualität in die Bergsteigergemeinde streut.

Ohne »Pause« geht halt nichts im Gebirg!

Und wenn dieses Lesebuch aufs Neue im Bergverlag Rother erscheint, passiert das auch eingedenk der Tatsache, dass wir schon immer die Detailinformationen für unsere Touren aus dem AV-Führer-Werk dieses Verlags bezogen haben.

Manchmal gelingt es dem Verlag oder dem Verfasser eines Buches, einen bedeutenden Zeitgenossen solange zu belästigen, bis dieser aus persönlichen oder sachbezogenen Gründen ein Vorwort absondert.

Extra werbewirksam machen sich dabei beste Freunde oder Feinde (siehe Reinhold Messner im Buch über K. M. Herrligkoffer). Bei einem grauen Verfasser reicht es freilich weder zu einem weißen noch zu einem schwarzen Gast-Prolog. Sein eigenes Vorwort schreibt er – der Verfasser –, weil er sich, ach wie sympathisch, aber scheinheilig, dafür entschuldigen will, dass er seinen Interessenten noch einmal etwas viel zu Teures, Gebundenes zumutet und darin bestimmt wieder irgendwo vergisst, unterlässt, übertreibt, wiederholt, missversteht, danebenliegt, irritiert oder gar Unrecht tut. Außerdem hat jeder Autor Grund genug, sich reihenweise zu bedanken, bei allen, die eigen- und uneigennützig mitgeholfen haben, Geschichten geschehen zu lassen oder sie lesefertig zu machen. Aber hauptsächlich hat er sich bei jenen Wohltätern zu bedanken, die so ein Buch kaufen und verschenken oder sogar selbst lesen.

Zugegeben, es würde tatsächlich wohl tun zu wissen, dass neben der überwältigenden Televisionsmehrheit in der Bevölkerung eine Minderheit existiert, die liest. Und das nicht einmal aus Bildungsgründen, sondern einfach aus Spaß an launigen Überlegungen, oder zum Vergnügen an Geschichten, die jedem passiert sein könnten, wenn er intensiv lebt.

Also doch ein Vorwort.

Inhaltsverzeichnis

Transzendenzerfahrungen in den Bergen

Wenn der Mensch sich in den Ruhestand begibt oder dorthin geschickt, dorthin entlassen wird, nachdem er 45 Jahre lang begeistert gearbeitet hat, dann wird er zu einer Genussfähigkeit hingezwungen, die er nicht von einem Tag auf den anderen lernen kann. Ich muss sie mir nach und nach erarbeiten. Schreiben, Vorträge halten, an Diskussionen teilnehmen – immer mit dem Vorzeichen »Dürfen und Können« – nie mehr mit »Müssen« behaftet – lässt diese Genussfähigkeit gedeihen.

Warum ich immer wieder von kirchlichen Institutionen zu Veranstaltungen eingeladen werde, weiß ich nicht genau, kann es aber mutmaßen. Ich zweifle, ob ich mich darob geehrt fühlen darf. Kirche und Zweifel passen immer schon unter meinen Hut. Die Arbeitstagung »Kirche und Sport« fand im Kleinwalsertal statt. Es war eine ökumenische Veranstaltung. In der 30 bis 40 Mann starken Runde (der Frauenanteil war verschwindend) waren meine Frau und ich die offenbar einzigen Laien und mit Abstand die Senioren. Es tat uns gut, unter lauter begeisterten jungen Christen sein zu können. Man trug keine klerikale Berufskleidung, nur sportliche Bergsteigerkluft. Ich machte es mir von Anfang an zum Sport, nach einigen Gesprächskontakten auf meiner Teilnehmerliste hinter dem Namen ein E (evangelisch) oder K (katholisch) zu notieren, ohne dass ich den jeweiligen nach seiner Konfession gefragt hätte. Die Ökumene funktionierte so stark nicht, dass man nicht nach kurzer Zeit erkannt hätte, wo das Bekenntnis liegt, vor allem bei den Ks.

Die gemeinsame Gesprächsthematik hieß »Berge«, genauer »Transzendenzerfahrungen in den Bergen«. Meine Position war durch die Kenntnis und das Wissen über die Berge gewichtet. Die Schwerpunkte der Theologen lagen mehr jenseits der Transzendenz und die Überschreitungserfahrungen waren bei ihnen nicht weniger vage als bei mir. Ich hielt mein Referat, das die erste Diskussion einleiten sollte. Transzendenz heißt Überschreiten, Hinübergehen vom Alltäglichen, Realen ins Außergewöhnliche, vom Sinnlichen ins Übersinnliche, Mystische, Göttliche. Es mangelt mir weniger an Selbsterfahrung – ich bin alt genug und war häufig genug in den Bergen unterwegs –, es fehlt mir vielmehr die Intelligenz, Eloquenz, Formulierfähigkeit, die Unbefangenheit, Empfindungen wiederzugeben. Außerdem ist man natürlich kein Reinhold Messner, dem in jeder Beziehung ein Füllhorn zur Verfügung steht, wenn es um Überschreitungen, Übertretungen, Übertreibungen, Überwindungen und letztlich ums Überleben geht. Der Drang nach dem Über-, Außer-, Super-, Magic- ist in ihm personifiziert. Seine Motivationen heißen Neugier und Eitelkeit, wie bei uns allen seit eh und je. Ich fühle mich aber nicht – wie er – befähigt, hinüberzugehen. Bitte reden wir in unserem Fall vom Hinüberschauen, -fühlen, -glauben. Ja, ich meine, die Berge sind eine Möglichkeit dazu, eine Möglichkeit unter anderen. Auch Musik, Rhythmus, Drogen, Träume, Liebe, Fanatismus, besonders Gutes und besonders Böses können die Vehikel sein zum Abheben. Gott sei Dank braucht es für unsereinen (meine Frau nennt mich einen Spießer, weil das Licht an meinem Fahrrad funktioniert) nur die ziemlich normalen Gegebenheiten der durch die Berge dramatisierten Natur zum Hinüberfühlen – ins Glück, in die Zufriedenheit, die Freude, die Verbundenheit, die Liebe, die Gläubigkeit; denn nicht das, was wir wissen, denken oder tun, sondern nur das, was wir fühlen hebt uns in die Nähe Gottes empor, habe ich gehört. Und darum ging's wohl in diesem Arbeitskreis.

An einem wunderschönen Herbsttag im Werdenfelser Land hat mir ein sehr bergverbundener alter Bauer einmal gesagt: »Wenn's im Himmel nur hoib so schee is wia bei uns, dann bleib i doch glei do!« Wie, wo, warum ist unsere Bergsteigerei geeignet, derartige Gefühle auszulösen?

Zunächst einmal einfach, weil wir draußen und droben sind und dadurch weit sehen. Weil wir Kälte und Hitze und den Wind spüren. Weil wir andere natürliche Geräusche hören (vom Fluglärm einmal abgesehen). Ganz Sensible riechen auch noch die Düfte der Natur (zu denen auch der Mief im Hüttenschlafraum gehört!). Wir leben fast so, wie es ursprünglich einmal für uns vorgesehen war, und das rührt uns von Fall zu Fall sehr. In unserem Bestreben, möglichst weit und manchmal unter allen Umständen nach oben zu gelangen, versuchen wir zäh und vergeblich die Erdenschwere zu überwinden. Das Aufbrauchen von Kraft und Energie läutert und entblößt mehr und mehr unser Gefühlspotenzial. Haben Sie nicht auch den Eindruck, dass wir uns alle unter dem Gipfelkreuz lieber haben als gleich nach dem Aufstehen morgens früh? Wem wäre in den Bergen nicht immer wieder bewusst geworden, wie sehr gemeinsames Plagen verbindet. In welchem Maß es Generations-, Gesellschafts- und nationale Schranken abbaut. Ich habe auf Gipfeln schon Menschen umarmt, die ich auf Meereshöhe nur auf einen Meter Abstand an mich herangelassen hätte. Wie wir wissen oder gelesen haben, entwickeln sich in extremen bergsteigerischen Situationen so genannte Lebens- oder Todesgemeinschaften. Das heißt, man ist auf Gedeih und Verderb verbunden, mit dem Seil zum Beispiel, und aufeinander angewiesen. Manche gebrauchen das Wort »Bergkameradschaft«. Ab 7324 Metern Meereshöhe ungefähr kann man sich, wie Erfahrungen unter Höhenbergsteigern gezeigt haben, darauf nicht mehr verlassen. In der so genannten Todeszone muss jeder selber sehen, wo er bleibt. Verstehen kann das nur, wer sowo schon versucht hat, sich zu bewegen. Man hat den Eindruck, als befänden sich die Höchstregionen der Berge außer- und oberhalb der humanen Gefühlswelt. Die so vielfach gepriesene bergsteigerische Seilschaft ist also nicht immer gleichbedeutend mit freundschaftlicher Verbundenheit. Vor allem aus der Expeditionsliteratur heraus lassen sich mehrstrophige Lieder singen über Neid, Rivalität und Feindschaft.

Zurück von der Ernüchterung zum Mysterium.

Eine Gruppe von Freunden und Bekannten trifft sich, um in den Ammergauer Bergen einen kleinen Kultgipfel zu besteigen. Acht Personen sind auf dem steilen Anstieg unterwegs. Die Wetterbedingungen sind weder gut noch schlecht, als launisch muss man sie bezeichnen. Der letzte Teil des Aufstiegs erfordert mäßige Kletterfähigkeiten. Am Fuß der Felsen fängt es an zu regnen. Es wird beraten und geprüft. Obwohl einige noch nie oben waren und sich diesen Gipfel sehr wünschen, wird umgekehrt. Alle verzichten, auch die, die ohne weiteres hinaufkämen. Der Abstieg auf einem anderen Weg wird lang, nass und unangenehm. Nach etwa fünf Stunden seit Aufbruch kommt man an eine bewirtschaftete Alm, nicht gastwirtschaftlich, viehwirtschaftlich ist sie in Betrieb. Eine Teilnehmerin kennt jedoch das Almerpaar mit ihren zwei Buben gut. Bald sitzt man also am großen Tisch vor der Hüttenwand unterm Vordach und fühlt sich willkommen und deshalb auch wohl. Die Restbrotzeit aus den

Rucksäcken geht weg und die freundliche Almerin hat irgendwann Kaffee und Kuchen auf den Tisch gestellt. Jetzt, wo alle unterm Dach sitzen, macht es offenbar dem Regen keinen Spaß mehr weiter zu nässen. Schüchterne Sonnenstrahlen breiten ihren Glanz übers triefende Almgelände. Wald und Wiesen dampfen. Hie und da, wenn ihn die grauweißen Wolkenfetzen lassen, schaut der begehrte Felsengipfel auf die Menschengruppe herunter. Sollte er hämisch grinsen, dann irrt er sich; denn niemand weint ihm nach. Animiert durch den ruhigen Zauber der Umgebung hat ein Gespräch begonnen, ein außergewöhnliches. Obwohl zehn Personen da sitzen, wird nicht durcheinander palavert wie sonst. Es fragt, redet oder hört zu: ein Almer mit Reifeprüfung, ein Polizist und Bergwachtchef, eine Gemeinderätin und Ex-Leistungssportlerin, eine Hausfrau mit Brustkrebs, ein Journalist, ein sehr musischer Volkswirt, ein Frauenarzt und Klinikchef, eine Landtagsabgeordnete, eine Hausfrau und Oma mit einer noch nicht ausgeheilten Knieverletzung und eine Almerin mit physiotherapeutischen Kenntnissen. Man redet fast wie im Beichtstuhl, über Familiäres, Berufliches, Sportliches, Politisches, Problematisches, Erfreuliches und Trauriges. Am Tisch vor der Alm hat sich eine rare, tief greifende Gemeinsamkeit gebildet. Eine Gemeinsamkeit auf Zeit, die ihren Impuls aus diesem Tag und seinem Drumherum bezieht. Wie, wann, wo und warum erhebt uns die Bergsteigerei über den Alltag, fragen wir uns immer wieder. Und die Antworten fliegen uns zu: Angst ist ein Grund. Angst um die eigene Person und, noch quälender, Angst um einen Nahestehenden. Angst im Gebirge bleibt mir immer gegenwärtig. Ich spüre sie geradezu in der Magengegend. Wenn ich an das Unwetter denke, das meine Frau und mich in einer senkrechten Dolomitenwand überraschte. Oder die Angst um den Sohn, den wir in einer schweren Kletterroute wissen und der sich nach einem Wettersturz nicht meldet. Aber auch die Angst 1944 im Bombenkeller, in dem die Fenster splittern und die Mauer bricht. Da wird laut gebetet. Auf der anderen Seite erinnere ich mich an unbändige Freude und Dankbarkeitsgefühle, ausgelöst durch fast übernatürlich erscheinende Bilder oder Naturereignisse. Der Sonnenaufgang am Gipfel des Kilimandscharo, das Ausbrechen einer riesigen Eiswand an einem Gipfel der Anden oder ein Föhntag auf dem Hirschberg. Ebenso wie das händische Glockenläuten in unserer Münchner Pfarrkirche im Mai 1945, zum Ende des Zweiten Weltkrieges. Jetzt ist Frieden, hat man uns gesagt, und als Zehnjähriger konnte ich mir nichts darunter vorstellen.

So was und Ähnliches habe ich also bei der Arbeitstagung »Kirche und Welt« zum Thema »Transzendenzerfahrungen in den Bergen« erzählt. Der Gesprächsstoff riss drei Tage lang nicht ab. Meine Frau und ich genossen die Gesellschaft der gläubigen, jungen Nachdenker. Wir freuten uns über die Erkenntnis, dass es sich bei Transzendenzerfahrungen in den Bergen offenbar nicht nur um eine Alterserscheinung handelt.

Der Berg ist männlich

Aus zuverlässiger Quelle erfuhr ich gegen Ende des vergangenen Jahrhunderts, also erst vor ein paar Jahren, folgende wahre Geschichte.

In einer kleinen, aber elitären Münchner Alpenvereinssektion war Jahreshauptversammlung und der Vorsitzende sprach: »Wieder einmal, liebe Freunde, haben wir beim nächsten Punkt der Tagesordnung darüber zu befinden, ob wir in Zukunft das Weib, die Frau, das Mädchen als vollwertiges Mitglied in den Kreis unserer Sektion aufnehmen sollten oder nicht. Ich bin überzeugt, in eurem Sinn zu sprechen, wenn ich meine, die bergsteigende Frau hat sich emanzipiert. Die klassischen, schweren Alpenwände wurden längst auch von Frauen durchstiegen und nicht nur als Seilzweite, unter Führung eines Mannes, nein, längst als Seilerste in gemischten oder reinen Damen-Seilschaften. Ja, als Sologängerin im Sommer oder im Winter ist die Alpinistin von heute unterwegs. Es gibt also wahrlich keinen Grund mehr dafür, der Frau die Aufnahme in unsere Sektion auch weiterhin zu verwehren. Nur einen: Wir wollen nicht!«

In den fünfziger Jahren durfte ich erstmals in die Szene der ambitionierten Alpinisten hineinschnuppern und ich erinnere mich genau an ein Dogma aus dieser Zeit. Das hieß: Das Weib ist der Niedergang des Alpinismus! Tatsächlich kann ich mich an kein einziges Mädchen erinnern in den Jungmannschaften der großen Münchner Sektionen oder am glitschigen Konglomerat des Isartaler Klettergartens. Das Angebot bei der Katholischen Jugend oder im TSV 1860 München war da weit positiver.

Ich glaube ernsthaft, die Nachwehen der beiden Weltkriege mit den Parolen Heroismus, Härte und Männlichkeit waren aus den Bergsteigerköpfen nur schwer zu entfernen. Ganz andere Anmerkungen zum Alpinistenimage waren: Bergsteiger seien vielfach homosexuell, weil sie zusammen biwakieren beziehungsweise sich in Hüttenschlafräumen engstens auf den Matratzen gruppieren. Noch 1968, als Pierre Mazeaud in seinem Aufsehen erregenden Bericht vom Unglück am Frêneypfeiler des Mont Blanc über seinen toten Freund Pierre Kohlmann schreibt: »Ich habe keinen anderen mehr lieben können als dich!«, sahen sich einige dahingehend bekräftigt und fragten nach. Die Frager wussten freilich rein gar nichts vom Menschen und Bergsteiger Pierre Mazeaud im Besonderen und der Mentalität eines Romanen im Allgemeinen.

Zurück zur Frau am Berg, genauer: zu der Frau, die ich 1956 gefunden und 1958 geheiratet habe.

An ihr lässt sich die Geschichte von der Frau und vom Mann und vom Gebirg besonders authentisch und ziemlich allgemeingültig darstellen, durch viele Beispiele. Zunächst aber die notwendige Selbstanklage.

Ja, wir wollten die Helden spielen, imponieren, kraftmeiern und die Berge waren bestens dafür geeignet. Ich gaukelte meiner Errungenschaft zunächst alpines Können und Wissen vor – und wusste gar nichts. Woher auch? Eine gewisse alpinliterarische Vorbildung brachte mich mit Helga zuerst einmal an die Ruchenköpfe in den Schlierseer Bergen. Ich ließ sie auf dem Brotzeitfelsen sitzen, kletterte über den Westgrat hinauf und hatte dabei die Hosen ziemlich voll. Was hätte ich gemacht, wenn sie tatsächlich mitgeklettert wäre? Ich erwartete von ihr, dass sie Angst hatte. Und sie hatte Angst und bewunderte mich, als ich wieder bei ihr war. So war die Welt in Ordnung und so machten wir weiter. Wir waren absolut steigerungsfähig. Unsere alpine Entwicklung verlief autark, die Alpinismusszene hatte mir nicht behagt. »Learning by doing« war damals ganz allgemein weit verbreitet. Wir hatten beide unsere festen Arbeitsplätze beim Bayerischen Rundfunk beziehungsweise bei Siemens. Jede freie Minute verbrachten wir in den Bergen. Fahrrad und Vespa und im Winter Autobus oder Zug waren uns Mittel zum Zweck.

Schon ziemlich am Anfang dieser Karriere beschlossen wir, einen Viertausender zu besteigen. Wir hatten beide vorher noch keinen Gletscher gesehen – also wurde es Zeit. Der Piz Bernina lag nah, einigermaßen nah. Die Vespa brachte uns hin, das heißt: vom Roller sah man eigentlich nicht mehr viel. Es schienen fahrende Ruck- oder Zeltsäcke zu sein mit zwei jungen Leuten drauf, die sich mit Geknatter fortbewegten. In einem finsteren Tunnel an der engsten Inntalstelle – also im Engadin – schreit meine Begleiterin laut. Mir verschlägt es die Stimme. Ich bremse, wir schleudern und kollidieren gerade so viel mit einer Kuh, dass wir nicht stürzen. Akkurat in einer Kurve stand sie mitten auf der Straße. Mit Scheinwerferlicht und Geschrei treiben wir sie ans Tageslicht, um Schlimmeres zu vermeiden. Den größeren Schrecken des Tages versetzte uns am Nachmittag der Anblick des Morteratschgletschers und der Bernina. Ziemlich eingeschüchtert waren wir von der Dimension dieser Berge. Tiefer Respekt, fast Andacht überkam uns auf dem Weg zur Bovalhütte. Es war uns kein Weg vorgegeben durchs Gletscherlabyrinth und durch den »Buuch«. Um es kurz zu machen, trotz zweifelhaften Wetters stiegen wir am nächsten Tag ganz allein auf den Berninagipfel. Einmal fiel Helga über ihre Steigeisen und rutschte am harten Hang ab. Pickel und Steigeisen hielt sie in die Höhe und schrie. Das war gut

Zelt

so, denn sinnvoll einsetzen konnte sie das Eisenzeug damals sowieso noch nicht. Ich hielt sie mit dem Seil. Um 3 Uhr früh waren wir losgegangen, um 21 Uhr, also nach 18 Stunden, waren wir bei unserem Vespa-Roller an der Station Morteratsch der Rhätischen Bahn. Das Zelt war noch da. Wir bauten es im Finstern irgendwo auf und schliefen den Schlaf der Erschöpfung, bis die Vögel zwitscherten. Unsere Behausung stand exakt vor einer Tafel mit der Aufschrift »Zelten verboten!«. Helgas Glücksgefühle über die gelungene Tour waren so vollkommen wie ihr Muskelkater. Beim Besteigen des Soziasitzes bedurfte sie meiner Hilfe. Ich half ihr liebend gern.

Erfahrung und Können wuchsen schnell. Mitte bis Ende der fünfziger Jahre bestiegen wir nahezu alles, was Rang und Namen hatte in den Alpen. In der Scharte zum Großvenediger überfiel uns ein Sturm. Wir mussten die Ski gegen Steigeisen wechseln. Beim Hochnehmen meiner Ski schlug ich sie mir derart gegen das eigene Ohr, dass ich stark blutete. Helga verpflasterte mich im Liegen, weil wir nicht mehr aufrecht stehen konnten. In Demutshaltung, auf Knien und tief gebeugt, versuchten wir, ohne Ski weiter nach oben zu kommen. Unsere Bußfahrt endete wie ein Wunder auf dem fast windstillen Venedigergipfel.

Im Winter 1957 verletzte sich Helga beim Skifahren am Brauneck an den Gelenkbändern beider Knöchel. Der Abtransport mit dem Akja war seinerzeit eine ziemlich derbe Angelegenheit. Vom Mittersendlinger Bahnhof trug ich sie auf den Schultern zu ihrem Elternhaus. Wir dachten nicht an Taxi oder Krankenwagen. Man half und behalf sich damals möglichst selbst. Ich kann mich an Schienen an beiden Beinen und daran erinnern, dass die Patientin sehr traurig war, weil sie am nächsten Wochenende nicht mit in die Berge fahren konnte. Damit auch am kommenden Wochenende etwas Gemeinsames los wäre, schlug ich ihr vor, dass wir uns verloben könnten. Sie fand die Idee ziemlich gut. Die ein Jahr später unvermeidliche Hochzeit beziehungsweise die dazugehörende Reise sollte uns – wider alle Gepflogenheiten – in die Ewige Stadt führen. (Mit dem Geld hätte man viele Bergfahrten unternehmen können, aber andererseits hatten wir noch nie zuvor ein Hotel von innen gesehen.)

Klettern bestimmte den Anfang des Ehelebens. Möglichst unbekannte alpine Touren in den Schwierigkeitsbereichen III bis V hatten es uns besonders angetan. Das gegenseitige Vertrauen war grenzenlos. Die Hakenabsicherung rar oder schlecht. Gestürzt werden durfte einfach nicht. Erst die Halbmastsicherung, Klemmkeile und Friends brach-

Klettern

ten eine Entspannung. Noch waren wir nur für uns selbst verantwortlich. Doch schon fing die kinderreiche Verwandtschaft taktlos an, nach Nachwuchs zu fragen. Weil wir nicht nach Familienplan lebten, war ich irgendwann von der Fragerei genervt. Wir unterhielten uns mit einem befreundeten Arzt. Er kannte uns gut und nach einigen femininspezifi-

Skifahren

schen Angaben Helgas eröffnete er mir vorwurfsvoll lachend, unser alpines Tourenleben sei zu anstrengend, zu stressig für meine Frau. Ihr Hormonhaushalt entbehre der Ruhe. Ich kann mich nicht erinnern, dass die ärztliche Mahnung auf unsere weitere Tourenplanung einen besonderen Einfluss gehabt hätte.

Wir wollten unsere skifahrerische Technik verbessern und leisteten uns bald darauf eine Woche Skikurs in St. Anton am Arlberg. Am zweiten Tag brach sich Helga das Bein. Gipsverband und Bewegungsarmut auf Wochen waren angesagt. Als der Gips endlich weg war und die Muskulatur behutsam wieder in Schwung gebracht werden und Helga langsam wieder an die Berge denken konnte, stellte sich heraus, dass unser Freund, der Arzt, eine goldrichtige Einschätzung des weiblichen Innenlebens abgeliefert hatte. Geeignete Berge bestieg Helga fast bis zur letzten Schwangerschaftsstunde. Es kamen in gut sechs Jahren zwei Söhne und eine Tochter in München-Sendling – mit Blick ins Gebirge – zur Welt.

Nur bergsteigende Mütter wissen etwas vom schwankenden Verhältnis zwischen Bereicherung und Entbehrung in der Erziehungsphase von kleinen Kindern. Die Mütter von damals – ich gestehe es reumütig – profitierten noch nicht von einem gewissen familiären Lastenausgleich, der da heißt: Heute gehst du Bergsteigen und ich hege die Kinder und morgen umgekehrt. Die Lebensqualität der gemeinsamen Bergabenteuer wechselt aber in jedem Fall hin zum gemeinsamen abenteuerlichen Familienleben.

Zugegeben, es lagen damals deutliche Vorteile beim Vater, wenn es um unsere Passion Bergsteigen ging. Einmal fährt Helga mit drei Kindern auf der Ladefläche des VW-Variant (Anschnallgurte und Kindersitze kannte man noch nicht) in die Innenstadt. Sie sucht und findet recht und schlecht einen Parkplatz an einer Baustelle, um eine kurze Besorgung zu machen. Es ist Mittagszeit. Sie lässt die drei Turner und Tober im Auto. Bauarbeiter kommen von ihrer Pause zurück. Das Auto war ihnen bei der Arbeit im Weg. Frage an die Kinder: »Wo ist euer Vater?« Antwort: »Der ist im Gebirg!« Die Mutter findet Auto und Kinder gleich darauf etwas verschoben wieder.

Mit dem Älterwerden folgen gelungene Familienberg- und -skitage. Leider nehmen mit dem beruflichen Einsatz des Vaters die Mutter-Kinder-Tage zu. Helga überträgt ihren eigenen Unternehmungsgeist den Kindern.

Ein Skitag beim Liftln in Christlum am Achensee: Die Buben sind verantwortlich fürs Einladen der gesamten Skiausrüstung. Doch heute haben sie vier Paar Skistöcke einfach vergessen. Eine typische Reaktion dieser Mutter: Sie fährt mit den drei Kindern mit besonderem Spaß den ganzen Tag eben ohne Skistöcke. Augenzeugen berichten: Viele junge und auch ältere Skifahrer haben an diesem Tag das stocklose Wedeln und Buckelfahren probiert.

Aus der qualifizierten Bergsteigerin wurde eine hochqualifizierte Mutter, die an ihre Kinder Eigenschaften, Fertigkeiten und Empfindungen von spezieller Qualität weitergegeben hat. Es sind sehr bergkundige Menschen aus unseren Kindern geworden. Aber vor allem sind Menschen aus ihnen geworden. Ihre Mami ist daran schuld. Diese Menschen sind mit herzlicher Anhänglichkeit zwar noch da, aber aus dem Haus. Jetzt genießen wir das Glück einer partnerschaftlichen Renaissance, einer Wiedergeburt in Bezug auf altersgerechte, gemeinsame Bergtouren, aber auch bezogen auf gemeinsam erlebte Abenteuer – echte Abenteuer, wie seinerzeit.

Gott sei Dank für unsere Gesundheit. Wir besteigen die Berge immer noch mit einem recht sportlichen Körpereinsatz, weil unsere Rucksäcke nicht ganz leicht sind. Am Gipfel haben wir jedes Mal aufs Neue die Entscheidung zu treffen, ob alle Voraussetzungen passen, mit Gleitschirmen in das oder irgendein anderes Tal zu fliegen. Hatte ich die Bergsteigerin Helga früher am Seil, muss ich sie heute in der

Helga

Luft voll sich selbst überlassen. Mein Vertrauen in sie ist unerschütterlich, weil ich weiß, dass sie mit verantwortungsvollen Situationen ein Leben lang bewundernswert zurecht gekommen ist – in den Bergen und in der Familie.

Helga steht damit für viele Bergsteigerfrauen, denen für diese Selbstverständlichkeiten viel zu wenig Dank und Ehren zuteil werden. Und da haben bis vor kurzem doch tatsächlich noch einige Alpinmachos beraten, ob solche Frauen es wert sind, mit der Aufnahme in eine DAV-Sektion beglückt zu werden.

Vom schönsten Arbeitsplatz der Welt

Die Evangelische Akademie in Tutzing am Starnberger See veranstaltet das ganze Jahr über Wochenendseminare mit bunt wechselnder Thematik.

»Einfach schön!« lautete die Aufgabenstellung, als ich vom Veranstalter gebeten wurde, ein Eröffnungsreferat beizutragen. Offenbar traute man mir eine gewisse Kompetenz in Bezug auf Naturschönheiten zu. Namhafte Größen zu vielen weiteren Schönheitsthemen, akademische wie prominente, verunsicherten mich einigermaßen; denn ich war Neuling in Tutzing. Andererseits hatten mich derartige Herausforderungen in meinem Berufsleben immer gereizt. »Vom schönsten Arbeitsplatz der Welt« wollte ich also erzählen, weil ich nach meinem Dafürhalten dieses Berufsglück jahrelang genießen durfte.

Genau die Hälfte meiner gesamten Beschäftigungszeit beim Bayerischen Rundfunk – also 22 Jahre lang – konnte ich der Macher der Sendereihe »bergauf – bergab« sein. Ich hatte das Glück, die Sendereihe ins Programm bringen zu können; und ein eigenes Kind mag man natürlich besonders gern. Von einer Affenliebe war ich jedoch weit entfernt; denn problemlos zu hegen und zu pflegen war die Kreation ganz bestimmt nicht. Warum?

Auf so lange Zeit pausenlos ein- bis zweimal im Monat eine aktuelle Bergsteigersendung an Ort und Stelle – also im Gebirge – zu produzieren, das schafft eine endlose Anspannung. Gerade weil Sie selber Bergsteiger sind, wissen Sie, dass unsere alpine Spielwiese nicht tagtäglich bespielbar und dass sie den Wetterlaunen von vier ausgeprägten Jahreszeiten ausgesetzt ist. Wetterbedingte Tatenlosigkeit in ir-

Der schönste Arbeitsplatz der Welt

gendeiner Gebirgsregion löste jedes Mal eine zwiefache Angst bei mir aus. Erstens: Werden wir zum Sendetermin ein möglichst gutes Programm haben? Zweitens: Wird der Jahresetat der Sendung ausreichen, wenn wir ihn an

Schlechtwettertagen ergebnislos strapazieren müssen? Eine Auslandsbergfahrt war zum Beispiel nur möglich, wenn wir mit Wetterglück und großem Energieaufwand hoch produktiv arbeiten konnten. Ohne das Traumteam, das ich nach mühsamen Startjahren etabliert hatte, wäre eine so geartete Sendereihe nicht realisierbar. Im Außendienst an der Kamera Sepp Wörmann und an seiner Seite Hannes Hochenleitner, Karl Rössle, Thomas Mannseichner und andere und in der Bearbeitung der unentbehrliche Sigi Menzel. Das sind die Leute, die wesentlich mitgeholfen haben, die Sendereihe zum Dauerbrenner im Programm werden zu lassen.

Die gemeinsame Arbeit, die Spannung, das Abenteuer, die Erfolgserlebnisse, die Freundschaft – all das fehlt mir sehr, seit ich bar jeder beruflichen Stresssituation nur noch einen Rentnerausweis im Gebirge herumschleppe. Damit ist der menschliche Aspekt der Behauptung vom »schönsten Arbeitsplatz der Welt« möglichst sachlich erwähnt.

Das Thema Arbeitsplatz ist es wert, weiter auszuholen. Arbeit bedeutet, etwas zu tun. Notwendigerweise für Geld, zumindest seit der göttlichen Abstrafung im Paradies: »Im Schweiße deines Angesichts sollst du dein Brot verdienen!« Ich will nicht glauben, dass uns der liebe Gott seinerzeit den Spaß an der Arbeit und damit am Leben verderben wollte. Er wird vielmehr, aus allseits bekanntem Grund, nur momentan etwas sauer gewesen sein. Gott sei Dank haben viele, viele Nachfahren Adams und Evas den Beweis erbracht, wie sehr ein Broterwerb auch mit Freude verbunden sein kann. Eigentlich jeder, der seine Arbeit gut und gern tut, spürt das.

Was mich speziell auf den Superlativ »schönster Arbeitsplatz der Welt« gebracht hat, ist vor allem das »Wo«, nämlich dort, wo Gottes Schöpfungsarbeit besonders ideal gelungen ist – Sie wissen, was ich meine! Um dieses »Dort« zu erreichen, war der Schweiß freilich unabdingbar. Trotzdem gestanden wir uns immer wieder einmal: »Und dafür bekommen wir auch noch Geld!«

Heute noch mehr als früher werde ich nach dem Konzept dieser Arbeit gefragt und danach, wie sie realisiert wurde.

Eine Film- und Tonaufnahme – heute heißt es Video – für einen »bergauf – bergab«-Programmbeitrag wurde exakt so geplant, wie jeder von Ihnen seine große oder kleine Bergtour vorbereitet. Ein gewisser Zeit- und Konditionsmehraufwand (wegen der immer noch ziemlich schweren Arbeitsausrüstung) wurde mit einkalkuliert. Sicherheitstechnische Überlegungen (ortskundige Bergführer, aktuelle Ausrüstung und dergleichen) wurden vom Bayerischen Rundfunk beziehungsweise von der Berufsgenossenschaft vorausgesetzt.

Das »Drehverhältnis« (das heißt Wiederholung von Kameraeinstellungen) wurde aus Zeit- und Kraftgründen minimiert. Das Gesamtteam (Kameramann, Assistent, Tonmann, Redakteur und Darsteller) muss begeisterungsfähig, strapazierfähig sowie alpinistisch und filmarbeitstechnisch sehr qualifiziert sein. Ein gutes Betriebsklima ist im Zusammenspiel ähnlich wichtig wie die freundlichen Wetterbedingungen im Allgemeinen.

Große Bergtouren (Großglockner, Bernina, Matterhorn, Mont Blanc) sind von diesem Team in Zeiträumen bearbeitet worden, die exakt den Angaben in der Führerliteratur entsprechen – manchmal sogar schneller. »Getürkt«, das heißt nur scheinbar an Ort und Stelle aufgenommen und eingeschnitten, wurde nie. Sämtliche Bilder sind authentisch. Die Benutzung der heute gängigen technischen Hilfsmittel wie Bergbahnen und Helikopter kann ich in den 22 Jahren meiner Aktivzeit an einer Hand abzählen. Es ist gottlob nie ein Bergunfall passiert während unserer Arbeit, obwohl die Häufigkeit des Unterwegsseins der Wahrscheinlichkeit Vorschub leistet.

Eine traurige Statistik darf ich in diesem Zusammenhang nicht verschweigen: In den 22 Jahren meiner »bergauf – bergab«-Tätigkeit sind 18 Mitspieler (fast alle staatlich geprüfte Bergführer) irgendwo den Bergtod gestorben. Nur soviel zur Schattenseite des »schönsten Arbeitsplatzes«.

Am häufigsten bin ich nach der Programmgestaltung, nach dem Konzept gefragt worden. Gibt es Vorschriften oder Zwänge?

Um ehrlich zu sein: Wenn ich die Sicherheitsvorschriften der Öffentlich Rechtlichen Anstalt hundertprozentig beachtet hätte, wäre es nie zu der Bergsteiger-Sendereihe gekommen. Damit lassen sich die Vorschriften bereits abhaken.

Zwänge sind unvermeidlich. Der Etat zwang – wie bereits erwähnt – da und dort kleinere alpine Brötchen zu backen. Die Wetterentwicklung zwang dazu, in die Ostalpen zu fahren, wenn man eigentlich auf einen Viertausender wollte. Ein gesunder redaktioneller Zwang bestand auch in der Streuung, in der alpingeographischen Verteilung der Aufnahmeorte und in der ausgewogenen Auswahl der bergsteigerischen Zielgruppen. In der Hauptsache aber wurde das Programm gestaltet aus dem persönlichen Erfahrungs- und Wissensfundus heraus sowie durch den aktuellen Reiz unserer vier herrlichen Jahreszeiten. Wir haben uns im Lauf der Jahre viele kleinere und größere Bergsteigerträume erfüllt, und wir konnten dabei via Television viele, viele Gleichgesinnte mitträumen lassen, die Jüngeren zu ähnlicher Lebensqualität anregen und in den Älteren schlafende Erinnerungen wecken.

Außerdem nahmen wir uns die Freiheit zu Programmexperimenten und freuten uns, wenn sie gelangen. Nicht nur Berge, sondern auch Gefühle wollten wir dem Publikum näher bringen. Erlauben Sie uns bitte, hier gerade darauf ein besonderes Gewicht zu legen, in zwei Beispielen.

Haben Sie sich auch immer gelangweilt, wenn jemand einen Film erzählt hat, den Sie nicht gesehen haben? Ich probiere es trotzdem! Ich erzähle zuerst die Handlung und liefere dann den Kommentar dazu.

Beispiel Nr. 1: Zwei Bergsteigerinnen und ein Bergsteiger wandern im Frühling weglos durch den Wald. Plötzlich stehen sie vor einem Schild »Achtung! Das Verlassen der markierten Wege ist verboten!« Sie überqueren eine hässliche, breite Forststraße. Die drei steigen weiter weglos bergauf, bei herrlichem Morgenlicht, am frühlingshaft wilden Bergbach entlang. Gut begehbare Schneefelder bringen sie rasch nach oben zum Grat und über diesen aussichtsreich zum Gipfelkreuz. Ende der spärlichen Handlung.

Dazu der folgende Kommentar in sensibler Abwechslung mit Geräusch und Musik:

»Und wer die Blaue Blume finden will, der muss ein Wandervogel sein. Also wir erklären uns das so. Mit der Blauen Blume ist nicht irgendein Enzian gemeint, sie steht für einen Gemütszustand. Buben empfinden ihn als Romantik, Männer als Abenteuer, Senioren wieder als Romantik. Romantik und Weiblichkeit harmonieren sowieso lebenslänglich.

Ja, und wer sie finden will, die Blaue Blume, der muss – wie gesagt – ein Wandervogel sein. Mit der Seilbahn auf die Zugspitze fahren oder mit dem Mountainbike auf der Forststraße nützt gar nix. Es ist Pfingsten und wir haben uns auf die Suche begeben. Hoppla: ›Achtung! Das Verlassen der markierten Wege ist verboten!‹ Noch bevor wir uns über die Hintergründe dieses Anschlags Gedanken machen, sind wir uns einig, dass es – wenn schon – heißen müsste: ›Bitte bleiben Sie auf dem markierten Weg!‹ Hier gibt es aber keinen markierten Weg, es sei denn, man meinte diese Forststraße hier.

Für sensible Wandervögel bedeutet so eine hässliche Forststraße überall eine grobe Ernüchterung. Weil wir aber grundsätzlich nicht von gestern sind, akzeptieren wir das offenbar Unvermeidliche, aber wir meiden es. Bergauf und bachaufwärts lockt es uns. Nein, wir steigen nicht ins Blaue hinein. Wir kennen uns gut aus, wissen was wir tun und warum. Der Weg des Wassers ist auch der unsere. Wir genießen die Ruhe, stören sie nicht und nehmen sie nicht mit. Wenn man alles an seinem Platz lässt, weiß man immer, wo man hingehen muss, um sich zu freuen. Die Blaue Blume gedeiht nicht an gebahnten, ausgelatschten Pfaden. Auch die Fachliteratur verrät nichts über die Standorte dieser Pflanze. Die Versprechen von Verkehrsvereinen verfälschen fad. Echte Romantik ist unverkäuflich, weil sie nicht produziert werden kann.

Weiter oben wird uns der Schnee zum Teppich. Nicht zu weich und nicht zu hart, bildet er zu dieser Jahreszeit eine willkommene Aufstiegshilfe. Bitte, fragen Sie nicht nach Daten, Namen, Zahlen und Zeiten. Lassen Sie uns einfach romantisch unterwegs sein und den Beweis liefern, dass es möglich ist. Immerhin, der Berg heißt Unnütz. Ein nachdenklicher Alpinist hat einmal gesagt, Bergsteiger sind die Eroberer des Unnützen. Diese Behauptung trägt einiges zum fragwürdigen Ruf der Alpinisten in der Öffentlichkeit bei. Aber krankt diese Gesellschaft nicht gerade daran, dass sie sich allzu sehr am Nützlichen orientiert? So oder so, wir zählen schon jetzt zusammen, was uns die unnütze Eroberung des Unnütz an diesem Pfingstsamstag gebracht hat – nämlich: Ruhe, frische Luft, gesunde Bewegung, Zusammensein, großen Spaß, einen kleinen Film und eine Begegnung mit der Blauen Blume.«

Das Experimentierbeispiel Nr. 2 hat folgende Vorgeschichte:

Die Redaktionspost habe ich oft an Sonntagen erledigt, weil da die Ruhe im Büro ein besonders effektives Arbeiten zuließ. Ich steige also Sonntagfrüh im südlichsten Stadtteil von München ins Auto, um zum nördlichsten zu fahren. Im Autoradio höre ich die evangelische Morgenfeier, genauer: die Predigt einer Pastorin. Form und Inhalt der Ansprache beeindrucken, ja fesseln mich. Vor meinem Büro, im Auto sitzend, genieße ich sie bis zum Amen. Die Sprecherabsage lässt mich erfahren, es sprach Pfarrerin Ulrike Aldebert aus der Pfarrei St. Lukas in München. Ich setze mich an meinen Schreibtisch und telefoniere mit dem Pfarrbüro von St. Lukas. Frau Aldebert ist am Hörer. Ich formuliere eine Verbeugung vor der Qualität ihrer Arbeit, und weil der Inhalt der Predigt eine deutliche Natur- und Bergverbundenheit hatte ahnen lassen, sind die Verständigungswege kurz und klar. Ergebnis: Ich will einen evangelischen Berggottesdienst mit ihr aufnehmen und anlässlich einer gemeinsamen Tour ein Gespräch mit der Pfarrerin Aldebert führen über Gott und die Bergwelt.

Auf die noch schneebedeckte Notkarspitze über Ettal steigend, durch Frühlingswiesen wandernd und am sonnigen Südhang sitzend, redeten wir wie folgt miteinander:

M: »Also, es ist in Oberbayern schon eine rare Situation, wenn einer sagen kann: Grüß Gott, Frau Pfarrerin.«

A: »Ja, das stimmt!«

M: »Gell, empfindest du das auch noch?«

A: »Schon noch, ja. Also, das war in Franken sehr viel natürlicher. Es sind ja viele Kolleginnen aus dem fränkischen Bereich, in Oberbayern sind wir halt doch eine Minderheit.«

M: »Wie viele Pfarrerinnen gibt's in Oberbayern?«

A: »Oh, das kann ich jetzt zahlenmäßig gar nicht sagen. Also ich weiß, dass wir insgesamt in dem Beruf ungefähr 20 Prozent Frauen sind, mit steigender Tendenz. Aber es ist noch was Besonderes. Also mir passiert schon, wenn ich einen Besuch mach, dass mir die Leut hinterher immer einen schönen Gruß an meinen Mann anschaffen. Und dann komm ich erst mal mit, dass die meinen, ich bin die Frau vom Herrn Pfarrer. Grad ältere Leut. Noch ist es ein bisserl ungewöhnlich.«

M: »Bist du schon vorher Bergsteigerin gewesen?«

A: »Ja, schon. Ich bin schon als Kind mit den Eltern mitgegangen. Mei, dann is' ma in der Pubertätszeit und will mit de' Alten nix mehr zu tun haben – a Zeit lang. Aber ich hab des dann nach wenigen Jahren gleich wieder mit viel Begeisterung entdeckt. Die Berge waren mir immer wichtig.«

M: »Unterstützt die Tatsache, dass man in die Berge geht, einen Entschluss, wenn man sagt, ich will mich mit Theologie befassen? Oder hat das damit gar nichts zu tun?«

A: »Ach, ich kenn auch viele Kollegen, die in der Schreibtischwelt die gleichen Empfindungen haben, oder die übers Lesen von Literatur ihre Gottesbegegnungen machen. Bei mir selber würde ich den Weg über die Natur zur Theologie schon bejahen. Aber das ist eine rein subjektive Aussage. Das betrifft mich. Mir ist es schon immer so gegangen, wenn ich in der Natur war, dass ich da auch, ja, an Draht gefunden hab, nach oben, sag ich jetzt einmal. Und das geht in den Bergen natürlich besonders gut.«

M: »Aber das gestehst du schon auch den anderen Bergsteigern zu, die sich nicht mit der Idee tragen, gleich Theologie zu studieren?«

A: »Um Gottes willen, Glaube oder das Theologiestudium, das sind zwei Paar Stiefel. Nicht jeder Pfarrer is' a guter Christ und nicht jeder gute Christ muss Theologie studieren. Das muss man schon trennen.«

M: »Wenn man jetzt mal mit einer Pfarrerin redet oder mit einem Pfarrer. – Mir wär's ja am liebsten, von der Ökumene her, dass man sagen könnte, der katholische Pfarrer darf eine evangelische Pfarrerin heiraten.«

A: »Das wird noch a paar Jahrhunderte dauern!«

M: »Nein, aber wenn man da zurückdenkt, und du weißt da sicher viel mehr als wir darüber, haben ja der liebe Gott oder die Götter immer ein bisserl was mit dem Berg zu tun.«

A: »Ja klar!«

M: »Du hast es einmal ausgezählt!«

A: »Ja, ausgezählt hab ich des nur in meiner Bibel – im Neuen Testament. Da kommt des Wort Berg schon 65-mal vor. Also es war, glaube ich, im Judentum und im Christentum immer ganz, ganz wichtig. Jesus selber ist auf Berge gestiegen, wenn er allein sein wollte, wenn er beten wollte. Die Bergpredigt ist wahrscheinlich so das Wichtigste, was überliefert worden ist. Immer waren die Berge wichtig. Aber das betrifft ja nicht nur unsere Kultur, sondern auch ganz andere. In Nepal gibt's den Heiligen Berg, wo die Hindus sich nie raufwagen würden, weil da der Sitz der Götter ist. Und das ist in ganz, ganz vielen Religionen so. Auch bei den alten Germanen.«

M: »Opferberge.«

A: »Ja, ja.«

M: »Junge Mädchen hat man geopfert in den Anden.«

A: »Opfer gibt's heut auch noch in den Bergen – leider! Mei, ich find, wenn man auf einen Berg steigt und dann ist man oben, dann wird der Horizont weiter. Da ist man näher am Himmel. Da kriegt man Abstand vom Alltag. Das sind eigentlich alles Dinge, die man auch in der Meditation sucht. Und ich glaube, dass ich Bergsteigen als einen meditativen Akt betreiben kann. Ich kann mein eigenes Tempo finden, ich kann meinen Atem spüren, ich kann mich in der Natur erleben. Da rücken sich manche Relationen wieder zurecht. Also für mich war mal eins der intensivsten Erlebnisse, in Kanada unterwegs zu sein, in einem Gebirg, wo es einfach auch noch Grizzlys gibt. Und wo man merkt, dass man als Mensch nicht das mächtigste Wesen und der Allerwichtigste ist. Das glaub ich, kann uns wieder demütig machen. Und das ist eine Haltung, die uns ganz gut ansteht, als Menschen, die wir sonst immer sagen: wir, die Herren der Schöpfung!«

M: »Schon, aber wenn ich da selber Gewissenserforschung betreib, sag ich: ›Selig die, die aus der Meditation heraus, also aus der Ausgeglichenheit heraus, näher an den lieben Gott hinkommen.‹

Ich glaub, es gibt auch andere Situationen, nämlich Situationen, wo man zum Beispiel im Gebirge einmal Angst hat. Ich bin zum Beispiel begeisterter Gleitschirmflieger und ich hab Situationen gehabt, da war's in der Luft turbulent und da hab ich gesagt: ›Lieber Gott, lass mich doch bittschön noch einmal g'sund auf den Boden kommen.‹ «

A: »Sicher, das hab ich auch schon erlebt. Aber ich meine, da wird einem auch der Wert seines eigenen Lebens wieder sehr bewusst, glaub ich. Also ich mein nicht, dass jeder, der bergsteigt oder klettert oder was jetzt einer auch tut, leichtfertig sein Leben aufs Spiel setzt. Das wird ja oft unterstellt bei den Bergsteigern. Ich denk eher, dass einem der Wert manchmal sehr, sehr bewusst wird und dass das auch wieder wichtig ist. Weil wenn ich mich ständig in Sicherheit wiege, und wenn du unsere Kultur anschaust! Man ist ja so gut abgesichert! Die vielen Versicherungen! Alle Vitamine kann man nehmen – alles! Und da tut's einem manchmal ganz gut, wenn man wieder die Ausgesetztheit spürt – glaub ich. Dadurch kann auch eine Nähe entstehen. Ich würde nicht die Angst als Mittel wählen, um Gott näher zu kommen! Aber ich hab auch Situationen erlebt, wo ich hinterher einfach gesagt hab: ›Danke lieber Gott, dass ich da wieder rausgekommen bin.‹ «

M: »Ja, die Angst, sagen wir mal, die einen veranlasst zu bitten oder zu beten. Und es gibt ja das andere, dass man sagt, es war so pfundig, jetzt muss ich wohin gehn und muss mich bedanken!«

A: »Ja, das ist das schönere Gefühl. Ja doch, das geht mir auch so. – Und für mich hat der Glaube immer auch was zu tun mit dem Geschehen zwischen Menschen. Das ist ja nicht nur eine Sache, die sich nur zwischen mir und dem lieben Gott im Himmel abspielt, sondern Jesus hat gesagt: ›Das Reich Gottes ist mitten unter Euch!‹ Und was zwischen Menschen passiert und wie die miteinander umgehen, ist auch eine religiöse Sache für mich.

Was ich halt ein bisserl gefährlich find ist, wenn die Berge gar so verkommen, nur noch zum Sportgerät. Also wenn man einfach sagt, mir geht's jetzt rein um die Selbstverwirklichung. Das wär ja sozusagen der andere Pol von der Totalmystifizierung der Berge, die sind der Sitz der Götter, da trau ich mich gar nicht hin! Das andere ist, die sind nur ein Mittel zum Zweck. Ich möchte Skifahren und Snowboardfahren oder Mountainbiken, egal, ob da die Natur kaputt geht. Und mir geht's manchmal so, mir tut das weh, wenn ich über eine Piste gehe, die im Winter präpariert war, und dann schau ich mir das im Sommer an, dass da keine Blume mehr wächst, dass das alles bloß nur noch braune, abgefahrene Hänge sind. Da hab ich das G'fühl, da wird der Natur eine Wunde zugefügt. Oder wenn ich die Blechlawinen anschau, die sich da ins Gebirge wälzen, dann nehmen wir der Natur ihre Würde. Und das find ich gefährlich. Also ein Verhältnis zur Natur zu finden, wo ich eine Beziehung habe dazu, aber andererseits sie nicht nur als Spielgerät missbrauche. Das wär eigentlich ein Ziel.«

M: »Das Spielen allein, dass wir also im Schweiße unseres Angesichts in der Natur spielen, das finde ich, das muss man nach wie vor einfach vertreten können. Das ist notwendig!«

A: »Spielen gehört ja dazu. Menschen spielen ja auch miteinander und lassen sich trotzdem ihre Würde. Aber zum Spielen gehört, dass ich Spielregeln einhalte. Und wo ich den anderen verletz und ihm weh tu, da werden Spielregeln überschritten, und das haben wir ja oft in der Natur.«

M: »Wir kommen ja von einem Berggottesdienst, und da sind wir uns schon drüber einig, dass das Gebirg der schönste Rahmen ist, Gottesdienst zu feiern. Drum macht ihr es ja auch.«

A: »Ja, da hat die katholische Kirche uns schon a bisserl was voraus, muss ich sagen. Die haben das wahrscheinlich früher gespürt als die etwas verknöcherten Protestanten, dass das wichtig ist, dass die Umgebung und das ganze Umfeld für das religiöse Gefühl was hergeben. Ich hab gesagt, Mensch, wir müssen auch raus mit unserer Gemeinde. Und wir haben eigentlich von Jahr zu Jahr jetzt mehr Zulauf bei diesem Himmelfahrtsgottesdienst und die Leut sind gern einmal draußen. Auch die Erfahrung, wir fahren miteinand mit dem Zug und sind dann im Gebirg. Sicher muss man dann etwas raussuchen, wo nicht nur die guten Bergsteiger hinaufkönnen, sondern auch ältere Leut oder Kinder. Aber so einmal als Gemeinde in der Natur sein und dem Himmel näher kommen und da seinen Gedanken nachhängen, das hat einen großen Wert und ich glaub, das sollten wir noch öfters tun. Kreativer werden, die Kirche muss auch raus aus ihren Mauern, nicht bloß immer warten, bis die Leut zu ihr kommen.«

Ob wir nun einem kirchenverbundenen Glauben anhängen oder nicht, ein Mysterium der Natur wird einem Bergsteiger nicht verborgen geblieben sein, irgendwann oder irgendwo.

Ein urbayerischer Abt bringt es dreifach auf den Punkt: »Erstens«, sagt er, »irgendwos muass geb'n. Zweitens, nix g'wiß woaß ma net. Drittens, aber schaden kons aa net.«

Als ich mein Referat »Vom schönsten Arbeitsplatz der Welt« in der Evangelischen Akademie in wesentlich detaillierterer Form, aber etwa gleichen Inhalts gehalten hatte, fuhr ich nicht heim, sondern blieb das ganze Wochenende lang dort.

Das Thema »Einfach schön!« brachte hochinteressante Vorträge zur Mode, zur Schönheit klassisch-griechischer Skulpturen, zur Schönheitspflege, zur Schönheitschirurgie, zur Ästhetik von Automobilen, zur Schönheit auf dem Kopf, im Kopf, in der Seele, im Herzen und vieles mehr. Zugegeben, eine ebenfalls anwesende prominente deutsche Schauspielerin war schon ganz schön attraktiv und zauberhaft. Sie wusste aber über Schönheit im Allgemeinen und im Besonderen kaum etwas zu sagen.

Vielleicht braucht das Wahrnehmen von Schönheit einen gewissen Abstand. Je länger ich Rentner bin, desto schöner bleibt mir jedenfalls mein ehemaliger Arbeitsplatz in Erinnerung.

Warum die kleinen Berge schöner sind

»Sohn, steh auf, der Berg ruft!«, mute ich dem kaum halbwüchsigen Sprössling zu und er meint schlaftrunken: »Bitte, sag dem Berg, er soll sich niederknien, damit er nicht so groß ist.«

Die Geschichte ist wahr und auch logisch. Wenn der Berg rufen kann, dann muss man auch mit ihm reden können. Von einem knienden Berg hat man freilich noch nie etwas gehört. Ein Berg steht oder er liegt.

Der Sohn lag damals nicht länger auf der Matratze. Er bestieg an diesem Tag im jungen bayerischen Familienverbund seinen ersten ungemütlich großen Berg, einen Dreitausender. Er, der Dreitausender, steht in den Dolomiten und die wiederum liegen bekanntlich in Italien. Denn Bayern hat alles, nur keinen Dreitausender.

Brauchen wir einen so hohen Berg? Antwort: Ja, eigentlich schon; denn wie sollten wir die Frage beantworten, ob kleine oder große Berge schöner sind. Es tut also nicht nur der eine oder andere große Berg Not zum Vergleich, sondern dazu auch ein gewisses Maß an Bergerfahrung und Lebensalter. Aber wiederum nicht so viel Alter, dass einer mutmaßen könnte, der empfindet die kleinen Berge deshalb als schöner, weil er auf die großen nicht mehr hinaufkommt. Das Gefühl für die Schönheit der Berge möge sich an der Einsicht und nicht an der Altersabstufung orientieren.

Wenn also kleine Berge schon schöner sein sollen, dann müssten die großen zwangsläufig weniger schön sein, wenn nicht gar hässlich. Kann man das von ihnen behaupten? Stehen wir nicht jedes Mal wieder auf unseren kleinen bayerischen Gipfeln und beten, den sehnsüchtigen Blick nach Südost bis Südwest gerichtet, die gleiche Litanei herunter (in ironisch abgewandelter Form)? Adamello, Presanella, Mortadella, Marmolada, Moto Guzzi, Piz Bernina, Pizzeria, Panorama, Paradiso, Campanile, Casanova, Monte Rosa, Arabella, Harakiri, Cima Tosa, Paganini usw., usw., usw.? An Föhntagen verlängert sich die Reihe ins Uferlose.

Also, obwohl diese hohen Gipfel viel weniger schön sind, waren wir seinerzeit doch überall droben und nicht nur einmal und über den einfachsten Anstieg. Mit Ski und Pickel und Steigeisen und Seil und Haken und Klemmkeilen und Friends und Freunden – und schon liegen sie auf der Hand beziehungsweise auf dem Buckel, die unschönen Begleiterscheinungen. Das Gewicht der Ausrüstung, modern bereichert durch Handy, GPS, Verschüttetensuchgerät, Höhenmesser-Uhr, Rettungsballon, Leichtbergzelt, Powerdrinks und Trockenmenüs. Dieses Gewicht muss bedacht werden und die dafür anfallenden Kosten auch. Außerdem, wo liegt der Spaß überfüllter Hütten, nasser Zelte oder eiskalter Biwaknächte? Oder der des Aufstehens kurz nach Mitternacht und des Bergaufstolperns im kargen Licht verglühender Taschenlampen? Geben wir es doch zu, in welchem Maß die wahre Gemütlichkeit bereits knapp über dem Weideland, also etwa 2000 Meter über dem Meer, abnimmt. (Echte Bergsteiger werden dagegenhalten: Der hat die Erde bereits in der Tasche, der Grufti, das Weichei, der Warmduscher, der Bergritzelfahrer usw.)

Allmählich wird es Zeit, das Hohelied von der Schönheit der kleinen Berge anzustimmen mit allen seinen glücklichen

Klettern an der Plankensteinnadel

Strophen. Das Erlebte lässt sich in meinem Fall in vier Kapitel oder Zeitabschnitte ordnen.

Zunächst sammelten wir in den fünfziger Jahren unsere Erfahrungen in den Vorbergen mit dem Radl. (Es hatte mit dem modernen Mountainbike wenig Ähnlichkeit!) Dann lernten wir an unseren kleinen Bergen allmählich das Skilaufen. Dann waren sie uns Startplatz für die völlig neue Dimension des alpinen Gleitschirmfliegens. Gleichzeitig stetig gewachsen und gereift sind im über fünfzigjährigen Kontakt das Verständnis für das bergige Kulturland und die Verbundenheit mit dieser Landschaft.

Beginnen wir also in den Fünfzigern: Geld war rar, doch wir waren jung und sportlich und bergbegeistert. Vor allem die kleinen Felsenberge zogen uns an. Unsere Mobilität beschränkte sich aufs Fahrrad. München, Chiemgauer, Schlierseer, Isartaler, Werdenfelser, Ammergauer, Tannheimer, das war unser Aktionsradius. Hand und Fuß angelegt wurden an Kampenwand, Ruchenköpfen, Plankenstein, Benediktenwand, Waxenstein, Geiselstein und Gimpel. Freunde und Freundinnen prägten diese Zeit und persönliche Bewährungsproben im steilen Felsengelände – manchmal an der Leichtsinnsgrenze oder ein bisserl drüber. Sicherheit in den Bergen wurde klein geschrieben. Kraft, Geschicklichkeit, Mut und Übermut gaben den fröhlichen Ton an. Schutzengel waren allgegenwärtig. In welchem Maße wir die Schutzgeister strapazierten, sei an einigen Beispielen erläutert.

Ich wusste nichts von Seil und Sicherung im Fels und spürte trotzdem das dringende Bedürfnis, den Dülferriss an den Ruchenköpfen zu durchklettern. (Durchs Fensterl hatte ich den traditionsschwangeren Felsen schon mehrmals bestiegen.) An der Schlüsselstelle steckten zwei Haken, und weil sie mir Absturzgefahr signalisierten, verlor ich dort derart die Nerven, dass ich mich mit dem Hosengürtel festband und betete. Es half! Ich fand die notwendige Kaltblütigkeit wieder und kam gesund und dankbar zum Gipfelkreuz.

Oder: Es ist Pfingsten und wir zelten am Wankerfleck unter dem Geiselstein. Wir, das waren die potenziellen Ehefrauen Helga und Barbara sowie der Otto und ich. Wir besaßen ein langes Seil, aber eine sehr kurze Klettererfahrung. Sie reichte bis zum III. Schwierigkeitsgrad. Die Sonne leuchtete warm vom Mittagshimmel – zu warm, eigentlich heiß. Es roch nach Gewitter. Warum uns trotzdem nichts hinderte, in die Nordwand des Geiselstein einzusteigen, weiß ich nicht mehr. Otto ist ein sehr guter und sehr sportlicher Freund. Ein Bergfreund ist er nicht. Ich band ihn ans hintere Ende des Seils.

»Wenn du die erste Seillänge schaffst, bist du droben«, hatte jemand gesagt. Otto war nach dieser ersten Seillänge fürs Umkehren. Ich nicht, auch deshalb nicht, weil ich nicht recht wusste, wie wir da wieder hinunterkommen sollten. Ich glaube, in der vierten Seillänge (ich kletterte über diese Stelle später immer mit besonderer Demut) entlud sich das Gewitter. Wasserfälle und Hagelschauer ließen uns zu hilflosen Kreaturen zusammenschrumpfen. Ich dachte an Leo Maduschka und die Nordwestwand der Civetta, und würde es sich beim Geiselstein nicht um einen unserer geliebten kleinen Berge gehandelt haben, dann hätten wir seinerzeit ein ähnlich tragisches Ende nehmen können wie »Der junge Mensch im Gebirg«. In die barmherzigen Ammergauer aber zauberten sich unter blauschwarzen Wolken bald wieder einige Sonnenstrahlen herein und darüber baute sich ein Regenbogen auf, als wollte sich das Wetter bei uns für seine Bösartigkeit entschuldigen.

Über der Waldwiese zu unseren Füßen, wo unsere Zelte standen, stieg friedlich der Dampf auf, und die beiden Mädchen dort unten fühlten sich – doppelt voreilig – wie Witwen. Es war also höchste Zeit, die Gemütsverfassung der Damen durch ein paar Lebenszeichen zu korrigieren.

Wir wurden schneller wieder mutig als trocken, und hätte ich die Schlüsselstelle im oberen Wandteil, das so genannte »Hauswandeck« gefunden, dann wäre der traumhaft beleuchtete Frühlingsabend vielleicht doch noch zu einem Vergnügen ausgeartet. In Wirklichkeit aber turnte ich mit flatternden Nerven im letzten Tageslicht feine, grasigbrüchige Risse hinauf, in einem vorher nie erlebten Schwierigkeits- und Gefahrenbereich. An diesem Pfingstmontag hatten uns der Heilige Geist und jede Menge anderer guter Geister eben nicht ganz verlassen, sondern geradezu beflügelt. Der Rest war Frohsinn und Dankbarkeit.

Der Frühling unseres Bergsteigerlebens trieb an bayerischen Bergen die buntesten Blüten. Man radelte am Samstagvormittag von München nach Garmisch, stieg zur Meilerhütte auf und kletterte am Sonntag an Dreitorspitze oder Musterstein, stieg ab und wieder in den Sattel und erreichte die Hauptstadt bei Nacht müde und glücklich.

Ähnliches gönnten wir uns nicht nur hie und da, sondern an vielen Wochenenden und Ferientagen, eigentlich an allen, die dazu wettermäßig einigermaßen brauchbar waren.

Etwas aufwändiger, aber genau so autark entwickelten wir uns in diesem Jahrzehnt zu Skibergsteigern und Skifahrern. Wir erreichten unsere winterlichen Spielplätze mit Eisenbahn oder Omnibus. Die Ausrüstung setzte sich zunächst aus Wehrmachtsrelikten und der Hinterlassenschaft alpinistischer Vorfahren zusammen. Unsere ersten Skier waren also mit den bayerischen Bergen, über die wir unsere Spuren zogen, längst persönlich bekannt. Die unaufhaltsame Wintersportentwicklung mit der dazugehörigen Infrastruktur, die anderswo ganze Landschaftsbilder veränderte, berührte unsere Berge zum Glück recht maßvoll. Die naturgegebene

Erster Versuch 1987

Bescheidenheit der Landschaftsstruktur wirkte sich auch hier für uns positiv aus, weil sich großzügige Erschließungen wohl nicht auszahlten.

Grundsätzlich neigt unsere Lebensauffassung nicht zum Abheben. Doch ab 1987 haben wir es wortwörtlich getan. Es wurde uns eine neue Dimension, eine völlig ungewöhnliche Perspektive eröffnet. Wer uns vor 30 Jahren gesagt hätte, dass wir unseren bayerischen Lieblingsberg mit einem Stück Stoff im Rucksack besteigen und uns dann in die Vogelschau erheben würden, um nach ein paar Stunden bei unserem Stammwirtshaus im Tal wieder glücklich zu landen, den hätten wir für einen phantasiebegabten Spinner gehalten. Als praktizierende, leidenschaftliche Spinner sind wir heute lautlos hoch über unserem Bergland unterwegs, kennen seine Geografie wie nie zuvor und bestaunen sie immer wieder. Unsere Kritiker dürfen wir inzwischen mit gutem Gewissen als Neider einordnen.

Insgesamt war es uns vergönnt, im Laufe eines Bergsteigerlebens einen umfassenden Überblick zu gewinnen, über die Region, die uns längst als Bergheimat ans Herz gewachsen ist. Wir haben dieses Kulturland schätzen und lieben gelernt mitsamt den Menschen, die es in Generationen geschaffen haben und tagtäglich hegen und pflegen.

Wie kaum eine andere Berglandschaft in der Welt werden unsere kleinen Berge von vier abwechslungsreichen Jahreszeiten geprägt. Sie bieten Schönheit und Überraschungen immerzu. Sie lassen uns nicht müde werden, hinauf zu steigen und hinaus zu schauen in die schwäbisch-bayerische Hochebene und hinein zu schauen ins richtige Gebirg.

Auf der Zugspitze zieht es

Wir können es verschmerzen, dass wir keinen höheren Berg haben; denn die Zugspitze ist etwas ganz Besonderes. Ihre Gipfelregion ist ganz besonders hässlich. Dafür sind die Auf- und Abstiege an diesem Massiv ganz besonders schön, interessant, lang und alpinistisch anspruchsvoll.

Betrachten wir nur einmal das Bergab. Die drei Bergbahnen eingeschlossen, haben wir bereits zehn verschiedene Möglichkeiten praktiziert, von diesem Berg wieder herunter zu kommen. Bei der jüngsten, modernsten und elegantesten Möglichkeit handelt es sich um eine unmarkierte Luftlinie, auf der man den so genannten Gleitschirm zu Hilfe nimmt. Die Idee war nicht neu, doch die Vorträumer vertrauten sich noch festen Flügeln an. 1927 startete Ernst Udet am steilen Hang zum Schneefernerkopf mit dem Segelflugzeug, kurvte dann sofort nach Westen, knapp durch die Schneefernerscharte über den rettenden Abgrund hinaus, um 27 Minuten später auf den weiten Wiesen von Lermoos zu landen.

1973 wagte der Kalifornier Mike Harker erstmals den Start mit dem Flugdrachen. Er hatte sich droben am Grat die Einfahrt ins Kar »Neue Welt« zum Abheben ausgesucht. Eine Viertelstunde später feierte man drunten in Ehrwald einen neuen Helden der Lüfte.

Heutzutage überquert der, der es nicht lassen kann, völlig ohne Aufsehen und mehr oder weniger mühsam das Platt, um den Schneefernerkopf zu erreichen. Seinen Gleitschirm trägt er dabei im Rucksack, das Herz in den Hosen. Oben angekommen, hat er sich mit der Bergstation eines Skilifts abzufinden und er muss den Fast-2000-Meter-Tiefblick hinab auf die österreichischen Niederungen verdauen. Jeder Schritt weiter exponiert ihn, äußerlich und innerlich. Der mäßig steile Hang nach Westen in Richtung Abgrund beruhigt nur oberflächlich und auch das nicht immer; denn er kann sich auch beinhart gefroren oder von Felsen durchsetzt präsentieren.

Auf der Zugspitze sind die Flugtage rar; auf der Zuspitze zieht es! Trotzdem breitet hier immer wieder einer oder eine den Gleitschirm aus. Freilich erst, wenn der Wind endlich nimmer von hinten, vom Platt herauf weht oder wenn er sich nimmer gar so heftig, gar so böig, gar so kalt anfühlt; kurz: wenn der fliegende Bergsteiger tatsächlich einen Tag erwischt hat, an dem alles stimmt. Aber dann! Nach wenigen Metern spüren wir nur noch Luft, viel Luft unterm Hintern, und sind high. Gewissermaßen am seidenen Faden hängend, haben wir uns eine neue Bergsportdimension erschlossen, bei der nicht einmal Reinhold Messner mitreden kann. So »magic« ist keine andere »line« und »fairere means« gibt es nicht. Auch wenn wir uns manchmal heimlich wünschen, das Windscherungen und Thermikbärte eingefärbt wären, damit wir sie sehen können. Über kurz oder lang sind wir jedenfalls immer wieder bodenständig geworden, auf der einen oder der anderen Seite der Zugspitze. Nur wirklich ganz gute Gleitschirmflieger landen irgendwo im »Italienischen« oder im Bayerischen Wald.

Hirschberg I

Den Tegernsee kennen alle, jedenfalls mehr Menschen als uns lieb sein können – zu Stoßzeiten! Aber lassen wir das. Du sollst deinen Nächsten lieben wie dich selbst. Und wer sich selbst etwas Gutes tun will, der fährt eben immer, immer wieder hin – zum Hirschberg, direkt hinterm Tegernsee.

Es ist kaum unglaublich, was man an einem nur 1668 Meter niedrigen Berg alles erleben kann. Wie überall an diesen nördlichen »Aufhügelungen« der Alpen, die eben unsere wunderschönen Bayerischen Voralpen ausmachen, sind wir auch am Hirschberg noch nicht richtig im Gebirg, sondern wir steigen voll und ganz auf einem etwas überhöhten Kulturland herum. Zeugnis dafür geben die Bergfreunde und die Rindviecher auf dem Gipfelplateau, renovierte Almhütten und die dazugehörenden Verkehrswege sowie im ganz besonderen Maß ein gut bewirtschaftetes Berggasthaus. Die Anziehungskraft dieser Kulturstätte steht und fällt mit dem Franz, der Lisi und der liebenswerten Familie drumrum. Trotzdem begegnen sich auf dem Hirschbergniveau von etwa 1500 Metern Höhe und ein bisserl drüber Kultur und Natur immer wieder sehr eindrucksvoll. Schnee, Kälte und Sturm schmälern den Komfort. Es gibt etliche Tage im Jahr, an denen das Hirschberghaus – und der Gipfel erst recht – nur schwer oder gar nicht erreichbar sind. Die Wirtsleute sowie die regelmäßigen Hirschberggeher können abenteuerliche Lieder davon singen.

Im Laufe von fünf Jahrzehnten bewegten wir uns in den Bergen immer wieder auf einem schmalen Grat zwischen

Spaß und Ernst. Der Hirschberg, an dem wir besonders oft unterwegs waren, zählt – alpinistisch betrachtet – zur Kategorie »besonders harmlos« – und trotzdem! Wer im Sommer die gemütlichen Serpentinen zum Hirschberghaus hinauf wandert und sich dabei an jeder Kehre am Anblick des Tegernsees erfreut, der hält dich für einen Alpin-Münchhausen, wenn du ihm erzählst, wie die eine oder der andere im letzten Winter hier in Not gerieten.

Der ohnehin lawinengefährliche Nordhang war nach heftigen Temperaturwechseln hart gefroren. Seine Neigung von 30 bis 40 Grad eignet sich ideal zum Abrutschen. Wir befinden uns im Abstieg. Eine größere Gruppe kommt uns in der schmalen Spur entgegen; wir lassen sie bergseitig passieren. Ein etwas verängstigter Aufsteiger hält sich plötzlich an mir fest und bringt mich aus der Balance. Als ich ein paar Meter hinunterfalle auf die Serpentine unter uns, geht dort akkurat meine Frau und ich stoße sie dominoartig sofort aus der Spur. Einen Moment glaube ich, sie halten zu können, weil ich sie am Skistock erwische. Doch mit einem Ruck halte ich nur noch den untersten Skistockteil in der Hand. Helga rutscht kopfvoran den Hang hinunter. Nach etwa 20 Metern umklammert sie barmherziges Strauchwerk, das aus der harten Schneedecke ragt und schleudert damit endlich mit den Beinen nach unten. Ein etwas weniger aktives Verhalten hätte böse enden können.

Erst eine getretene Spur mit Hilfe der steigeisenfesten Schuhe unseres Sohnes Michael ermöglicht Helga den Wiederaufstieg zu uns. Handschuhe an den Magerers wären etwas sehr Sinnvolles gewesen, oder wenigstens Hansaplast im Rucksack. Unserer Freundin Anne sei Dank. Sie besitzt im Vergleich zu uns wenig Bergerfahrung, aber dafür viel Verbandsmaterial.

Ähnliches ereignete sich an diesem Hüttenaufstieg und in demselben Winter mehrmals. Im Fall eines Hirschbergbesuchers namens Gerhart Winter endete der Ausrutscher tödlich.

Hirschberg II

Ende der achtziger Jahre hatte uns der Virus des alpinen Gleitschirmfliegens voll im Griff. Wir suchten Berge und Gelegenheiten. Wir waren gewissermaßen süchtig – flugsüchtig. Mitte Dezember, ein kurzer, kalter, etwas trüber Ostwindtag. Am Fuß des Hirschbergs in Scharling liegt der Schnee kaum mausknietief. Am frühen Nachmittag stapfen meine Frau und ich mit unseren ausladenden Rucksäcken die Hirschberg-Skiabfahrt hinauf. Ich spure, mehr und mehr, denn mit der Seehöhe wächst auch die Schneehöhe. Bereits knietief waten wir über die jungfräulich spurlose »Gründ«. Die Unsinnigkeit unseres Treibens mehr und mehr erkennend, aber trotzdem gemeinsam genießend; denn noch fühlen wir uns einfach zu stark zum Umkehren.

Wir sind miteinander bereits deutlich über 100 Jahre alt, aber wir benehmen uns wie zwei Kinder, die sich trotzig bemühen, irgendeiner Obhut zu entfliehen. Bald verbrauchen sich unsere Kraftreserven spürbar am steilen Hang hinauf zu den Rauheckalmen. Die Rucksäcke scheinen immer schwerer zu werden. Quälend monoton, keuchend, schwitzend, wühlend im kalkweißen kontur- und glanzlosen, hüfttiefen Neuschnee.

An der nur scheinbar wärmenden Hüttenwand sitzen wir auf unseren Rucksäcken und mobilisieren unseren Verstand. Unsere Zeiger stehen im roten Bereich. Es friert uns. Wir haben weder Essen noch Trinken dabei. Das Hirschberghaus ist – an der Schneelage gemessen – ziemlich weit entfernt und außerdem derzeit geschlossen. Das Tageslicht nimmt ab, die Kälte zu. Ein Gleitschirm-Startversuch an Ort und Stelle müsste irgendwo in den verschneiten Bäumen enden. Der leichte, passende, wenn auch eiskalte Ostwind verführt uns zu dem Entschluss, noch hinaufsteigen zu wollen, an den Osthang des Hirschberg-Vorgipfels. Zunächst, am stumpfen, etwas freigewehten Grat, erscheint das Vorhaben so dumm nicht, wie es wirklich ist. Doch der unendlich lange Aufstiegsrest – normalerweise maximal eine halbe Gehstunde weit – wird zur dreimal so langen Wühlzeit, zum Kreuzweg an der Grenze der Kraft. Als wir endlich oben sind, habe ich mich so verausgabt wie nie zuvor, und das an einem Vorgebirgsbergerl in einer Höhe von etwa 1600 Metern.

Meine liebe Frau verstärkt die Dramatik der Situation, indem sie leise vor sich hinweint und einfach sagt: »Ich kann nicht mehr. Und fliegen kann ich auch nicht mehr.« Wer diese Frau kennt, weiß, wie er diese ihre Reaktion einzuordnen hat.

Es ist inzwischen mehr als dämmrig geworden. Ich habe ob meiner Verantwortungslosigkeit das schlechteste Gewissen, das man sich vorstellen kann. Auch wenn ich weiß, dass wir eine Nacht überstehen werden, wenn wir uns miteinander in beide Gleitschirme wickeln. Aber noch bleibt eine Hoffnung. Ein Rest Energie und etwas Mut vorausgesetzt, denn der anstehende Wind stimmt noch immer, was Stärke und Richtung betrifft. Helga sitzt in einer Schneekuhle. Ich plage mich, einen Anlaufgraben zu verfestigen. Zehn bis 15 Meter hinunter und wieder herauf und wieder hinunter und wieder herauf. Bei dieser Schneelage den Gleitschirm sauber auszulegen und die Leinen sauber zu ordnen wäre schon im Vollbesitz unserer Kräfte eine kleine Tortur. Jetzt bewegen wir uns nur noch unendlich langsam und mit dem Mut der Verbundenheit. Als Helga am oberen Ende des Schneegrabens steht, bin ich auch zu müde, um zu beten. Wir wissen, dass wir uns keinen Fehlstart leisten können. Man kann längst nicht mehr ins rettende Tal hinunterschauen.

Dann zieht diese phantastische Frau plötzlich ihren Schirm hoch, wirft sich nach vorne, schleift ein Stück am Rand des Schneegrabens entlang, weil sie einfach die Beine nicht mehr heben kann – und dann fliegt sie. Wie ein nasser Sack in ihrem Gurt hängend, taucht sie weg in der weißgrauen Dunkelheit. Ich bin sicher, sie wird unten glücklich landen, denn der Gleitwinkel verläuft heute so flach, dass ihr die Baumwipfel auch bei so schlechter Sicht noch den Weg weisen werden. Helgas gelungene Flucht macht mich glücklich. Sie gibt mir ein Quantum Gelassenheit wieder und die vorhandenen Spuren erleichtern mir die Arbeit. Der Eindruck des nächtlichen Flugs gräbt sich ins weiche Gemüt ein. Irgendwo erspähe ich auf der weißen Fläche einen dunklen Punkt. Genau den visiere ich zur Landung an.

Wir haben Grund, uns in den Armen zu liegen – und sollten uns eigentlich über uns selbst entrüsten. Wir tun es aber nicht.

Hirschberg III

Wir wohnen in Sendling (= bedeutender südlicher Stadtteil von München). Manchmal übernachtet auch der »Knilch«, der unser Enkel ist, in Omis alter Hütte. Einige italienische Freunde sprachen kürzlich von »Una Casetta à la Heidi«. Gleichwohl genieße ich in dieser Behausung ein eigenes, kleines Arbeitszimmer und meine Ruhe – wenigstens meistens. Schreiben, lesen, telefonieren, zum Fenster hinaus schauen. »Trautes Heim – Glück allein«, sagt schon der Dichter.

Heute freilich tobt unten im Wohnzimmer bereits geraume Zeit ein Kaffeeklatsch meiner Ehefrau mit ihren Freundinnen. Nach dem lückenlosen Geräuschteppich zu urteilen, handelt es sich um vier bis fünf Damen, die sich ganz offenbar gegenseitig vermisst haben. Momentan schwillt der Zimmerlautstärkenpegel um wenigstens 100 Prozent an. Es gibt etwas zu lachen. Ich erlausche sofort den Grund des gesteigerten Frohsinns. Freundin Ingrid berichtet, sie habe irgendwann in der Lokalzeitung des Landkreises Miesbach gelesen: »64-jährige Münchner Bergsteigerin während des Austretens am Osthang des Hirschberges abgestürzt. Die Verletzte wurde nach einer komplizierten Hubschrauberbergung in ein Münchner Krankenhaus geflogen.« Die Einzige, die darüber nicht schallend lachen kann, ist meine Ehefrau. Warum?

Ich schließe jetzt die Türe meines Arbeitszimmers; denn ich kenne den Gesprächsstoff der Damenrunde für die nächste Stunde. Meine Frau wird Folgendes erzählen:

»Wieder einmal waren wir auf dem Hirschberggipfel. Die Sonne scheint. An Sonntagen ist das eigentlich ihre Pflicht. Auf den gängigen Hirschbergwegen herrscht deshalb ein lebhaftes Bergauf – Bergab. Wir entschließen uns für eine ruhige Abstiegsvariante. Sie beginnt am Vorgipfel. Drüben am Hirschberghaus hatte ich vor etwa einer Stunde eine Radlerhalbe getrunken. Jetzt verspüre ich den Drang, Pipi zu machen. Wo? Das Gelände ist hier vielseitig einzusehen. Gleich rechts bietet sich ein etwa fünf Meter tiefer, felsiger Graben an, mit Latschen drumherum. Als ich hinuntersteigen will, kippe ich im Knöchel um und stürze. Der Rest ist Schmerz, Blut, Schock. Hermann ist da. In seinem Rucksack findet er zum Glück ein Verbandspäckchen. Er verbindet meinen blutenden Kopf. Ich kann nicht aufstehen. Das rechte Bein streikt. Hermann trägt mich aus dem felsigen Loch heraus und findet einen günstigen Platz am grasigen Abhang, um mich zu lagern. Dann läuft er kurz weg, schickt freundliche Helfer zum Hirschberghaus, um eine Flugrettung einzuleiten.

Nein, Handy haben wir keins dabei. Wir werden uns künftig diesem Fortschritt nicht länger verschließen.

Wir haben nicht auf die Uhr geschaut, aber das ›Schrapp-schrapp‹ des Hubschraubers lässt nicht lange auf sich warten. Einige freundliche Bergwachtler sind da. Ich kann schon selbst wieder ein bisserl lachen, als ich erzähle, wie es passiert ist und warum. Hermann sehe ich eine Liege aufpumpen, auf der sie mich dann verpacken. Alles klappt imponierend und beruhigend schnell. Der junge Bergwacht-Arzt stellt sich vor, er heißt Jüngling. Schon hänge ich gemeinsam mit ihm am Stahlseil unterm Fluggerät. Sie winden uns an Bord. Jetzt, nachdem sich der Schock gelöst hat, beschäftigt mich wiederum mein Blasendruck. Notgedrungen gibt es für mich momentan nichts Vordringlicheres.

Leider hat dieser Flieger offenbar keine Direktverbindung nach München. Unten in Rottach werde ich in einen anderen Hubschrauber umgeladen. Noch einmal habe ich meine Angaben zur Person und zum Unfallhergang zu machen. Als ich schüchtern anmerke, wie sehr ich immer noch unter Druck stehe, bittet man mich, noch bis München-Perlach aushalten zu wollen. Nach der Landung in München ist der Pipidrang so überragend, dass ich mich weigere, vor meiner Erlösung irgendeine Angabe zu machen. Die Schwester reicht mir diskret eine Schüssel unter die Decke. Ich werde verrückt – ich kann nicht. Erst ein Katheder bringt so viel wohltuenden Erfolg, dass die Schüssel fast zu klein geworden wäre. Die Weiterversorgung brachte Näharbeiten am Kopf und die Diagnose eines Innenband- und eines Kreuzbandrisses am rechten Knie. Operation und Rekonvaleszenz tun Not und folgen.«

Als ich meine Zimmertüre später wieder öffne, war der Kaffeeklatsch im Wohnzimmer bereits in die vielen, vielen großen und kleinen Blessuren eingemündet, deren sich vier bis fünf äußerst sportliche, aber nicht mehr ganz jugendliche Damen eben rühmen können. Und ich beginne mit Therese von Avila (1505–1582) zu beten: »Herr, lehre mich schweigen über meine Krankheiten und meine Beschwerden. Sie nehmen zu, und die Lust sie zu beschreiben wächst von Jahr zu Jahr. Ich wage nicht, die Gabe zu erflehen, mir die Krankheitsgeschichten anderer mit Freude anzuhören, aber lehre mich Herr, sie geduldig zu ertragen.«

Hirschberg IV

Träume im Sinn von »etwas erträumen« mag ich gern. Wachträume beflügeln unsere Phantasie lebenslänglich, machen kreativ, neugierig, unternehmungslustig, hie und da glücklich. Aber auch Bescheidenheit, Einsicht und Demut lehren sie uns, wenn sie zu hoch greifen. Schlafträume sind mir etwas Unheimliches und oft auch Unverständliches, falls man Verstand und Traum überhaupt in Verbindung bringen kann. Sind oder waren oder werden Schlafträume wahr?

Ich erzähle jetzt einen Traum – Sie können ihn glauben oder nicht:

Ich spüre die wolkenlose, föhnverdächtige, rundsichtsschwangere Erhabenheit auf dem Gipfelplateau des Hirschberges. Ich höre die Ahs und Ohs der gleich gesinnten Bergfreunde um uns herum und die Litanei der Gipfelnamen aus den Mündern der alten Hasen.

Ich sehe ein etwa 15 Zentimeter langes, gelbes Windfähnchen an der Seilverankerung des Gipfelkreuzes. Nein – nicht im Wind flattern, eigentlich mehr unstet hin und her und rundherum geistern. Aus welcher Himmelsrichtung kommt denn heute in Gottes Namen der Wind? Helga und ich brauchen ihn von vorne. Aber wo bitte ist heute vorne? Die Zugspitze und das Allgäu, Karwendel und Alpenhauptkamm, die Schlierseer und der Wilde Kaiser oder der Tegernsee, Holzkirchen und die Hauptstadt mit dem Krankenhaus Großhadern? Dann reden wir uns ein, dass wir eigentlich froh sind, bei dem herrschenden Publikumsandrang unsere Gleitschirme nicht auspacken zu müssen. Weit weniger froh ist freilich Helgas rechtes Knie und ihr linkes Knie und analog mein rechtes Knie und mein linkes Knie – also jedes einzelne Knie von uns. Wie ein Knie nämlich in der Mehrzahl heißt, weiß ich nicht, nicht einmal im Traum. Aber dass sie allesamt sehr schmerzen, weiß ich, besonders wenn sie jetzt uns und die Gleitschirmrucksäcke wieder ins Tal hinuntertragen sollen.

Wir entfernen uns vom Gipfelrummel, nachdem ich das wankelmütige Windsignal wieder in die Tasche gesteckt habe. Der schlammige Trampelpfad durch die Latschen bleibt links liegen, als wir bei scheinbarer Windstille zum Vorgipfel schlendern. Nur träumend ist diese lockere Gangart mit schwerem Rucksack möglich. Wir stehen am Steinmanderl, aus dem ein Stock ragt, an dem ich mein Gelbes wiederum befestige, es mit Abstand beobachte und eine Umwicklungstendenz feststelle. Das heißt, Helga und ich fangen an, in den sauren Fußabstiegsapfel zu beißen. Doch 30 Höhenmeter tiefer verharrt meine liebe Frau und behauptet, es käme jetzt doch tatsächlich vom Wallberg herüber beziehungsweise von Scharling herauf eine östliche Windströmung, die sich für einen Start nützen ließe. Ich installiere mein Windsignal. Einigermaßen wohlwollend betrachtet, kann ich der Pilotin nicht widersprechen. Vorausgesetzt, man drückt bei den Abweichungen nach Nord oder Süd ein Auge zu, könnte man von einem Ostwind sprechen. »Man muss eben im richtigen Augenblick starten«, meint die Mutige – ihr Fluggerät ausbreitend. Anstatt ihr zu widersprechen, tue ich Gleiches.

Bei unzähligen unwichtigen Alltagsentscheidungen wage ich es fast regelmäßig, meiner Ehefrau Opposition zu zeigen. Warum lasse ich hier und jetzt einen Alptraum einfach so weiterlaufen?

Helga ist startbereit. Der Wind weht momentan mäßig von vorne. Jetzt, jetzt! Warum zögert sie noch? Oft habe ich mich schon über diesen »Sekundenmangel« an Entschlusskraft bei ihr geärgert. Sie lässt dem Wind die Chance für seine Laune. Als sie den Schirm endlich hochzieht, hat er – der Wind – plötzlich Lust, nicht mehr mäßig von vorne, sondern lebhaft von links einzufallen. Ein Gewicht von nicht einmal 50 Kilogramm kämpft gegen die Windenergie in 21 Quadratmeter Segelfläche wie eine Maus gegen einen Elefanten. Es reißt die hilflose Maus nach rechts auf die Latschenbüsche zu.

»Dort wird sie sich verfangen«, hoffe ich einen Augenblick lang.

Es geht alles viel zu schnell, als dass ich die Möglichkeit hätte, mich auf die Frau oder in den Schirm zu stürzen. Es gelingt ihr nicht, das Segel aus dem Wind zu ziehen. Es zerrt sie durchs dichte Latschengestrüpp. Sie verschwindet darin. Dann sehe ich in einiger Entfernung nur noch den Schirm zusammenfallen. Als ich hinkomme, liegt Helga in einem felsdurchsetzten Graben, in einem Wirrwarr von Leinen und Schirmtuch. Sie bewegt sich nicht. Ich sehe Blut und höre sie leise wimmern.

Zunächst streichle ich das kleine Elend und spreche Helga an. Als erstes höre ich von ihr die Worte: »Nie wieder, nie wieder, nie wieder!«

Dann sortieren wir allmählich. Sie kann sich bewegen, etwas aufsetzen. Das Blut kommt aus einer Kopfwunde. Schockiert wiederholt sie: »Nie wieder, nie wieder!« Ich mache sie aus dem Gurtzeug frei und aus den Schirmleinen. Drücke mein sauberes Taschentuch auf die Kopfwunde. Der Platz ist hier widerlich abschüssig und felsig. Wir müssen aus dem Graben raus. Beim tapferen Versuch aufzustehen, diagnostiziert sie eine Knieverletzung. Ich trage meine Bruchpilotin zu einem einigermaßen liegefreundlichen Platz. Dabei stöhnt sie mir immer wieder einmal die Worte »nie wieder« ins Ohr.

Zum Glück finde ich in meinem Rucksack Verbandsmaterial. Sehr gekonnt fällt der Erste-Hilfe-Kopfschmuck nicht aus, aber er tut seinen Zweck.

Allmählich beruhigt sich die Gesamtsituation. Wir werden uns darüber klar, dass jetzt nur eine Flugrettung weiterhilft. Ein Handy kommt bei diesem Familientrauma nicht vor. Nur ganz kurz renne ich weg, um einige junge Leute um eine Hubschrauberalarmierung durchs Telefon im Hirschberghaus zu bitten.

Als ich zu ihr zurückkomme, ist die arme Helga-Maus moralisch schon wieder deutlich gewachsen. Auch wenn sie mich mit »nie wieder« begrüßt. In der Hoffnung, diese letzte Verwirrung bei ihr auch noch lösen zu können, rege ich an, sie sollte dieses verzweifelte Satzfragment jetzt doch endlich einmal zu Ende sprechen. Und da sagt meine Traumfrau: »Ich habe nur gemeint, ›nie wieder‹ werde ich mit dem Gleitschirm starten, wenn der Wind nicht genau von vorne kommt!«

Über diese Pointe hinaus sagt sie, obwohl schockiert und mit einer Kopfverletzung ausgestattet, erstaunlich Rationales: »Mann, gehe hin und verstecke unsere beiden Fluggeräte unter den Latschen; denn siehe, dieser Berg ist kein Flugberg und wir besitzen keinerlei Flugzutaten wie Helme, Rettungsschirme, Rückenprotektoren, wie das Gesetz sie befiehlt. Ich, deine Frau, werde also die ›Rettenden Engel‹ auf einen etwas anderen Ereignisverlauf einstimmen. Gott verzeihe mir diese Notlüge. Amen.«

Gesagt, getan! Kurz später erzählt eine zierliche, etwas zerbrechlich wirkende Frau mit unpassender, blutgetränkter Kopfbedeckung den eingeflogenen Rettungskräften eine rührende Pipi-Fax-Geschichte (Fax kommt bekanntlich von »facere« = machen). Mit einem attraktiven Bergwacht-Arzt am Langseil unterm Hubschrauber hängend, sehe ich meine Frau am Himmel entschwinden. Sie ist sehr flugerfahren.

Sinnierend bleibe ich auf dem Hirschberg zurück. Nach 45 Ehejahren bricht in dieser braven Persönlichkeit ein solches Maß an ungesetzlicher Energie aus.

Der Schock lässt mich wach werden – mitten in der Nacht. Die Uhr empfiehlt mir, weiterzu schlafen. Ich tue es und träume tatsächlich die Fortsetzung der Geschichte.

In einem Münchner Krankenhaus finde ich die Kriminelle wieder. Die Kopfwunde vernäht, das Knie erstversorgt und schon mit einem Operationstermin versehen. Schwächlich, aber frechlich liegt sie da. Die Verbände wirken fast attraktiv auf einen, der die Verbundene mag. Besonders wichtig und bedauerlich erscheint ihr in diesem Augenblick, dass sie ihre Lieblings- und Flugmütze vermisst. Ich verspreche, eine Suchaktion einzuleiten. Ansonsten erfahre ich viel über wahrheitsgebeugte Aussagen an Bergwachtmänner, Ärzte und Polizeibeamte, aber auch von wahrheitsgetreuen Verhandlungen mit Krankenschwestern über Harndrang und die Erlösung davon.

Irgendwann stehen Krücken bereit und der Unfallarzt rät zum Versuch, meine Frau auf die Beine beziehungsweise auf ein Bein zu stellen. Doch kaum senkrecht gestellt, verfärbt sich ihr Gesicht ins Fahle. Sie demonstriert einen perfekten Blackout und wir korrigieren sie sofort wieder in die Horizontale. Die Ursache des Absackens ist schnell erkannt

Gleitschirmfliegen ist geil – traumhaft geil ist es!

und ich kann zur Diagnose wesentlich beitragen. Der Kreislauf streikt, weil Helga total dehydriert, also entwässert ist. Als ich laienhaft meine, »trinken, trinken«, verbessert der Mediziner milde lächelnd auf »Infusion«. Ohne Umwege füllt man sie auf.

Ich träume dann nur noch von meinen eigenen, sehr weichen Knien, die mich zu einem Wasserhahn tragen. Ich schlürfe aus meinen Händen, lasse mich voll laufen wie ein Kamel und halte den Kopf unter den kalten Strahl. So was macht munter und lässt das Fazit erkennen: Wir hätten schon am Gipfel erkennen müssen, woher an diesem Tag der Wind wehte – eben doch aus der Richtung Krankenhaus Großhadern!

Ob man aus Alpträumen etwas lernen kann?

Gedanken bei einer Himalaya-Wanderung

Es heißt nicht »die Touristen«, es heißt »wir Touristen«. Ich bin Ende der achtziger Jahre einer davon. Etwa 200.000 Menschen meinesgleichen kommen jährlich nach Nepal. Etwa 50.000 sind Bergsteiger und Trekker. Unser Fremdenführer heißt Amrid Sakkia und ist hier daheim. Er hat in Deutschland studiert. Der Agrar-Ingenieur versucht nebenberuflich, uns sein Land verständlich zu machen. Er arbeitet am sanften Tourismus.

Wenn Kinder Zukunft bedeuten, dann hat die Zukunft Nepals der unseren viel voraus. Die Geburtenzuwachsrate beträgt hier 2,6 Prozent, bei uns 0,0 Prozent. Die Hälfte der Bevölkerung Nepals ist unter 20 Jahre jung. In der Bundesrepublik bestimmt der Nachwuchs nur ein Viertel vom Ganzen. Wir sehen also vergleichsweise alt aus.

Nepal ist ein anstrengendes Reiseland. Es zwingt pausenlos zum Nachdenken, nötigt zur Selbsterkenntnis, erstickt Überheblichkeit im Keim. Es sei denn, es käme einer als vorsätzlicher Ignorant ins Land.

Besonders offensichtlich zeigt sich die Bedeutung der Religion. Hinduismus und Buddhismus sind nicht eine Frage des Bekenntnisses oder der Kirchensteuer. Sie sind ritueller Bestandteil des Alltags und verschmelzen vielfach zu einer heiteren Idee positiver Lebensführung. Der Gast im Land könnte teilhaben an dieser Atmosphäre, aber meist kann er sich nicht konzentrieren. Er muss fotografieren. Im Moment hat er Swayambhunath im Sucher. Immerhin handelt es sich um das älteste und wichtigste Heiligtum des Buddhismus in Nepal.

Nepal

Patan, Bhaktapur und Katmandu sind die Namen der drei berühmten Königsstädte. Das ganze Talbecken liegt etwa 1300 Meter hoch, erstreckt sich über 1000 Quadratkilometer und ist überaus fruchtbar. Wer das Katmandutal verlässt, wird es immer mit dem Gefühl tun, etwas versäumt, unterlassen, nicht verstanden zu haben.

Trägerinnen und Träger transportieren unseren gesamten, etwas übertriebenen Trekking-Komfort. Sie sind jung, klein, aber kräftig und fast immer gut gelaunt. Der Anblick der schleppenden Kolonne stimmt einen Nepalneuling freilich alles andere als fröhlich. Für uns ist ein schwer tragender Mensch ein gepeinigter. Anerzogene christliche Gedankenverbindungen an den Kreuzweg werden uns bewusst. Und außerdem sind wir als Alpenbergsteiger daran gewöhnt, unsere Ausrüstung selbst zu buckeln. Aber es darf hier umgedacht, umgefühlt werden. Denn alles, was wir hier tragen lassen, bringt den Einheimischen eine Verdienstmöglichkeit. Und aus der allgemeinen alltäglichen Notwendigkeit heraus bedeutet Tragen hier auch keinen Menschenwertsverlust.

83 Prozent der Landschaft des Himalaya-Staates sind bergig. Wo immer es möglich ist, den Abhängen bebaubaren Boden abzuringen, wird aus Urland Kulturland. Ein Überfluss an Wasserkraft wurde erkannt. Die Bundesrepublik hilft mit 119 Millionen DM beim Bau von Wasserkraftwerken. Strom bringt Lebensqualität in Form von Licht und Wärme. Wenn er aber auch sofort das Fernsehen bringt, fehlen wahrscheinlich ein paar Sprossen an der Entwicklungsleiter.

Orchideen erinnern daran, dass wir uns auf dem Breitengrad von Kairo oder Florida bewegen. Die romantische Landschaft nördlich von Katmandu trägt den Namen Helambu. Auch hier wird der bescheidene Wirtschaftszuwachs dem Bevölkerungszuwachs nicht gerecht. Die Erträge der

Bauern reichen nur für neun oder zehn Monate des Jahres. Zuverdienst tut Not. Man ist am Trekking-Tourismus interessiert. Überall werden neue Rast- und Teehäuser gebaut. Die Leute sind stolz auf ihre Initiative. Sie lassen sich gerne filmen und fotografieren. Der Waldbestand Nepals hat sich in den vergangenen 20 Jahren erschreckend vermindert. Auch Trekker und Expeditionsbergsteiger tragen daran einen, wenn auch kleinen Schuldanteil. Sanfter Tourismus heißt, erkannte Fehler nicht weiter begehen. Es ist aber nicht immer leicht, Fehler zu erkennen und zu vermeiden.

Ein Trekking-Träger verdient etwa 5,– DM pro Tag bei einer zu tragenden Last von 30 Kilogramm. Es gibt Zuschläge für Feiertage, erhöhtes Gewicht, schwierige oder längere Wegstrecken. Fast alle Träger sind jetzt interessiert, möglichst viel zu verdienen. Oft auf Kosten ihrer Gesundheit. Leistungsdenken ist kein typischer Wesenszug für diesen Menschenschlag. Haben wir sie angesteckt?

Die Arbeit und die Zeiteinteilung im Trekking-Tross ist völlig auf das Wohl der Gäste abgestimmt. Über 50 Trekking-Agenturen in Katmandu organisieren und realisieren wunschgemäß alles, vom Tagesausflug bis zur großen Achttausender-Expedition. Ein guter Bergsteiger zum Beispiel könnte im dunklen Anzug ohne Gepäck in München ins Flugzeug steigen und mit Hilfe einer guten Agentur nach sechs Wochen auf seinem Achttausender stehen. Ein Besteigungs-Permit und eine wohl sortierte Brieftasche vorausgesetzt.

An einem Lagerplatz treffen wir zufällig auf ein Selfmade-Trekking-Trio ohne Träger aus den USA. Wir befragen den Führer der Gruppe spontan, was er von unserem Komfort-Trekking hält. Er meint: »Trekking mit großer

Ausrüstung und vielen Trägern ist tatsächlich komfortabler, wenn du nicht daran gewöhnt bist, im Freien zu leben. Für manche ist es gut, viel Geld zu investieren, Träger zu nehmen, es bequem zu haben, das Unternehmen zu genießen. Ja, du kannst das Ganze dann schon mehr genießen, wenn du aufwachst und bekommst eine nette, heiße Tasse Kaffee oder Tee serviert – und alles. Wenn du es anders machst, wenn du allein gehst, dann musst du alles selbst tragen. Du wirst schneller müde. Beim Aufstehen ist es kalt. Du musst kochen, musst alles in Schwung bringen. Und du hast viel mehr Unannehmlichkeiten. Aber andererseits hat Trekking mit Trägern folgende Nachteile: Du musst immer den ganzen Tross mitplanen. Musst sagen, wo sie lagern sollen, wann man aufbricht, wann man Halt macht. Du musst manchmal mit ihnen über die Bezahlung streiten. Ich gehe lieber ohne Träger, weil es billiger ist, weil ich mich dann nicht um andere Leute kümmern muss. Wenn wir durch ein Gebiet wie dieses gehen und wir sind keine große Gruppe, nur zwei, drei Leute, dann hinterlassen wir keine Spuren. Wir nehmen alles wieder mit. Eine große Gruppe belastet die Umwelt, weil sie mehr Brennholz braucht und mehr Dreck hinterlässt.«

Zu unserer Verteidigung sei gesagt: Der Dreck wird vergraben, gekocht wird mit Kerosin, nicht mit Holz. Und: Wir lassen mehr Devisen im Land. Ansonsten hat er Recht, der Bob aus USA, und Mut hat er auch. Immerhin trägt er die Verantwortung für zwei Frauen und zwei Hunde. Und er trägt einen wirklich schweren Rucksack.

Ein Sherpa lässt es sich nicht nehmen, seine Trekking-Gäste zu bedienen. Widerstände erweisen sich als zwecklos. Sherpas sind etwas besser bezahlt als Träger, haben Organisations- und Führungsaufgaben und tragen keine Lasten.

Herzlich und trotzdem mit der vornehmen Zurückhaltung eines englischen Butlers kümmern sie sich um das persönliche Wohl jedes einzelnen Trekkers.

Wir wollen heute über den 4600 Meter hohen Laurebina-Pass. Doch unser Marschplan geht nicht auf. Beim eisigen Passübergang holt uns die Nacht ein. Eine erkrankte Trekkerin schafft es nur noch mit den Resten ihrer Kraft. 300 Höhenmeter tiefer bieten ein paar Steinhütten eine höchst notwendige Zuflucht. Einige erschöpfte Träger müssen ihre Last am Pass zurücklassen. Sherpas holen die zurückgebliebenen Lasten noch in der gleichen Nacht, und sie sorgen in liebevoller Art für die Wiederherstellung des Betriebsklimas in der Trägermannschaft.

Ein paar Tage später weckt uns die Sonne an den heiligen Seen von Gosainkund. Jeden August pilgern Tausende von Hindus hierher, um ein rituelles Bad zu nehmen. Wir werden lange absteigen. Das ist gut für unsere Höhenanpassung. Zunächst aber erreichen wir einen Aussichtspunkt, der unvergessen bleibt. Die Schau reicht vom Dhaulagiri ganz im Westen über die Annapurnagruppe, Buri Gandaki, Himalchuli, Manaslu, den Ganesh Himal, die unbekannten Gipfel Tibets bis zum Siebentausender Langtang Lirung im Vordergrund, der in den nächsten Tagen unser Blickfang sein wird.

Nach 2000 Höhenmetern Abstieg treffen wir auf das Sherpadorf Syabru und auf die bekannte Trekking-Route von Trisuli Bazar ins Tal von Langtang. Alles dreht sich um den Trekker. Abgesehen von der Zahl der Gast- und Rasthäuser verändert sich hier schlagartig das Verhalten der Einheimischen. Die ruhige Zurückhaltung der Leute von Helambu wird abgelöst von einer etwas lauten Kontaktfreudigkeit im Dorf Syabru. Hier fangen wir, die Touristen, an, die Tradition zu verdrängen, Brauchtum in Folklore umzuwandeln, Zuerwerb in Haupterwerb, die Bauersfrau zur Barfrau. »Zillertal, du bist mei Freid« auf nepalisch.

1700 Meter zeigt der Höhenmesser, als wir den Langtang River erreichen. Wo immer das enge Flusstal Platz lässt, trifft man auf Rasthäuser. Der Weg führt wieder steil aufwärts. Es darf nicht verschwiegen werden: In keinem dieser Rast- oder Gasthäuser existiert eine Möglichkeit zum Austreten! Das Ergebnis macht die Umgebung schwer begehbar. Doch von diesem punktuellen Problem abgesehen, ist das Tal schön und almwirtschaftlich ertragreich. Ein Schweizer Entwicklungsprojekt hat dazu beigetragen. Der Hauptort trägt den Namen des Tales. Die Bürger von Langtang sind dabei, ein stattliches, nicht staatliches Hotel zu errichten. Sicherlich wird es Toiletten besitzen und einen Kamin. In Nepal wird nämlich bisher der Rauch, der nicht durch undichte Stellen im Dach der Bauernhäuser abzieht, über die ohnehin TBC-gefährdeten Lungen der Hausbewohner ins Freie transportiert.

Immer wieder kommen wir an Schulen vorbei. An diesem Platz scheint sich der Kontakt zur Außenwelt recht erfreulich auszuwirken. Ausbildung und Erziehung sind überall auf der Welt die beste Grundlage für eine natürliche Entwicklungsmöglichkeit. Nur 20 Prozent der Einwohner Nepals können lesen und schreiben.

Das weite Hochtal kann den Trekker-Strom kontrollierter aufnehmen. Mehr Platz – weniger Probleme. Ein Stopp mit »Omani Padme Hum«! Auch ein Lama lässt sich von den Touristen in seinen Gebetskreisen stören und erhofft sich etwas vom fremden Segen.

»Touristen«

Himalaya – von Hütte zu Hütte, lautet hier die ausbaufähige Idee. In 5000 Metern Höhe wird genau im Norden der Blick auf die Shisha Pangma frei, den einzigen Achttausender Tibets. Hier oben werden ganz von selbst bergsteigerische Wünsche wach. Knapp unterm Ganja La überholen wir eine französische Trekker-Gruppe. Gut gelaunte Sherpas haben den steilen Passübergang vorbildlich mit Seilen gesichert. Beim Aufbruch in Katmandu waren sie uns sehr jung, fast noch kindlich erschienen, doch in den Tagen unseres Zusammenseins hat sich jeder als sehr starke, erwachsene Persönlichkeit erwiesen. Ihr Heimvorteil zeigt sich deutlich. Sie sind noch wirklich ein Teil der Natur. Wir oft nur noch theoretisch. Die Menschen strahlen Optimismus aus. Man muss sie mögen. Sympathie lässt sich leicht durch ein Lächeln transportieren. Aber die Frage ist, wer von uns bietet mehr?

15 Tage Trekking haben uns ruhig gemacht. Sie waren sinnverwandt mit einer Pilgerfahrt. Doch wir sind Touristen – wohl oder übel. Wohl oder übel?

Sind die Höhenbergsteiger »erträglicher« (oder ertragreicher) als die Trekking-Touristen? An der Höhe der Besteigungsgebühren gemessen, muss man es annehmen – menschlich gesehen wohl kaum. Ihr Fixiertsein aufs hohe Ziel beschränkt ihr Interesse oft auf die Tüchtigkeit der Hochträger und auf die »Hilfestellung« zum Gipfelerfolg durch die besten Sherpas. Die Mystik der Eisriesen erliegt dem Kommerz. Der Achttausender wandelte sich längst vom »Sitz der Götter« zum »Goldenen Kalb«.

Die Wirtschaftshilfe, die Nepal durch Bergsteiger und Trekker erfährt, ist freilich für das Land bedeutend. Innere Wirren unterbrechen leider immer wieder die Kontinuität des Tourismus-Segens. Ob die äußeren Einflüsse daran mitschuldig sind?, fragt man sich – und man überlegt weiter, ob es im 21. Jahrhundert überhaupt noch irgendeinem Land gelingt, in seiner Tradition zu ruhen.

Berg Heil?

Sagen Sie sich »Berg Heil« unterm Gipfelkreuz? Ja, nein, mehr oder weniger, oder ist das für Sie auch nur eine überlieferte, undurchdachte Geste? Ich kenne mich nicht aus mit dieser fragwürdigen Floskel, die wir da immer wieder in einer besonders schönen, unfragwürdigen Situation benützen. Grüßen wir damit den Berg oder den Partner (Heil Cäsar, Heil Hitler)? Wünschen wir dem Berg das Beste, also Heil, oder dem Freund? Gedankenverbindungen aus dem Wortstamm heraus gibt es mannigfache. Das Heil oder das Unheil, heilen, heilsam, heillos, heilbar und unheilbar. Und wenn es einem beim Erreichen des Gipfelkreuzes vergönnt wäre, so gläubig zu sein, wie man gerne möchte, auch heilig und Heiland.

Die Gipfelgrüße anderer Alpenländler leuchten mir leichter ein. Die Italiener lassen sich »auguri« – Glückwünsche – zukommen. Der schweizerische, genauer rätoromanische Brauch, sich »Bütsch al Piz« – Kuss auf dem Gipfel – zu sagen, überrascht besonders angenehm. Man mag sich einfach, zumindest eine Gipfelrast lang und meist auch viel länger. Diese Tatsache erscheint mir eine erstrebenswerte Basis für das Fortbestehen unserer Leidenschaft Bergsteigen zu sein: in den Bergen gemeinsam Lebensqualität suchen und finden. Das ermöglicht es mir am leichtesten, mich aus dem Tunnel der allgemein verbreiteten dunklen Zukunftsgedanken wieder ans Licht zu graben.

Was hat wer, wie und warum falsch gemacht? Konnten wir in den lächerlichen gut 200 Jahren alpiner Geschichte

Bütsch al Piz

diesen Teil scheinbar robust strukturierter Schöpfung tatsächlich wesentlich stören? Bezogen auf die großen erdgeschichtlichen Abläufe sicher nicht. Aber wenn es um unseren höchstpersönlichen bergigen Lebensraum geht, dann gelangen und gelingen uns drastische Naturveränderungen ohne Unterlass. Allen Naturschutzforderungen zum Trotz. Was kann ich dagegen tun?

Dankbar kehrt meine Erinnerung zurück in die Kinder- und Jugendzeit. Die Probleme des Krieges wurden abgelöst durch die des Friedens. Als St.-Georg-Pfadfinder begegnete ich vor gut 50 Jahren erstmals dem Naturschutzgedanken. Er war rein, romantisch und realisierbar. »Du sollst in der Natur keine Spuren hinterlassen«, hieß das Gebot, und nie mehr später vernahm ich ein klareres. Von derart märchenhaften Idealvorstellungen haben wir uns im Eiltempo entfernt. Die Eingriffe in die Natur haben die Alpen an vielen Stellen zur Wirtschaftsregion gewandelt, umfunktioniert. Da und dort freilich, wo es nicht allzu sehr stört, wird diese Entwicklung durch ein Naturschutzgebiet aufgelockert, entspannt, korrigiert.

Welche Rolle spielen nun wir, die Bergsteiger, in dem Spannungsfeld zwischen Naturschutz und wirtschaftlicher Alpenerschließung?

Im Groben ist man sich einig, dass wir viel zur Zerstörung der Alpen beitragen, schon deshalb, weil wir uns vermehren. Des Weiteren, weil wir das Raufußhuhn vorsätzlich ausrotten, weil wir mit den Spitzen unserer Skistöcke die Erosion beschleunigen, an den Kletterfelsen Moose und Flechten sowie den Wanderfalken behelligen, mit messerscharfen Skikanten die bodennahe Bergkiefer verwunden, Gämsen und Rotwild in die Abgründe jagen. Zudem zählt man uns als »Rucksackfresser« zur Spezies der tourismuswirtschaftlichen Nieten. Nur die Bergausrüstungs- und Outdoor-Branche neigt nach und nach dazu, uns moralisch zu unterstützen, wenn wir andersherum ... – jawohl, wir konsumieren gern und immer wieder. Das Modernste und Leichteste ist gerade gut genug für uns und lässt uns bis ins höchste Alter aktiv bleiben.

Und was, bitte schön, tut der Deutsche Alpenverein für seine Mitglieder? Der arme, reiche, dezent elitäre Alpenverein hat es schwer, seine Vergangenheit zu bewältigen, den Aufgaben der Gegenwart gerecht zu werden und die Zukunft zu schützen. So musste er – seit seiner Gründung 1869 – zunächst die Alpen erobern und erschließen. In unseren Tagen aber erfordert der Wandel der Zeit plötzlich nahezu das Gegenteil von ihm, nämlich die Gebirgsnatur zu schützen vor seinen vielen Mitgliedern, die höchst motiviert die Alpen und inzwischen auch die Berge der Welt niederrennen. Soll man in den Alpenvereinssektionen einem Bergsteigerverein das Wort reden oder einem Naturschutzverein? Hält man es mit der Ethik oder mit dem Sport, mit dem Geist oder mit dem Körper? Natürlich mit beidem. (Mutig trat der Deutsche Alpenverein dem Deutschen Sportbund bei, obwohl vergleichbare Erfahrungen schon einmal nicht die besten waren.) Aber der dynamische Großverein schwimmt auf gesellschaftlichen und politischen Strömungen allezeit obenauf. Unser Alpenverein bemüht sich mit Erfolg, für seine eigenwilligen Sektionen und Mitglieder. Ach, könnte er seine Aufgaben doch übersichtlich in einem Alpinstadion wahrnehmen. (Ansätze in der Sportkletterabteilung sind erkennbar, gerade in München.)

Bergsteigen, Naturschutz, Ethik, Leistungssport. Es haben sich Auswege und Verbindungstüren aufgetan. Der Service-Verein entspricht dem Zeitgeist. Vom Edelweiß-T-Shirt über die Höhenmesser-Weckarmbanduhr bis zum Achttausender mit dem DAV-Reisebüro reicht die DAV-Angebotspalette. Angebot und Nachfrage, die Zauberformel unserer Zeit. Zur Lebensphilosophie hochstilisiert, prägt sie alle unsere Lebensbereiche. Hätten wir diese Entwicklung auf dem Weg ins Gebirge umgehen können? Ich meine, bestimmt nicht! Das moderne, methodische, kommerzielle Alpenvereinsbergsteigen hat wesentliche Vorteile gebracht. Unser aller Horizont, unser alpiner Wissensstand hat sich erfreulich erweitert. Ausrüstung, Sicherheit, Trainingslehre, Mobilität, Wohlstand und weltweite Kontakte haben Aktionsradien aufgetan, die wir vor einem halben Jahrhundert nicht einmal andenken konnten.

Ich überlege gerne in Beispielen: Auf dieselbe Art wie meine Frau und ich als Verlobte in den Alpen geklettert sind, hätten wir unsere Kinder später nimmermehr klettern lassen. Mut und Vertrauen sind etwas sehr Schönes, aber erst in Verbindung mit einer guten Sicherungsmethode bringen sie den wahren Fortschritt. Dafür begannen unsere Nachfahren ihre Kletterei ziemlich genau in dem Schwierigkeitsbereich, der für ihre Alten die obere Grenze bedeutete.

Oder: Die Reise meines Lebens führt 1964/65 mit einem alten VW-Bus von München-Giesing zum Mount Kenia und Kilimandscharo. Sie dauerte über ein halbes Jahr und war um ein Drittel billiger als unsere Kilimandscharo-Besteigung im Jahr 1989, die in nicht einmal drei Wochen abgehakt war.

Oder: Eine Hirschberg-Besteigung im Rhythmus von 1957 via Straßenbahn, Autobus, Skiaufstieg, Almübernachtung nahm ein volles Wochenende in Anspruch. Im Herbst unseres Lebens erledigen wir denselben Voralpenberg manchmal zwischen 8 Uhr früh und 13 Uhr mittags mit Hilfe von Auto und Gleitschirm.

Mit dem Betrachten von Beispielen legen wir gewissermaßen den Finger in die Wunde der modernen Bergtourismusentwicklung. Das schnell und flüchtig erworbene Ziel mindert ohne Zweifel den Wert der Erlebnisse. Verstärkt kommt der wohltrainierte Körper zum Zug, nur noch nebenbei ein bisserl der Geist und das Gemüt, weil sie halt wesentlich langsamer und sensibler in Schwung zu setzen sind. Natürlich macht nicht nur die Geschwindigkeit der Entwicklung unser aller Fortschrittlichkeit fragwürdig, mehr noch die Menge, die Auswahl, das Übermaß, die Maßlosigkeit des Angebotenen. Wenigstens für uns Alte erscheint es heilsam, zurückzudenken an maßvollere Zeiten, in denen wir Bergsteiger noch in der Lage waren, dem normalen Fremdenverkehr Impulse zu geben. Heute übernehmen wir bestenfalls die Rolle der Exoten im Tourismusgetriebe.

Riskieren wir einen aktuellen Blick auf die schönsten Regionen des deutschen Alpenanteils, nach Oberstdorf, Berchtesgaden oder Garmisch-Partenkirchen.

Also in Oberstdorf, obwohl ein Ortsspaziergang in der Hochsaison einem Streifzug durch die Münchner Auer-Dult gleichkommt, fehlt es nicht so weit, weil sie dort die unsterbliche Alpin-Ikone Anderl Heckmair verehren (und das mit Recht). Außerdem erfreuen sie sich eines hartnäckigen Alt-Bürgermeisters, der ein ebensolcher Bergsteiger ist.

In Berchtesgaden ist das Land (laut Ludwig Ganghofer) so schön, dass der Herrgott nur seine Lieblinge dorthin fallen lässt und das sind sowieso die Bergsteiger. Und zudem genießen wir seit eh und je eine bevorzugte Behandlung auf dem Weg zur Watzmann-Ostwand. Der Bergsteiger ist ein wohlfeiler Werbeträger auf dem Königssee und gar mancher Tourist aus Japan oder Wuppertal berührt ihn noch einmal gern im lebendigen Zustand, bevor er sich – der Bergsteiger – in die unheilschwangere Wand begibt.

Verzeihen Sie, zu Garmisch-Partenkirchen fällt mir momentan nichts ein. Ich suche ja Erfreuliches. Halt, doch, gerade noch, sogar eine taufrische Episode, im vorletzten Sommer passiert.

Mein Freund Hans und ich steigen miteinander durchs Höllental auf die Zugspitze. Beide nähern wir uns dem Siebziger. Vor uns liegen 2200 Höhenmeter. Um 6 Uhr früh gehen wir in Hammersbach weg, um 11 Uhr, nach genau fünf Stunden, sind wir droben. Wir sind müde. Ich kann es gar nicht glauben, dass ich da früher immer in wesentlich kürzerer Zeit heraufgestiegen bin, obwohl ich seinerzeit immer noch den Jubiläumsgrat anschloss. An den Weiterweg zur Alpspitze denken wir heute natürlich nicht. Wir wollen mit der Zahnradbahn hinunter, möglichst schnell; denn der Gipfelandrang schockiert uns. Wir stehen auf der Plattform wie zwei kleine verzweifelte Buben, die am Ausverkaufstag in einem Kaufhaus ihre Mutter verloren haben. Wir wollen zwei Fahrkarten und die dazugehörige Bergbahn. Endlich finden wir im verwirrenden Gipfelgebäude der Zugspitze jenen Andenkenverkaufsstand, der nebenbei auch noch Fahrkarten im Angebot hat. Die liebe Frau versucht gerade, das Gipfel-T-Shirt, Größe XXL, eines Amerikaners zu stornieren (er müsste noch oft zu Fuß heraufsteigen, bis es passt). Zum Fahrkartenkauf lege ich Alpenvereins-, Rentner- und Journalistenausweis vor sowie meinen Gleitschirm-Pilotenschein in der Hoffnung, der Preis würde dann nicht mehr schamlos, sondern nur noch unverschämt ausfallen. Vergeblich! Mit dem freundlichsten Lächeln werden von jedem von uns 46,– DM gefordert. Auch der verbrauchte Witz, dass wir die Zahnradbahn nicht kaufen, sondern nur ein einziges Mal vorsichtig zur Talfahrt benützen wollen, bringt zunächst keinen Rabatt. Doch plötzlich telefoniert die Frau und überschüttet mich anschließend mit dem VIP-Bonus einer Freifahrt. Im Namen der Gesamtbergsteigerschaft hätte ich stolz ablehnen müssen, aber dann imponiere ich doch lieber meinem Freund Hans mit dem reduzierten Fahrpreis von 23,– DM für jeden.

Ich meine, diese Zugspitz-Besteigung ist ein Symbol für die Situation des Bergsteigens im Zeitalter des Massentourismus, der Medien, der Totalkommerzialisierung. Im Aufstieg Bergerlebnis, oben alpiner Jahrmarkt. Man nimmt auf und wird vereinnahmt, tut und wird getan von einem Augenblick auf den anderen. Hans und ich nahmen es mit Galgenhumor und sind damit gut gefahren.

Von jeher haben Bergsteiger versucht, im Kehrwasser der gesellschaftlichen Strömungen zu schwimmen. Konsequent gelingt das nie; denn irgendwann fließt jeder Tropfen ins Meer. Macht die Strömung, macht der Fortschritt bessere Menschen aus uns? Eine öffentliche Fragestellung, die bekanntlich schon vor Beginn unserer Alpingeschichte, nämlich 1750 zu hören war. Jean Jacques Rousseau hat sie seinerzeit eindeutig mit »Nein« und mit der Forderung »Zurück zur Natur« zu beantworten versucht. Diese Frage wird nie aufhören, aktuell zu sein. Und unsere Lebensauffassung trifft sie besonders. Sind wir heute noch ein Teil der Natur oder haben wir uns separiert, wegentwickelt vom natürlichen Leben durch Technik und Kommerz? Bei einem bekannten, bergsteigenden Politiker (Heiner Geißler) lese ich: »Die Solidarität zwischen Mensch und Schöpfung ist bedroht.« (Viele notwendige Verbundenheiten sind es leider auch, zwischen Jung und Alt, Frau und Mann, In- und Ausländer, Schwarz und Weiß, Bayern und Preiß.)

Der Naturschützer Hubert Weinzierl schreibt hoffnungsvoll: »Die arteigene Arroganz des Menschen gegen den Rest der Schöpfung ist uns fremd.« Ich glaube, man kann diesbezüglich die Naturschützer und die Naturnützer zur großen Koalition aufrufen. Ein augenzwinkernd ehrlicher Satz dazu kam mir selber irgendwo einmal aus: »Es kann schon sein, dass sich ein Bergsteiger einem Gamsbock gelegentlich artverwandter fühlt als einem Turniertänzer.« (Meine Frau kann mit dieser Behauptung wenig anfangen.)

Schmunzeln heilt Frust und Grant und Depression und Pessimismus.

»Der Tag vor Atlantis« hieß das Motto einer Tagung, zu der ich Ende des vergangenen Jahrhunderts eingeladen wurde. Tagungsort war Serfaus in Tirol. Die Tiroler neigen zu Übertreibungen. Für ihre Untergangsstimmung war ihnen das Traumland des Philosophen Platon gerade gut genug. Die eigentlichen Diskussionsthemen waren einfacher gestrickt. Sie lauteten: »Sanfter Bergtourismus«, »Berge als Luxusgut«, »Bergsport und Naturschutz« und dergleichen. Das sonnige Tiroler Bergdorf überm Inn hat ein großes Ski- und Wandergebiet, keinen Einheimischen-Stammtisch, zu viele alpinbarocke Hotels, eine schwach besuchte Kirche, große Parkplätze, eine autofreie Fußgängerzone und eine Untergrundbahn.

Es konnte nicht anders sein, die Tagungsschlussplädoyers der eingeladenen Journalisten fielen höchst kritisch und depressiv aus. Kurz, man ließ die gesamten Alpen mit Pauken und Trompeten untergehen. Bergsteiger war keiner unter den kollegialen Schwarzsehern. Die einzelnen Statements wurden bei schönstem Sonnenschein auf der Hotelterrasse gen Süden abgesondert. Auch meine eigene Auffassung musste sich zunächst einigermaßen kritisch an der unmittelbaren Umgebung orientieren, dann aber schnell und einfach weiterblickend auf die Berge jenseits des Inntals, am Glockturmkamm der Ötztaler Berge und den zahllosen nördlich vorgelagerten Gipfeln, Graten und Jöchern. Und ich warf den Kollegen Kopflastigkeit und, noch schlimmer, Bauchlastigkeit vor, was verhindern würde, dass sie dort drüben und anderswo in vielen schweißtreibenden Bergwanderstunden zu einer weniger fokussierten und dann zweifellos positiveren Zukunftsvision finden könnten.

Um auch hier Stellung zu nehmen, zu Fortbestand oder Untergang: Zugegeben, unsere ein Leben lang geliebten alpinen Spielplätze werden enger. Freiheiten sind weniger frei. Mit dem zunehmenden Andrang in den Bergen schwinden Privilegien, ist Toleranz gefordert, sind Ansprüche zurückzuschrauben. Trotzdem finden wir Anspruchsvolles nach wie vor. Durch Kreativität und Phantasie, durch Zeit- und Kraftaufwand oder auch nur durch antizyklisches Verhalten. Wer kann uns daran hindern, auch in Zukunft unterm Gipfelkreuz ein Schulterklopfen der Verbundenheit an den Mann und einen Schmatz, Kuss oder Bütsch an die Frau zu bringen. Von wegen »ein Tag vor Atlantis«, ich glaube, wir werden sie noch lange finden, wenn wir sie wirklich suchen, die heilen Berge oder unser Heil in den Bergen, eben das Berg Heil ohne Fragezeichen.

Jahr der Berge

In einem Fernsehbericht sahen wir Kofi Annan, den Generalsekretär der UNO, zusammen mit seiner Frau beim Bergsteigen. Die Art, wie sich die beiden bewegten und wie sie ausgerüstet waren, sah nicht nach einer PR-Veranstaltung aus. Sie waren in einem richtigen Gebirge unterwegs, irgendwo auf der Welt. Leider hatte ich zu spät ins Programm gezappt. Die Annans scheinen also nicht nur Bergfreunde, sondern aktive Bergsteiger zu sein. Wenig später wird das Jahr 2002 von den Vereinten Nationen zum »Internationalen Jahr der Berge« erklärt und im Sonderheft der Zeitschrift »Berge« lese ich eine Grußbotschaft, eine Introduktion des Generalsekretärs der UNO, Kofi Annan.

Hat man nun in Redaktionskreisen der Zeitschrift so tolle Verbindungen oder ist der Titel »Berge« einfach so überzeugend klar, plakativ gewählt, dass selbst ein UNO-Häuptling – vor allem, wenn ihm das Thema höchstpersönlich am Herzen liegt – solidarisch grüßt? Gleich wie! Schon der erste Satz der Botschaft trifft voll in die Ethik des Bergsteigens: »Demut gebietend und erhebend zugleich, kaum etwas in der Natur flößt uns soviel Ehrfurcht ein wie der Anblick von Bergen.« Der realistische Kernsatz folgt bald darauf, er rückt den Schreiber sofort wieder in seine politische Position: »Die UNO hat das Jahr 2002 zum Internationalen Jahr der Berge erklärt, um damit das Bewusstsein für das Ökosystem Berge zu stärken, das Kulturerbe der Bergvölker zu pflegen und die Bewahrung und nachhaltige Entwicklung der Gebirgsregionen zu fördern.« Wenn wir wüssten, wie sich »Bewahrung« und »nachhaltige Entwicklung« ideal unter einen Hut bringen ließen, bräuchten wir wahrscheinlich weder eine UNO noch ein Jahr der Berge.

Das Jahr 2000 war das »Jahr der Fledermaus«, habe ich neulich gelesen. Man müsste jetzt eigentlich eine Fledermaus fragen, ob ihr das irgendeinen Aufschwung gebracht hat. Wenn ich richtig informiert bin, dann hängen nämlich die Fledermäuse immer noch mit dem Kopf nach unten.

Bei unseren Bergen fehlt es da nicht so weit. Bei den Bergen ist der Kopf beziehungsweise der Gipfel immer oben, sogar in Australien und Neuseeland, wie ich mich selbst überzeugen konnte. Nein – ich will mich nicht lustig machen über das »Internationale Jahr der Berge«. Schließlich handelt es sich bei diesem Aufruf nicht direkt um eine Touristen- oder Konsumentenwerbung. Es geht viel mehr um Verständnis, Respekt, ja Ehrfurcht, um den Einklang mit einer wunderschönen, schützenswerten Landschaftsform. Ich frage mich freilich: »Wie können die in einem solchen Rahmen Aufgerufenen alle wissen, was den Bergen gut tut und was nicht? Und wenn ja – warum? Und wenn nein – warum nicht?« Wäre mir heute zum Beispiel eine Fledermaus zur Pflege übergeben worden, wie und wo hätte ich ansetzen sollen? Mehr Kenntnis und Wissen über die Berge und die Bergsteiger hätte also verbreitet werden können, in diesem Jahr. Die Zeitschrift »Berge« hatte jedenfalls ein Sonderheft im Jahr der Berge. Sonst freilich gab es, im Allgemeinen, nicht viel Besonderes zum Thema Bergwelt und Weltberge.

Interessant wäre es, sich selbst zu fragen, was man über Berge weiß. Über die Geschichte des Bergsteigens, über die Vielfalt der Gebirge und über die Buntheit der Möglichkeiten, den Bergen zu begegnen. Berge von Fach- und Sachliteratur haben sich dazu aufgetürmt im Zeitraum eines guten Jahrhunderts, vergleichsweise eine Nanosekunde im Werden, Sein und Vergehen von Gebirgslandschaften. »Demut gebietend und erhebend zugleich«, das ist also der Boden, auf dem wir unserer Leidenschaft nachgehen.

Geben wir uns gleich der Nabelschau hin, dem Selbstvertrauen darauf, dass alles bei uns, also alpin, seinen Anfang nahm. Am einfachsten wär's! Natürlich reizt es, zu behaupten, Berge werden von Menschen bestiegen, seit und weil sie da sind. Die Berge oder die Menschen? Stellen Sie den Bezug her, wo sie wollen. Die Überlieferung hängt halt weit, weit hinterher. Überliefert ist: Moses, der Berg und die Gesetzestafeln. Jesus, der Berg und der Teufel. Ohne Daten, mit Glaubensanspruch.

Dann aber, zum Beispiel 1336 Petrarca, sein Bruder und der Mont Ventoux. Oder 1492 Antoine de Ville mit Expeditionsmannschaft am Mont Aiguille auf Befehl des Königs Karl des VIII. Leonardo da Vinci bestieg seinerzeit nachweislich seine Heimatberge. Die Inkas Südamerikas opferten ihren Göttern gar in 6000 Metern Höhe. Auf allen Erdteilen käme menschliches Bergauf – Bergab zu Tage, würde man danach graben.

Unzweifelhaft dokumentiert ist der Beginn zumindest des Alpinismus durch die Erstbesteigung des höchsten Berges der Alpen, des Mont Blanc, im Jahre 1786. Jacques Balmat, der Kristallsucher, und Michel Paccard, der Arzt, waren die Wackeren, die endlich – alpinistisch betrachtet – ganz oben standen. Zweifelhaft freilich war ihr Antrieb. War er bereits von bergsteigerischer Leidenschaft oder doch von der beträchtlichen Belohnung bestimmt, die der Wissenschaftler Horace Bénédict de Saussure in Aussicht gestellt hatte und auch bezahlte? Es wird wohl mehrere vorder- und hintergründige Motivationen gegeben haben. Es wird gewesen sein, wie es heute auch noch ist. (Ein Everest-Anwärter von heute allerdings, der für eine Besteigung nichts bekommt, sondern seine 50.000 bis 100.000 Dollar investiert, wird unfroh werden bei soviel Finanzdiskrepanz im Vergleich.)

Würde man die Beweggründe fürs Bergsteigen vom Beginn des Alpinismus bis heute zusammenfassen, dann würden unverändert die gleichen zutreffen: Geld, Geltung, Neugier, Sport- und Spieltrieb, Natur- und Schöpfungsverbundenheit. Und sollte es einen rein religiösen Antrieb jemals gegeben haben, dann scheint dieser am ehesten verkümmert zu sein. Zur Neugier zum Beispiel zählte seinerzeit im 18. und anfangenden 19. Jahrhundert vor allem das naturwissenschaftliche Interesse des unerforschten Lebensraumes. Alexander von Humboldt, den Gebrüdern Schlagintweit, dem Herzog der Abruzzen und vielen anderen sind dabei bedeutende Verdienste zuzuschreiben. In den letzten Jahrzehnten schmunzeln wir mehr und mehr über die wissenschaftliche Arbeit am Berg und empfinden sie als Vorwand, Alibi, Deckmantel, Finanzierungshilfe.

Um mich im »Warum« des Bergsteigens nicht zu verlieren, rette ich mich schlagartig in die Vielfalt der Gebirge, wie ich sie persönlich erleben durfte.

Berge wollen, je nach Höhe und Neigung, erwandert, erstiegen oder erklettert werden. Und um dies erfolgreich tun zu können, ist jeweils die richtige Ausrüstung und die entsprechende körperliche Konstitution notwendig. Und das Wissen, wie diese Voraussetzungen anzuwenden sind. Und die Koordination des Ganzen. Und die Ortskenntnis. Und der Mut zu Entscheidungen in Zweifelsfällen. Bergsteigen scheint also ganz schön kompliziert zu sein. Ist es auch. Darum machen wir ja so viel Aufhebens davon und deshalb kommt es ja zu so hohen Unfallziffern.

Die geologischen Erscheinungsformen, ganz grob und natürlich völlig unwissenschaftlich aufgezählt, versetzen uns immer wieder, überall auf der Welt, in ehrfürchtiges Staunen. Hier begrüntes oder beschneites Kulturland, Hügel- und Vorgebirgslandschaften in einem Höhenniveau von etwa 800 bis nahezu 2000 Meter (Mittelgebirge, Bayerische Voralpen). Dort steile Felsenberge aus Kalk oder Granit in der Höhe von 2000 bis über 3000 Meter (Wilder Kaiser, Dolomiten, Bergell). Dann Schneegipfel mit steilen Graten und Eiswänden 3000 bis nahe 4000 Meter hoch und schließlich Hochgebirge von 4000 Meter bis Everest-Höhe. Fast immer vergletschert, mit gewaltigen Felsfluchten, in Wüstenregionen auch sehr hoch hinauf schneefrei. Als Sonderlaune der Gebirgsnatur habe ich Vulkane in allen Höhenlagen empfunden (vor allem die aktiven, vom Stromboli auf 1000 Meter bis zu den Feuerbergen Ecuadors auf 6000 Metern Höhe), sowie nahezu senkrechte Vegetationsberge, Konglomerat, Aufwürfe oder Erosionserscheinungen. Eigentlich ist es unmöglich, die Vielfalt von Berggestalten aufzuzählen, schon gar nicht in Kürze.

Das Jahr der Berge hätte vor allem ein Jahr sein können, in dem wir Bergsteiger unser kleines Wissen und unsere große Begeisterung weitergeben und durch Gedankenaustausch mehr über die Landschaften erfahren, die unsere Lebensform geprägt haben. Außerdem ist für unsereinen einfach wichtig, nicht nur von unten nach oben zu denken, sondern auch einmal quer. Verstehen zu lernen, warum, global betrachtet, das Oben und Unten in den Bergen oder sonstwo keine Rolle spielt und warum die vielen Fledermäuse im Stadtpark von Sydney nicht mit dem Kopf nach oben hängen.

Bergsteigen als Lebensform oder als Profisport?

Erst wenn dir neben den schmerzenden Kniegelenken die Ethik und Mystik bewusst werden, gehörst du dazu. Wenn einer gern singt und es wird irgendwann ein berühmter Opernsänger aus ihm, dann hält das jedermann für eine tadellose Karriere. Wenn sich aber ein begeisterter Kraxler zu einem Profisportler der Disziplin Bergsteigen entwickelt, streift ihn alsbald der Vorwurf, er habe das Metier entweiht. Die Fragestellung »Bergsteigen als Lebensform oder als Profisport?« versucht den Fehdehandschuh hinzuwerfen. Ich werde ihn liegen lassen, bis er verrottet. Als ob der Profisport Bergsteigen keine Lebensform wäre.

Bergsteigen als Beruf oder als Freizeitgestaltung ist eher eine Basis für eine Abwägung. Die Lebensform Bergsteigen sollte man ausschließlich den Gämsen überlassen. Ich werde für meine Überlegungen den Begriff Lebensauffassung in Anspruch nehmen. Eine natürliche oder naturverbundene Lebensauffassung reicht aber dabei nicht aus. Sie muss zusätzlich von einem heftigen Bergauf – Bergab geprägt sein. Und schon haben wir das sportliche Kuckucksei im ethischen Bergsteigernest. Wollen wir jedoch, bevor wir voll in die selbstgebaute Falle tappen, das Hohelied von der ethisch reinen Lebensauffassung Bergsteigen anstimmen.

Erzieherische, soziale, ökologische, ökonomische, körperliche und seelische Werte sind von Fall zu Fall nachweisbar. Persönliche Erfahrungsbeispiele:

Das Selbstbewusstsein, das mir in den Jugendjahren durch gelungene Bergtouren zuwuchs, hatte Gebrauchswert für den Alltag. Ohne Bergsteigerei hätte ich weder den Sepp, noch den Hans, noch den Michel usw. kennen gelernt. Zudem ließen sich damals meine Frau und andere von einem gewissen Mannesmut durchaus beeindrucken. Mit der Gebirgsnatur behutsam umzugehen, ist dem Bergsteiger Bedürfnis und Notwendigkeit (solange man ihn Auto fahren lässt!). Schon, weil er sich den Ast, auf dem er sitzt, nicht absägen will. Kaum ein anderes Tun lehrt so konsequent den ökonomischen Umgang mit den eigenen Möglichkeiten wie das Bergsteigen. Dass uns die Berge gesund und frohgemut erhalten, glaubt uns neidvoll jeder. Auch wenn selbst die höchsten Gipfel keinen unmittelbaren Kontakt zum lieben Gott herzustellen vermögen, Mittler für ein Sinnfinden sind sie uns immer wieder. Und wer es nicht merkt, ist selber schuld! Andersherum kann eine Lebensauffassung, die vorwiegend vom Bergsteigen geprägt ist, schwierige Menschen formen, egoistische, »sektische«, intolerante, eitle, überhebliche, steinschlag- und lawinen- und hautkrebsgefährdete und auf jeden Fall knieleidende Herren und Damen. »Erst wenn er erkennt, dass er hinten und vorne nicht mehr hochkommt, wird der Mensch fromm und weise«, schreibt Tucholsky. So betrachtet füllt also die ganz einfache Lebensauffassung Bergsteigen den Betroffenen schon ziemlich aus. Da muss er doch froh sein, das Ganze nicht auch noch existenziell betreiben zu müssen.

Der Profisport Bergsteigen ist meiner Ansicht nach ein gefährlicher, mäßig bezahlter Broterwerb. Die Berufsartisten im Höhen- und Schwierigkeitsalpinismus sind oft genug, ohne es selbst klar zu erkennen, Marionetten der Industrie und der Medien. Die Zeitdauer des Erfolgs beläuft sich nur auf einen Bruchteil des Bergsteigerlebens. Nicht das, was die Profis tun, widerspricht der Ethik beziehungsweise den

In professioneller Gesellschaft: Stefan Glowacz, Heiner Geißler, Josef Klenner, Reinhold Messner, Hermann Magerer und Günter Sturm

guten Sitten, sondern das, was mit ihnen getan wird. Professionelle Sportler der Massendisziplinen und ihre vergleichsweisen Leistungen führen uns die absolute Harmlosigkeit bergsteigerischer Profitmöglichkeiten vor Augen. Ob es den organisierten oder frei praktizierenden Alpinethiker, dem beim Begriff »Profibergsportler« das Herz blutet, noch gibt? Wenn ja, muss er die alpinistische Entwicklung auf einer einsamen Alm verschlafen haben. Wahrscheinlich hat er auch von der modernen Marschrichtung des Deutschen Alpenvereins noch nichts gehört. Dieses rare Exemplar von Bergsteiger wäre nicht minder schützenswert als das Raufußhuhn.

Fazit: Lasst uns das wahre Bergsteigerleben hegen und pflegen. Dem Profi aber wollen wir applaudieren für seine Leistungen und ihn bewundern ob seines Mutes zum bergsteigerischen Künstlerleben.

Bergsteigen im Medium

Die Illusion, dass der Alpinismus unter Ausschluss der Öffentlichkeit irgendwo tief drinnen in der Seele stattzufinden hat, war immer eine solche. Übers Bergsteigen lesen, hören, sehen ist die Konsequenz des Tuns, des Geschehens, des Erlebten.

»Wess' das Herz voll ist, dess' läuft der Mund über.« Jeder von uns wird am Montag zum Medium, zum Kommunikationsträger, zum Vermittler.

Ein Medienarbeiter vermittelt an sehr viele Menschen (Massen ist ein zu unpersönliches Wort). Wenn er etwas Unechtes, Unwahres oder Missverständliches multipliziert, wird er leicht zum Brunnenvergifter. Das ist etwas Schlimmeres als ein Lügner. Wenn er unverfälscht berichtet, weil er fleißig ist oder vom Thema etwas versteht, wird ihm auch der härteste Medienskeptiker hie und da sein Wohlwollen gönnen.

Das Bild vom Gebirge ist ein wertvolles Arbeitsmaterial. Schon weil man es sehr schwer bekommt. Es ist leicht verständlich, unzweideutig, fälschungssicher, anregend, authentisch. Das Bild ist der Beweis. Wer »bildberichtet«, muss dabei gewesen sein. Laut einer wissenschaftlichen Untersuchung macht der Erinnerungswert des Bildes 75 Prozent, der des gesprochenen Wortes nur 25 Prozent aus.

»Bergauf – bergab« kam bekanntlich 1975 zustande. Es war ziemlich sicher weltweit die erste konstante Fernseh-Bergsteigersendung, der da vom Bayerischen Rundfunk ein Programmplatz eingeräumt wurde. Das Beispiel hat Schule gemacht. Verschwörungsmitglieder im Gründungsstadium waren damals Reinhold Messner als Sprachrohr des Alpinismus und Günter Sturm als Vertreter des Deutschen Alpenvereins.

Die Bergsteiger wollten sich im Fernsehen wieder erkennen. Wer in diesem Medium nicht vertreten ist, findet in unserem Gesellschaftsleben nicht statt. Außerdem war das Image vom Bergsteigen reformbedürftig. Eine Art Vergangenheitsbewältigung tat Not. In der großen Öffentlichkeit war das Bild von der Bergsteigerei immer noch von Arnold Fank und Luis Trenker geprägt gewesen. Weder Marcel Ichac noch Gerhard Baur konnten durch ihre ausgezeichnete Arbeit etwas daran ändern. Die Reaktion mancher verdienter Edelweißträger auf die moderne Entwicklung des Alpinismus zeigte immer wieder die Unauslöschbarkeit dieser Prägung. Um nicht missverstanden zu werden: Natürlich sind die alten Filme von Fank und Trenker wertvoll, und wir achten die Meinung der Konservativen. Aber dieses von den Pionieren bravourös geschaffene optische Medium des Bergsteigens hat schon damals die Vorstellung vom Alpinismus verfälscht – von heute nicht zu reden! Aus dem öffentlichen Falschwissen resultierte eine unseriöse, ärgerliche Alpin-Berichterstattung, in der zum Beispiel symptomatisch das Wort »Bergfex« auftauchte.

»Vielleicht«, so hofften wir, »kann eine regelmäßige aktuelle Fernsehsendung zur Klärung der alpinen Situation beitragen. Wo nötig, wird sie allerdings auch die Rasanz der Entwicklung beklagen.« Diese Entwicklung vollzieht sich in der »Alpinwirtschaft« (manches Mal haben die Tatsachennoch gar keinen Namen!), im Deutschen Alpenverein und in den Medien. Und weil Medien, wie wir alle wissen, wirtschaftlich gesteuert sind, wird immer wieder die alte Frage auftauchen: Wer war zuerst da, das Huhn oder das Ei?

Zur Erläuterung: Das Bergsteigen in seinen konventionellen Formen und in allen neu entstandenen Varianten kann heute samt Ausrüstung und Versicherung weltweit »gekauft« werden. Der Deutsche Alpenverein bekennt sich zum Sportklettern, sogar zum Wettkampfklettern und ist Neumitglied im Deutschen Sportbund. Die Medien manifestieren seit der Jahrtausendwende ein neues Image vom Bergsteigen. Ein sportlich sensationelles, attraktives, vitales, erfolgreiches, geschäftstüchtiges, weltumspannendes Bild wird offenbart. Die Transporteure sind Profis. Bergsteigerprofis und Medienprofis.

»Bergauf – bergab« aber bedient die maßvolle Mitte der Berginteressierten und damit die Mehrheit. Freizeitbergsteiger, die weder mit dem Alpinheroismus der Vergangenheit etwas zu tun haben wollen noch mit dem professionellen Hochleistungs- und Höhenbergsteigen. Bergfreunde, die weder »Bergfexen« noch »Sportfexen« sein wollen.

Im Jahr 1975 war die Mini-Redaktion der Fernseh-Bergsteigersendung »bergauf – bergab« eine Ecke, in der eitel Freude und zur rechten Zeit der zum Arbeiten nötige Sonnenschein herrschten. Im Spiegel des Alpinismus waren neben der vorherrschend heilen Welt Achttausender-Erfolge, Expeditionsquerelen, ein paar weggeworfene Bierbüchsen hier und ein neuer Skilift dort zu erkennen.

Heute beinhaltet ein Sendekonzept einige Probleme mehr. Der Wald stirbt, »es läuft der Berg«, das Forst- und Almstraßennetz wird immer dichter. Wir werden verskischaukelt, es blüht der Kommerz. Aus allen Naturschützerkehlen tönt es: Skibergsteigen, Snowboarden, Sportklettern, Mountainbiken, Gleitschirmfliegen usw. schaden der alpinen Landschaft. Der Bergsteiger sieht den Raum für seine Lebensqualität schrumpfen, in Frage gestellt. Wer ergreift für ihn Partei? Wo ist seine Lobby? Wo sein Anwalt? Wer vermittelt?

Einen Vorwurf hören die »bergauf – bergab«-Macher immer wieder: Die bereits erwähnte Anregungskraft des Bildes führt zu gesteigertem Interesse an gezeigten Zielen. Enge auf den Gipfeln schürt Aggressionen. Beispiel (getestet!): Ein gängiger Skitourengipfel hat eine Besucherquote von 50. Am Wochenende nach der Fernsehsendung über ihn sind es über 150.

Bergsteiger, organisiert oder nicht, legen Wert darauf, Individualisten zu sein. Medien vermögen bekanntlich Massen zu manipulieren. Das sie dies auch mit Individualisten schaffen, ehrt den Bergsteiger nicht. Die Lösung des Problems kann nicht schwer sein.

Drei Wochen später scharten sich übrigens bei schönstem Wetter nicht einmal 30 Skibergsteiger ums Gipfelkreuz!

Besinnen wir uns auf die Möglichkeiten des ersprießlichen Verhältnisses zwischen dem Bergsteiger und dem Medium. Der Deutsche Alpenverein mit seinen vielen Sektionen kann und muss immer noch das Muster des richtigen Verhaltens im Gebirge setzen. Es geht nicht an, dass man in der öffentlichen Meinung Politikern, Naturschutzbündlern, Forstleuten, Almbauern und Landpolizisten Kompetenzen zuspricht, die dem Bergsteiger eine längst gepflegte Selbstverständlichkeit bedeuten.

Alpinist zu sein (im DAV oder außerhalb) muss heißen: Ich kenne die Alpen, ich mag sie und ich schütze sie deshalb. Diese Kunde mit Sachverstand und mit eindringlichen Bildern unter die Leute zu bringen, dazu bietet die regelmäßige Bergsteigersendung im Fernsehen die ideale Möglichkeit. Fernsehen, Fernsicht, Zukunft. Die Medien haben eine Berichterstattungspflicht. Sie schaffen keine Bergsteiger, sie geben nur das wieder, was der Bergsteiger schafft.

Ich möchte weiter daran glauben, dass Bergsteiger in allen Altersgruppen und in allen alpinen Disziplinen ein Spiel ohne Regelwerk und ohne Schiedsrichter weiterspielen können – weil sie sich für den Zustand der alpinen Spielräume persönlich verantwortlich fühlen und ihre Ziele ins richtige Verhältnis bringen, zur eigenen Kondition und Qualifikation. Auf dass sich darüber wenig Sensationelles, noch weniger Problematisches oder gar Schreckliches berichten lässt – aber viel unter der Überschrift: Bergsteigen zwischen Fun und Freude.

Straße der Vulkane

»Demut gebietend und erhebend zugleich, kaum etwas in der Natur flößt uns soviel Ehrfurcht ein wie der Anblick von Bergen«, schreibt der Generalsekretär der UNO zum »Jahr der Berge 2002«.

Wuchtige Schöpfungsvorgänge rühren uns an. Verstärkt noch, wenn wir anfangen, unsere ganz persönliche Rolle in diesem Getriebe zu bedenken. Nur keine falsche Bescheidenheit. Jetzt, in dieser Nanosekunde unseres glücklichen Bergsteigerlebens, ist jeder von uns ein Teil vom Ganzen. Tektogenese heißt der Vorgang ganz unromantisch. Wir kriechen auf unserem Planeten herum wie die Ameisen, und das ist vielleicht schon ein etwas größenwahnsinniger Vergleich. Die Erdkrustenunebenheiten Alpen, Himalaya, Anden etc. werden ergänzt durch die schwärenden oder vernarbten Ventile unseres Planeten, die wir Vulkane nennen. Dienstlich und privat haben sie mich immer ganz besonders fasziniert.

Vesuv, Ätna und Stromboli sind uns die nahe liegenden. Und zwei von ihnen wollen einfach nicht ruhen. »Feuerberge« hieß die Filmgeschichte von den italienischen Vulkanen, die wir in Wort und Bild bereits erzählt haben.

Vielleicht verspüren Sie jetzt Lust, uns zur Straße der Vulkane in Südamerika zu begleiten. Angeregt wurde ich vor Jahren – wie so oft – durch ein Buch. In diesem Fall durch ein sehr bekanntes, nämlich »Südamerikanische Reise« von Alexander von Humboldt. Ich betreibe keine Werbung in eigener Sache, wenn ich behaupte, nichts beflügelt so sehr unsere Phantasie wie das Lesen. Humboldts südamerikanische Reise dauerte fünf Jahre, 1799 bis 1804. Unser Ausflug drei Wochen. Nach der Lektüre schämen wir uns fast, das Flugzeug zu besteigen. Fliegen, für den einen Erlebnis, für den anderen Notwendigkeit. Eine zwangsläufige Ruhepause für alle – 16 Stunden lang. Erwartungsvolle Ruhe nach meist hektischen Reisevorbereitungen. Hingebungsvolle Ruhe. Der Technik gänzlich ausgeliefert. Tag oder Nacht überholend, geplanten und doch ungewissen Erlebnissen und Eindrücken entgegenträumend.

Nach dem Umsteigen auf eine südamerikanische Fluglinie Schlechtwetterlandung in Quito, der Hauptstadt Ecuadors. Ein Kunststück, das nicht immer zu gelingen scheint. Flugzeugwracks an den umliegenden Berghängen beweisen es.

Etwas verträumt und müde registrieren unsere Sinne amtliche und persönliche Gastfreundlichkeit.

Klar, sauber und frisch gewaschen präsentiert sich die Hauptstadt am nächsten Morgen – und wir uns auch. Durchs Hotelfenster begrüßt uns der Hausberg Quitos, der Pichincha. An Höhe misst er sich ziemlich genau mit dem höchsten Berg der Alpen, dem Mont Blanc. Der Übersicht, Aussicht und der Akklimatisation wegen wollen wir ihn besteigen. Für uns ist er die erste Hausnummer an der »Straße der Vulkane«. Gerade in jüngster Zeit bedroht und verdreckt der Pichincha immer wieder die Metropole.

Quito liegt 2800 bis 3000 Meter hoch. Geländefahrzeuge schaukeln uns hinauf in eine Höhe von 3700 Metern. Der Anstieg über weites, grasiges Hügelland bewegt sich auf historischem Boden. An diesen Hängen befreite am 24. Mai 1822 Marschall Antonio José de Sucre in einer Entscheidungsschlacht das Land von der nahezu dreihundertjährigen spanischen Herrschaft. Der »Sucre« als Währungseinheit erinnert noch heute an dieses Werk der Befreiung.

Noch ehe wir den Südgrat des Vulkans erreichen können, hüllt sich der Berg in klammen, kalten Nebel. Ein leichter, aber langer Klettergrat gibt jedem Gelegenheit genug, argwöhnisch die eigene Höhenverträglichkeit zu erforschen. Von der Sauerstoffrationierung abgesehen, unterscheidet sich bei Nebel ein 4800 Meter hoher Vulkanberg am Äquator wenig von einem Karwendelgipfel. Ein nahendes Gewitter lässt uns kaum brotzeiteln, scheucht uns vom Gipfel und spült uns hinunter nach Quito.

San Francisco de Quito lautet der überlieferte Name der Hauptstadt. Es leben hier etwa 600.000 Menschen. Das bekannt steile Sozialgefälle, das in anderen lateinamerikanischen Ballungszentren ins Auge fällt, fehlt hier oder scheint nicht die Regel zu sein. Wohl findet man Armut, aber kaum Elend.

Quito ist historisches, kulturelles und politisches Zentrum des Landes. Älteste Metropole Lateinamerikas. Die Stadt war Zündfunke im Befreiungskampf der Andenländer gegen ihre spanischen Eroberer. Seither wurden die Geschicke der Republik Ecuador in starkem Wechsel diktatorisch, demokratisch oder militant gelenkt. Etwa 60 Kirchen und Klöster mit ihren Kunstschätzen trugen Quito das Attribut »Florenz der Anden« ein.

Auf der »Straße der Vulkane«, wie Alexander von Humboldt sie nannte, fahren wir nach Süden. Nach dem Trubel in der Hauptstadt hinterlassen Ruhe und Schönheit der Landschaft einen besonders nachhaltigen Eindruck. Aber ganz allmählich steigt die Spannung in uns.

Unser nächstes Bergziel ist 5236 Meter hoch und heißt Illiniza. Ausgangspunkt für den technisch schwierigen Hauptgipfel ist ein gemauerter Unterstand, dessen inneres Aussehen viel mit einer Waschküche gemeinsam hat. Es fällt also nicht schwer, das feuchte Gemäuer wieder zu verlassen, obwohl wir dankbar sind für das Dach überm Kopf. Das erste Licht enthüllt gegenüber den knapp 6000 Meter hohen Cotopaxi, höchster aktiver Vulkan der Erde. Auch er steht auf unserer Wunschliste. Hier und heute aber versuchen wir es an den Eiswänden des Illiniza.

Ein Hauch von Neuschnee über grauem Wassereis täuscht gute Verhältnisse leider nur vor. Erstmals demonstriert unser ecuadorianischer Freund Marco Cruz seine Qualität als Bergführer und Kenner seiner Vulkangipfel. Trotz dichtestem Nebel führt uns Marco zum höchsten Punkt am Illiniza Sur. Schlechtes Steileis, brüchiger Fels, Steinschlag, zweifelhaftes Wetter und eine Höhe von über 5000 Metern – diese Zutaten dämpfen den Genuss und lassen dem puren Bergabenteuer freien Lauf. Erst als Marco, Erich und ich wieder heil unten sind und wir eine Sequenz höchst bergsportlicher Filmbilder im Kasten wissen, macht die Spannung dem Frohsinn Platz.

Noch stehen Körper und Gemüt unter dem Eindruck des Illiniza; schon fliegen unsere Gedanke hinüber zum Cotopaxi. In der Steppenzone des weitläufigen Cotopaxi-Nationalparks pflegen Lamas ihr Familienleben. Diese ehemals als Tragetiere eingesetzten Hochlandkamele werden seltener, und man bemüht sich deshalb, ihnen in Freiheit möglichst ideale Lebensbedingungen zu bieten. Wo am gewaltigen Vulkankegel die Hänge steiler werden und in weiche Vulkanasche übergehen, versagen Pferdestärken in jeder Form.

Lama-Landschaft

Regen, Schnee und Graupelschauer begleiten unseren Anstieg zur Cotopaxihütte. Der relativ gemütliche Holzbau liegt 4800 Meter hoch. Das Motto des nächsten Tages lautet: Gipfelsturm. Leider verurteilen uns die Wetterverhältnisse dabei zum passiven Teil. Das heißt, wir stürmen weniger, vielmehr werden wir bestürmt. Um 2 Uhr morgens hatten wir angriffslustig die Hütte verlassen. In sternklarer Nacht. Im Licht der Stirnlampen, hellwach gerüttelt von der bissigen Kälte. Schon nach einer Stunde wischt ein Schneesturm schlagartig Sterne und Stimmung weg, als hätten wir geträumt. Seit drei Stunden pfeift er nervtötend durch die Löcher meiner verstellbaren Skistöcke, fährt uns über den

Mund, als wolle er uns auch den ohnehin beschränkten Sauerstoff noch verwehren.

Zielsicher führt uns Marco Cruz bei Dunkelheit durch die Spaltenzone und markiert dabei den Rückweg sorgfältig mit Reklamefähnchen von Sport-Schuster, München. Ohne seine Ortskenntnisse hätten wir bei diesen Sichtverhältnissen längst umkehren müssen. So aber brauchen wir nur den Spuren unseres Freundes und dem zunehmenden Schwefelgeruch zu folgen, um den Gipfel des höchsten noch tätigen Vulkans der Erde zu erreichen. Ein Blick in den Krater bleibt uns versagt. Trotz, oder gerade wegen dieses widrigen Wetters freuen wir uns über den Gipfelerfolg. Das Hissen der Nationalflaggen ist ein mit Recht umstrittener Brauch. Doch wir verstehen es als Freundschaftsgeste und bedanken uns bei Marco.

Die Stunden des Abstiegs sind an Monotonie nicht zu übertreffen. Die Aussicht beschränkt sich auf die wankende, stolpernde Gestalt des Vordermanns im grell weißen Nichts. Der Wind ist eingeschlafen. Nur die Anwesenheit von Marco Cruz und seiner Indiofreunde gibt uns die Gewähr, dass wir uns in Südamerika, Ecuador und wahrscheinlich am Cotopaxi befinden. Doch irgendwann endet auch der langweiligste Film und es beginnt ein neuer.

Am selben Abend noch hören die dichten Wolken auf, den Cotopaxi zu umklammern. Wie eine Programmvorschau tut sich der Chimborazo vor uns auf. Am Ende dieses langen Cotopaxi-Sturm-und-Nebel-Tages erscheint er uns zu hoch, zu kalt, zu gewaltig. Der Gipfel des Chimborazo ist »nur« 6268 Meter hoch. Aber er liegt 2056 Meter weiter vom Erdmittelpunkt entfernt als die Spitze des Mount Everest. Zu Beginn des 19. Jahrhunderts hielt man den Chimborazo für den höchsten Berg der Erde.

Zu seinen Füßen, in der Provinz Chimborazo, findet die Phantasie jede optische Unterstützung zu einem Ausflug in die Vergangenheit. Und diese Atempause braucht jetzt jeder von uns dringend, obwohl, oder gerade weil wir wegen des Bergsteigens hier sind. Es scheint, als wären 200 Jahre spurlos über dieses Land gezogen. Aber wenn wir unsere Eindrücke mit Schlagworten wie Dritte Welt, Unterentwicklung, Bildungsnotstand etc. erklären, wenn wir den Lauf der Geschichte im Allgemeinen und die südamerikanische Politik im Besonderen bemühen, werden wir der Situation nicht gerecht. Diese Menschen sind weder arm noch unwissend. Ihre Provinzhauptstadt Rio Bamba, mit den Segnungen modernen Lebens, liegt nur wenige Kilometer entfernt. Trotz der Kenntnis und vielleicht aus der Erkenntnis des Computerzeitalters sind sie stolz auf ihre alles überdauernde Kultur und Tradition. Ihr besonders starker Gemeinschaftssinn steht noch immer unter dem Einfluss der alten Naturreligionen. Auch wenn man ihn heute einen katholischen Kommunismus nennen könnte. Wer nur einige Tage mit diesen Leuten lebt, wird schnell jede zivilisierte Überheblichkeit ablegen und die eigene Schwäche und Abhängigkeit erkennen. Hier kann und weiß jeder alles, was er braucht. Alles was er tut, hat einen unmittelbaren Sinn. Jeder Vergleich hält uns den Spiegel der Degeneration vor Augen. Ihrer elementaren Lebenstüchtigkeit können wir im besten Fall unsere Funktionstüchtigkeit entgegensetzen.

Trotzdem leben natürlich auch die Hochlandindios nicht völlig problemlos. Außerhalb der Grenzen ihrer Kommune beklagen sie noch immer eine festgefahrene Dreiklassengesellschaft in der Abstufung: Weiße, Mestizen, Indios.

Agrarpolitische Vorschriften setzen sich über ihre Kultur und Überlieferung hinweg. Vor allem durch die Mestizen fühlen sie sich in Handel und Wandel gestört. Unser Bergführer Marco Cruz ist am Fuß des Chimborazo daheim und selbst ein Indio. Das Wohl seiner Landsleute liegt ihm besonders am Herzen. Aber er lebt vom Tourismus. Das muss kein Widerspruch sein, denn die Möglichkeiten und Ansätze dazu liegen am Chimborazo, wie an vielen berühmten Bergen dieser Erde, schon ein paar hundert Jahre zurück.

Es waren französische Wissenschaftler gewesen, die sich schon Anfang des 18. Jahrhunderts für den Chimborazo interessierten. Aber erst fast hundert Jahre später, genau am 23. Juni 1802, kam es durch Alexander von Humboldt zu einem ernsthaften Besteigungsversuch, der aufgrund der Popularität des preußischen Universalwissenschaftlers auch den Berg bekannt machte. Humboldt verkehrte auch gesellschaftlich auf höchster Ebene. Er besaß unter anderem das Wohlwollen des spanischen Königs, des russischen Zaren, des amerikanischen Präsidenten und natürlich deren Unterstützung. Friedrich von Schiller und Johann Wolfgang von Goethe waren seine Freunde.

Seine Aktivitäten, Erkenntnisse und Veröffentlichungen in vielen Sparten der Naturwissenschaften genießen unsterbliches Ansehen. Als Alexander von Humboldt während seiner südamerikanischen Reise zum Chimborazo kam, war er 33 Jahre alt. Der 17-jährige Jungwissenschaftler hatte in Europa 1786/87 de Saussures Forschungsarbeit bei der Eroberung des Mont Blanc erlebt. Den erreichten Wissensstand möglichst weit über Mont-Blanc-Höhe hinauf zu treiben, das muss eine Herausforderung für ihn gewesen sein. 5893 Meter erreichte Höhe überliefert Humboldt vom Chimborazo. Neuzeitliche Forschungen freilich ergeben einwandfrei, dass es gut 300 Höhenmeter weniger gewesen sein müssen. Und wenn der Wissenschaftler seinerzeit schwärmte: »Man ist hier überall zuerst. Mein ganzes Leben lang habe ich mir vorgestellt, dass unter allen Sterblichen ich derjenige war, der auf dieser Welt am höchsten hinaufgestiegen war«, dann irrte er leider noch einmal; denn bereits einige hundert Jahre früher hatten die Inkas, in Ausübung ihres Sonnenkults, in der chilenischen Atacama-Wüste weit höhere Berge bestiegen. Es gab also lange vor dem Beginn des Alpinismus bereits einen religiösen Andenismus.

Kein geringerer als der Held der südamerikanischen Freiheitsbewegung, Simon Bolivar, wollte 20 Jahre nach Humboldt auf den Gipfel. Das Ergebnis war eine Denkschrift mit dem Titel »Mein Delirium am Chimborazo«.

Angeregt durch Humboldt kamen weitere deutsche Wissenschaftler: Moritz Wagner, Wilhelm Reiß, Alfons Stübel. Man kam immerhin bis an die 6000-Meter-Grenze. Aber es brauchte offenbar Bergsteiger, um ganz hinauf zu kommen – und zwar berühmte, mit alpiner Erfahrung.

Am 4. Januar 1880 erreichten Edward Whymper, der Sieger vom Matterhorn, und die beiden Bergführervettern Jean-Antoine und Louis Carrel erstmals den Gipfel des Chimborazo. Und weil es so schön war, stiegen sie auf einem anderen Weg am 3. Juli desselben Jahres noch einmal hinauf und nahmen dabei zwei ecuadorianische Viehhirten mit.

Doch der Bann war damit nicht gebrochen. Bis auf den heutigen Tag kommt natürlich bei weitem nicht jeder Bewerber zum Gipfel seiner Wünsche. Bescheidenheit, Nachdenklichkeit, Konzentration und Kräftesammeln sind deshalb die gefragten Tugenden vor dem Losgehen. Und dazu braucht es Geduld.

Am Nachmittag steigen wir zur 5000 Meter hoch gelegenen Whymperhütte auf. Von 19 bis 23 Uhr schlafen wir schlecht und brechen etwa um Mitternacht zum Gipfel auf. Bei Tagesanbruch sind wir 6000 Meter hoch und seit über sechs Stunden ohne Pause unterwegs.

Es reizt hier, noch einmal Alexander von Humboldt zu zitieren:

»Wir fingen nach und nach an, alle unter großer Übelkeit zu leiden. Der Drang zum Erbrechen war mit etwas Schwindel verbunden und weit lästiger als die Schwierigkeit zu atmen. Wir bluteten aus dem Zahnfleisch und aus den Lippen. Die Bindehaut der Augen war bei allen ebenfalls mit Blut unterlaufen. Alle diese Erscheinungen sind nach Beschaffenheit des Alters, der Konstitution, der Zartheit der Haut, der vorhergegangenen Anstrengung der Muskelkraft sehr verschieden. Doch für einzelne Individuen sind sie eine Art Maß der Luftverdünnung und absoluten Höhe, zu welcher man gelangt ist.«

So litten Humboldt und seine Gefährten, als sie im Juni 1802 etwa 500 Meter tiefer ihren Aufstieg abbrachen. Zwar leiden wir während unserer Hopp-und-Top-Reise weit weniger übel, blutig und dramatisch, aber immer noch recht offensichtlich. Denn was auch immer sich verändert haben mag im Lauf von 200 Jahren, das Wissen um die Naturgesetze und ihre Manipulation mit Hilfe moderner Techniken, die nackte Auseinandersetzung mit diesen Gegebenheiten fordert jeden, der sie annimmt, auch heute noch bis zur Neige.

Aktueller Kommentar:

»Ich bewege mich unendlich langsam. Wegen der Sauerstoffnot. Weil ich müde bin. Weil ich so dick bekleidet bin. Weil es so kalt ist. Um warm zu werden, müsste ich mich schneller bewegen. Aber ich bin in Sauerstoffnot und zu müde und zu dick bekleidet. Die ersten fünf Schritte nach jeder Atempause fallen erstaunlich leicht. Die nächsten zehn werden zunehmend anstrengend, die letzten fünf scheinen schier unmöglich. Ich mag den, der vor mir leidet oder hinter mir. Es tröstet mich, dass er es tut. Meine Gedanken haben einen sehr engen Aktionsradius. Sie hocken in mir; erst wenn ich wieder stehen bleibe, schwärmen sie aus.«

Natürlich ist die Besteigung eines Sechstausenders heutzutage vergleichsweise ein bergsteigerisches Breitensportereignis. Andererseits wissen gerade die Spitzenleute des Höhenbergsteigens, in welchem Maß der Erfolg in dieser Disziplin geplant, taktiert, relativiert werden muss. Man braucht sich in unserer Zeit nichts darauf einzubilden, den Chimborazo bestiegen zu haben – aber man darf sich freuen.

Das Bergsteigen als »Eroberung des Unnützen« ist wesentlich jüngeren Datums als das Bergsteigen zum Ruhme der Wissenschaft. Alexander von Humboldt kann also kein Bergsteiger gewesen sein. Wirklich nicht? Unbewusst war er bereits Zunftmitglied, als er in seinem Bericht gestand: »Die Ergründung der wichtigen Naturgesetze, die Verschiedenheit der Klimate, welche schichtenweise übereinander liegen, sind selten fähig, die Aufmerksamkeit von der Schönheit der schneebedeckten Gipfel abzulenken. Das was unerreichbar scheint hat eine geheimnisvolle Ziehkraft.«

An Humboldts Text aus dem Jahre 1802 lässt sich also nahtlos die Erkenntnis eines wichtigen Zeitgenossen des Jahres 2002 anschließen: »Demut gebietend und erhebend zugleich, kaum etwas in der Natur flößt uns soviel Ehrfurcht ein wie der Anblick von Bergen«.

Weißkugel, 3739 m

Was so ein richtiger alpiner Sammler ist, und irgendwie sind wir das alle – mit oder ohne System, der registriert seine Gipfel fein säuberlich in Zweitausender, Dreitausender, Viertausender, Fünftausender, Sechstausender usw. Dazu das »Wie«: mit Seil, Ski, Snowboard, Schneereifen, Bergradl oder Gleitschirm. Und das »Mit wem«. Bei mir persönlich kommt noch dazu: mit oder ohne Kamera, dienstlich oder privat.

Diese bergsteigerische Buchhaltung gibt es freilich leider nur in meinem Kopf. Und je älter ich werde, desto überzeugter lasse ich das »leider« weg. Es genügt, wenn man »ertragreich« gelebt und erlebt hat, und von Fall zu Fall eine Erinnerungsschublade aufmachen kann, um etwas mehr oder weniger Interessantes herauszuholen. Längst hat sich gezeigt, dass das pure Bergauf und Bergab weit weniger Erlebniswert beinhaltet als das Drumherum. Und dass uns viel davon erst nachträglich bewusst wird.

Wenn wir zum Beispiel über den Reschenpass gefahren sind, waren wir total fixiert auf den Ortler oder auf einen rassigen Ötztaler Gipfel. Auch wenn wir eigentlich schon Bescheid wussten, wir haben einfach nicht daran gedacht, wie spannend der militärische, wirtschaftliche und kulturelle Verkehr dort zur Zeit der Via Claudia Augusta gewesen sein muss. Oder an die Wege des Wassers, das sich dort scheidet und nordseitig als »Stiller Bach« in den Inn, die Donau und schließlich ins Schwarze Meer fließt und auf der anderen, der Südseite, als Etsch beziehungsweise »Adige« in den Golf von Venedig.

Ein Denkmal der Moderne sind der Reschenstausee und in ihm der alte Kirchturm von Graun. Ein Denkmal, um vielleicht einmal nachzudenken über die fragwürdige Gemeinnützigkeit der dortigen Energiegewinnung. Oder über die Ohnmacht der Betroffenen, als man ihre alte Heimat versinken ließ.

Ziehen wir also die Erinnerungsschublade heraus und lassen unsere Filmarbeiten an der Ötztaler Weißkugel wieder aufleben.

Es ist Sonntag, der 11. Mai 1986, halb 8 Uhr morgens. Wir freuen uns über die klare Sicht auf die Ortlergruppe vom Reschenpass aus. Auch die Berge im Norden sind frisch verschneit, der Piz Lat und die östliche Sesvennagruppe. Wir fahren in Richtung Osten ins Langtauferer Tal. Schon seit Wochen wollen wir die Ötztaler Weißkugel besteigen. Aber unsicheres Wetter vereitelte das Vorhaben immer wieder. Der Frühling scheint hier Purzelbäume zu schlagen vor Übermut. Doch wir stellen übereinstimmend fest, das alles wirkt momentan nicht ganz so ansteckend auf uns. Es mag einfach keine uneingeschränkte Freude aufkommen an der Krokus-Blumenpracht in den fetten Wiesen und am Überschwang der Natur. Rufen die Kirchenglocken eindringlicher als sonst? Vielleicht sind auch die Menschen lange nicht mehr so überzeugt in die Kirche gegangen wie in diesen Tagen, die uns notgedrungen zu viel an die Zukunft denken lassen. Für heute ist der Wetterbericht gut. Doch das Wetter selbst weiß nichts davon oder es will sich keine Vorschriften machen lassen.

Der Deutsche Alpenverein gab am 7. Mai 1986 über die Medien folgende Information beziehungsweise Empfehlung an alle erreichbaren Bergsteiger weiter: Es darf weder oberflächennaher Schnee noch Wasser aus Regenwassersammlung zu Trinkwasser und Essensbereitung sowie zum Waschen verwendet werden. Höchste in Bayern gemessene Strahlungsbelastung: 50 Mikroröntgen, Strahlenbelastung am Kitzsteinhorn: 1000 Mikroröntgen. Der letzte Wert besagt, dass die Strahlenbelastung im vergletscherten Hochgebirge 200- bis 400-mal höher ist als normal beziehungsweise 20-mal höher als die größte in Bayern gemessene Strahlung. Bei Schneemessungen in den Ötztaler Alpen wurden 5550 Kilobecquerel festgestellt. Der Deutsche Alpenverein empfiehlt, derzeit von Skitouren abzusehen, um die Gesundheit nicht noch zusätzlich zu gefährden. Die Weißkugelhütte liegt etwa 2500 Meter hoch. Sie ist ein echtes Hochgebirgsrefugium im klassischen alten Stil – kein Berggasthaus.

Sepp, Raki und Carlos, die Freunde, beherrschen ihr filmtechnisches Handwerk in jedem alpinen Gelände. Ihre bergsteigerische Motivation braucht weder entfacht noch geschürt werden. Heute aber brennt unser aller Feuer klein. Nicht nur wegen der Wetterverschlechterung. Im Dorf Melag, es sind nur ein paar Häuser, endet die Straße. Der Aufstieg zur Weißkugelhütte braucht etwa drei Stunden. Den Veröffentlichungen zur radioaktiven Strahlenbelastung durch den Gau in Tschernobyl konnte man in den vergangenen Tagen alles und nichts entnehmen. Trotzdem wollen wir wissen, inwieweit sich die Wochenend-Skibergsteiger in ihrer Freizeitgestaltung von den aktuellen Geschehnissen beeindrucken lassen. Doch wir treffen niemanden.

Die schwersten Teile unserer Ausrüstung können wir dem Materiallift zur Hütte aufladen. Das Rifugio gehört einer kleinen Sektion des Club Alpino Italiano. Hüttenwirt ist der

Christian Hohenegger aus Melag. Er tut die schwere Arbeit mit viel Idealismus, weil sie halt der Großvater und der Vater schon getan haben. Und er tut sie so gut, dass der Hüttenaufenthalt im Bergerlebnis Weißkugel sehr positiv in Erinnerung bleibt. Aber heute mag es dem guten Abendessen nicht und nicht einmal dem Rotwein gelingen, ein Gespräch auszulösen wie üblich, von bergsteigerischen Plänen und Erlebnissen, über Reinhold Messner oder über unsere Filmarbeit. Unsere Gedanken bleiben radioaktiv.

Der Abendhimmel kündigt es an und am folgenden Morgen treibt uns ein hoffnungsloses Wetter ins Tal und nach Hause. Wir bedauern es weit weniger als sonst.

Ein paar Jahre später treffen wir uns erneut am Grauner Kirchturm. Der See liegt trocken.

11. Gebot: Du sollst nicht einen ganzen See verbrauchen für den Energiegewinn und zur Bereicherung deiner Geschäfte.

Im Langtauferer Tal scheint jede menschliche Betriebsamkeit zu schlafen. Doch wieder ist der Frühling erwacht – und wie. Die Natur explodiert fast lautlos, aber überschwänglich. So was tröstet das Gemüt. Was bedeutet schon ein Gewitter, auch wenn es schon vormittags grollt? Wir vertrauen auf eine sehr positive Wettervorhersage.

Vor und hinter der Kamera stehen unverwüstliche Freunde, die keinen Zweifel aufkommen lassen. Unsere Devise lautet: »Wer ko uns scho was doa?« Das heißt Schriftdeutsch: Wir sind motiviert!

Aufbruchroutine. Das heißt: Bergausrüstung, Filmausrüstung, Ski und Stöcke auspacken, Schuhe wechseln. Scharfkantig, unangenehm hart sind die grünroten Plastikquälgeister. Fluchend versuche ich mich hinein zu zwängen – wie immer. Nein, heut ist es schlimmer. Die Erkenntnis trifft mich hart. Es sind nicht meine Skistiefel. Es sind die meiner Tochter. Warum hat das Kind so große Füße? Das heißt, warum hat sie so kleine? Es fehlt um zwei Nummern. Man stelle sich bitte vor: Wir fahren von 5 Uhr morgens bis halb 8 Uhr zum Reschenpass, um endlich die Weißkugel zu besteigen. Nein, viel schwerwiegender, um hier zu arbeiten.

Symbolisch ausgedrückt: Ich muss jetzt hier anfangen, einen Nagel einzuschlagen, aber ich habe keinen Hammer. Schlechter Vergleich! Einen Hammer bekämen wir sofort in einem der paar Häuser von Melag ganz am Ende des Langtauferer Tals. Aber woher bekommen wir für mich passende Skitourenstiefel, die in die Spezialbindung meiner Tourenski passen? Wir sind nicht in St. Anton oder St. Moritz. Hier in Melag sind wir von allen Heiligen verlassen. Aber, wie gesagt: Wer ko uns scho was doa? Sepp hat Bergstiefel und Skistiefel dabei. In seine Bindung passt er auch mit Bergstiefeln. Seine Skistiefel sind mir eine Nummer zu groß und damit passen sie. Jetzt fehlen nur noch die passenden Ski. Irgendwo muss in einem dieser Häuser ein Skibergsteiger wohnen. Er wohnt. Und ordentlich wie er ist, arbeitet er heute. Seine Mutter ruft ihn an. Ein wunderbarer Mensch, das merke ich sofort, als ich mit ihm spreche und verhandele. Und außerdem sind seine Tourenski mit einer guten altbewährten, unmodernen Bindung ausgerüstet, die sich keinem Stiefel verwehrt. Ich kann also jetzt kurz und bündig den Rest der Tour erzählen.

Auf dem Sommerweg zur Weißkugelhütte vermuten wir die kleinere Aufstiegsplage, denn der Schnee ist aufgeweicht bis zum Grund. Der Südhang bietet viele apere Stellen zum Höherkommen. Wir tragen schwer, aber lustig.

Nichts hat eine Ähnlichkeit mit einer Skitour. Doch wir denken nicht daran, die Köpfe so hängen zu lassen wie die alpinen Kuhschellen auf dem grasigen Hang. Sie scheinen wirklich enttäuscht zu sein vom Wonnemonat Mai.

Am Abend wird unser Optimismus belohnt. Die Gesamtsituation klärt sich und die Geografie, die wir bisher nur durch das Studium der Landkarte kannten, wird eindrucksvoll anschaulich. Endlich wissen wir, was morgen früh auf uns zukommen wird beziehungsweise umgekehrt natürlich. Vorfreude, Abendessen und Rotwein sind diesmal ein gutes Schlafmittel.

Wenn jemand auch die negativen Seiten unserer viel gepriesenen Freizeitgestaltung bedenkt, stößt er sofort auf das nächtliche Hüttenfrühstück. Es hat weder mit Hunger noch gar mit Kultur etwas zu tun. Betriebsnotwendige Zufuhr von Kraftstoffen könnte man es nennen. Halb 4 Uhr früh, das ist eine unappetitliche Zeit. Erst nach dem Verlassen des gastlichen Refugiums steigt der Stimmungsanzeiger, ähnlich wie bei einer Benzinuhr.

Wetter und Schneeverhältnisse haben sich über Nacht zum Idealen gewandelt. Es ist kalt. Ein Abstieg über die Moräne bringt uns auf den Langtauferer Ferner hinunter. Ein riesiger, weißer, flauschiger Teppich. Fest, sicher, einladend, ohne Heimtücken. Die Gefahrenstellen sind offensichtlich. Die Umrahmung des genussvollen Spielfeldes heißt Vernagtwände, Langtauferer Spitze und schließlich zuhöchst oben Weißkugel – und dort wollen wir hin.

Hinter der Kamera arbeiten der Sepp, der Raki und der Fuzzi. Der Hans und ich geben der Linse einen Bezugspunkt. Der Hans heißt außerdem noch Engl und ist als solcher ganz besonders geeignet, auch wenn wir uns nicht dafür verbürgen können, dass er wirklich einer ist. Jedenfalls wüssten wir keinen besseren als alpinen Schutzengel, als Bergführer, Bergwachtler oder einfach als Hans. Er war 1978 heimlich, still und leise auf dem Mount Everest, ohne künstlichen Sauerstoff. Später auf dem Nanga Parbat, allein. Und außerdem in vielen bergsteigerisch hochwertigen Ecken der Welt. Aber die wichtigsten und liebsten Erhebungen – da wette ich was – sind ihm die um den Tegernsee und Schliersee herum. Wer ihn für einen Bergprofi hält, der irrt. Denn von Beruf ist der Hans ein Handwerksmeister und sein eigener Chef. In seiner Gesellschaft kann man die 3739 Meter hohe Weißkugel gar nicht mehr ernst nehmen.

Aber Spaß beiseite. Auch die besten Voraussetzungen machen uns nicht übermütig, sondern nur ganz normal gut aufgelegt und zufrieden.

Wir beschließen, den Berg über den oberen Teil seines Nordgrates zu besteigen und queren deshalb auf der Höhenlinie von etwa 3200 Metern den Gletscher in westlicher Richtung. Über einen Steilhang erreichen wir den markanten Grataufschwung. Eine Seilsicherung war bisher nirgendwo notwendig oder sinnvoll. Der eiskalte Westwind und eine anstrengende Schneestapferei sorgen für die alpine Würze.

Drüben im Osten fällt in der zackigen Dolomitenkulisse die Marmolada besonders auf. Königsspitze und Ortler – noch total im Wintergewand – beherrschen den Nahbereich der Gipfelaussicht. Bürokratisch betrachtet stehen wir auf der Weißkugel mit einem Fuß in Tirol und mit dem anderen in Südtirol oder verstärkt ausgedrückt: in Österreich und Italien. Mit dem Wissen um die Allerweltspolitik genießen wir unseren grenzenlosen Spaß sehr bewusst. Das »Erhebende« am Gipfelgefühl kommt aber aus dem Unbewussten.

12 Kilometer und 1700 Höhenmeter Abfahrt verwandeln eine bissig kalte Wintertour in ein schweißtreibend warmes Frühlingserlebnis. Unter den vielen alpinen Spielformen ist die Frühjahrs-Skihochtour zweifellos die inhaltsreichste. Darüber und über alles mögliche sind wir uns am Ende des Tages besonders einig.

Der Langtauferer Talschluss liegt 2000 Meter hoch und den wirklichen Vinschgauer Frühling haben wir natürlich wesentlich weiter unten zu suchen. Draußen auf der Malser Heide tappen wir dann am Tag darauf voll hinein ins alljährliche Naturereignis. Was auch immer im Interesse des Fremdenverkehrs veranstaltet oder gepflegt werden mag, an dieses feine Spektakel reicht nichts heran. Jeder Bayer fühlt sich in der kulturträchtigen Region an der ehemaligen Via Claudia Augusta besonders heimelig. Und wenn er's ein bisserl nachliest, kann er sogar begründen warum. Aber wir denken heute nicht daran, mit dem Verstand und der Geschichte zu leben; denn nur die Augen und der Bauch tun es auch.

Mit der Aussicht auf Mals und ins Münstertal hinein bewandern wir den Südhang eines Berges mit dem Namen »Spitzige Lunn«. Neben einer lockeren, wohltuenden Müdigkeit haben wir einen kleinen Sonnenbrand und die frische Erinnerung von gestern nach heute gerettet.

Der Hans findet sein Glück am festen Boden, ich hab meinen Gleitschirm heraufgetragen. Leib und Seele in den Frühling hineinschweben lassen, dazu verhilft mir dieser raffiniert geschneiderte Sack, mit dem sich der Wind einfangen und befahren lässt. Ein bisserl Angst gehört freilich dazu. Der Reiz, mit ihr fertig zu werden und die unstillbare Vorliebe für diese Landschaftsform kennzeichnen immer wieder unseren Spaß im Gebirg. Gott erhalte uns den schönsten aller Spielplätze!

Anmerkung für Sammler: Die Ötztaler Weißkugel ist fast genauso hoch wie der Großglockner.

Ausverkaufsalpinismus

Neuerdings begegnen uns Haupt-, Tätigkeits- oder Eigenschaftsworte von derartiger Coolness, dass sie etwas abtun noch bevor man sich über den Sinn klar geworden ist. Worte, die uns weder weinen noch lachen lassen. Aus dem Bauch heraus mag ich die »-ismen« nicht: Nationalsozialismus, Kapitalismus, Patriotismus, Militarismus, Feudalismus, Katholizismus, Atheismus, Pessimismus, sogar Optimismus ist mir unheimlich, weil es danach ja nur abwärts gehen kann.

Bergsteigen ist etwas sehr Schönes, aber was ich vom Alpinismus halten soll, ist mir, seit ich es tue, nie ganz klar gewesen. Das Treffendste, was ich je darüber gehört habe, stammt von meinem Freund Heinz Mariacher. Auf mein Drängen nach einer Erklärung sagte er mir einmal: »Alpinismus ist, wenn ich froh bin, dass es vorbei ist!«

Warum datiert die Geschichte den Beginn des Alpinismus auf den Frühling 1336? Richtig, weil der Dichter Francesco Petrarca, welcher ein Schüler des Dante Aleghieri war, seinerzeit ein Sendschreiben in edlem Latein an den Kardinal Giovanni Colonna übersandte, aus dem man entnehmen musste, er habe am 26. April mit seinem Bruder den Mont Ventoux, 1912 Meter hoch, erstiegen. Und der Gipfel der erlauchten Gesamthandlung war, er hatte keinen Grund dafür, er wollte einfach nur oben sein. »Jener Berg, weit und breit sichtbar, stund mir fast allzeit vor Augen. Allmählich ward mein Verlangen ungestüm und ich schritt zur Ausführung.« Einen »Mords-Auftrieb« nennen wir so was heute völlig unlyrisch.

Einen Berg besteigen, weil er dasteht. Endlich ein Wert, der sich seit fast 700 Jahren erhalten hat. Wie neu, wie modern, wie fast sensationell Petrarcas Motivation zur Besteigung 1336 war, zeigt seine Läuterung, ja die Reue, die ihn überkommt, als er am Berg in den Bekenntnissen des heiligen Augustinus liest: »Da gehen die Menschen hin, die Höhen der Berge zu bewundern und verlieren dabei sich selbst.« Dieser Satz war zu Petrarcas Zeit schon fast tausend Jahre alt und liest sich wie eine aktuelle, kritische Anmerkung zur Everest-Besteigungshysterie anno 2003.

Damit wären wir gedanklich schon mitten in der Überschrift dieses Artikels. Voreilig allerdings. Lassen Sie mich das provozierende Wort »Ausverkaufsalpinismus« noch etwas zurückdrängen.

Die Geschichte des Alpinismus beginnt nämlich nur für ein paar Humanisten, Sinnsucher, Leseratten bei dem Dichter Francesco Petrarca und an der Nahtstelle zwischen Mittelalter und Renaissance. Die Bergsteigerzunft etabliert ihren bescheidenen Platz in der Gesellschaftsgeschichte bekanntlich erst mit der Erstbesteigung des Mont Blanc im Jahr 1786.

Es muss eine Zeit der großen Motivationen, der allgemeinen Aufbruchsstimmung gewesen sein. Johann Wolfgang von Goethe machte sich auf den Weg nach Italien. Die Rufe nach Liberté – Egalité – Fraternité pflanzten sich fort. Es entbehrt nicht der Ironie, wenn das Ende des Feudalismus und der Beginn des Alpinismus sich in etwa berühren. Über die allgemein verbreitete Neu-Gier hinaus gab es 1786 glaubhafte naturwissenschaftliche Interessen, den höchsten Berg der Alpen erstmals zu besteigen. Und es war ein ziemlich Feudaler, der dies mit allen (auch finanziellen) Mitteln betrieb: Horace Bénédict de Saussure.

Um die spannenden Ereignisse der folgenden gut hundert Jahre alpinen Bergsteigens sehr grob zu bezeichnen, nannte man diese Ära »Erschließungsalpinismus«.

Wenn man von den einheimischen Vollzugshelfern wie Hirten, Jägern, Trägern, Führern einmal absieht, war der Anfangsalpinismus eine vorwiegend elitäre Angelegenheit einer Gesellschaftsschicht, die sonst keine Sorgen hatte. Man fing an, sich unter seinesgleichen zusammenzutun: 1857 im Englischen Alpenklub, 1862 im Österreichischen Alpenverein und 1869 im Deutschen Alpenverein. Die Vereine und ihre Erschließungsinitiativen wuchsen sprunghaft. 1873 wurde fusioniert zum Deutsch-Österreichischen Alpenverein. Die alpinistische Infrastruktur in Form von Hütten und Wegen über- und vernetzte nach und nach alle Regionen der Alpen. Trotz stetig steigender Mitgliederzahl hielten in den Alpenvereinssektionen die Exklusivbestrebungen an und sie sind bis heute nicht ganz auszuräumen. Ich weiß nicht mehr, wo ich es gelesen habe: Der letzte unerstiegene Alpengipfel soll 1902 die Spitze des Campanile di Val Montanaia gewesen sein.

Mit dieser nunmehr getätigten Alpen-Erschließungsarbeit konnte der klassische »Eroberungsalpinismus« seinen Anfang nehmen.

Obwohl sportlicher Eroberungsgeist bis dahin schon zur Genüge verbraucht worden war. In der Folge gereichten nur noch die steilsten, schwierigsten, längsten, kältesten, gefahrvollsten Möglichkeiten, einen Berg zu erobern dem wahren Alpinisten zur Ehre. Helden waren gefragt.

Sollte man es wiederum als Ironie empfinden, dass das Zeitalter des Eroberungsalpinismus zwei große Weltkriege beinhaltet? Jedenfalls gibt es nicht wenige, vielmehr viel zu viele Beispiele, wie Berghelden in den Krieg zogen oder

Kriegshelden in die Berge. Erst die Bewältigungsarbeiten jüngeren Datums öffnen der Zunft die Augen zur Selbsterkenntnis und schaffen einer erfreulicheren Denkart Platz.

Gibt es ihn immer noch, den heroischen Eroberungsalpinismus? Ist nicht längst eine neue Ära des Bergsteigens angebrochen und wenn ja, wie könnte sie heißen? Ausverkaufsalpinismus?

Wenn Ironie so viel wie gutmütiger Spott bedeutet, muss man Sarkasmus zweifellos schon als kritischen Hohn auffassen. Gerade weil ich selbst im Glashaus sitze, scheue ich mich nicht, den aktuellen Ausverkaufsalpinismus zu bedenken.

In welchem Maß fast alles im Leben mit Geld, Bezahlung, Lohn, Profit zu tun hat, kündigt sich bereits 1786 bei der Erstbesteigung des Mont Blanc an. Der Kristallsucher Balmat und der Dorfarzt Paccard erhielten schließlich die Belohnung, die der Wissenschaftler de Saussure ausgesetzt hatte. Und als in der Folgezeit die Herrschaften selbst auf den Gipfeln stehen wollten, musste sich ein einträgliches Führerwesen entwickeln, ein reelles Geschäft. Die anreisenden Interessenten brachten ihre Motivation, ihre Ideen, ihre Sportlichkeit, ihr Geld und kauften sich dafür die Dienste, die Ortskenntnis, die Erfahrung, den Wagemut der kräftigsten Bergbewohner, die eine neue und oft dringend notwendige Verdienstmöglichkeit erkannt hatten. Man profitierte im besten Sinn voneinander. Persönlichkeiten aus sehr gehobenen Gesellschaftsschichten banden ihr Leben ans Seilende schlichter Bergbauern. Und weil das alpine Umfeld dazu neigt, den Menschen aufs reine Menschsein zu reduzieren, wurden aus vielen derartigen Geschäftsverbindungen Partnerschaften, ja Freundschaften.

Nicht selten lässt sich heute an markanten Beispielen leider ein Umkehreffekt feststellen. Freunde binden sich auf Leben und Tod miteinander ans Seil und kommen nach bestandenem Bergabenteuer als berühmte Feinde zurück, weil sie sich über die Verteilung von Ruhm und Profit nicht einig werden können.

Ausverkaufsalpinismus, was sonst sollte der aufmerksame Beobachter dazu resigniert feststellen.

Leider kennt die alpinistische Entwicklung der – sagen wir einmal – vergangenen gut 30 Jahre noch viele Beispiele, eine so pessimistische Floskel zu rechtfertigen. Die Spitzenkönner, die Leitfiguren prägen den Ruf der Zunft. Und wenn es ihnen gelingt, auch durch Persönlichkeit und Ausstrahlung von öffentlichem Interesse zu sein, dann bewegen sie die Massen und das Geschäft.

Das Geschäft, das aus dem Alpinismus und um die Berge gewachsen ist, heißt nicht mehr nur Führerwesen und alpine Beherbergung. Die Alpen wurden ein Wirtschaftsmarkt. Wir bewegen uns auf ihm mit mehr oder weniger viel Vergnügen, organisiert oder individuell, als Profi oder Amateur, Sommer- oder Wintertourist, als Bergsteiger, Kletterer, Skifahrer, Boarder, Radler, Gleitschirmflieger, progressiv oder konservativ, Naturschützer und Naturnützer, gut gesichert und versichert und nicht selten verunsichert.

Die auf Massentourismus ausgerichtete moderne Infrastruktur verfremdet die Berge mehr und mehr. Vor allem die Skiindustrie hat Landschaft und Menschen verändert. Und ob im Sommer noch die Freiheit in den Bergen wohnt, wenn diese weiterhin durch Klettersteige in Eisen gelegt werden? Die Reichhaltigkeit bergsteigerischer Offerten lässt unsere Kreativität veröden. Wer denkt schon noch selbst, wenn das so viele phantasievolle, geschäftstüchtige Freizeitanbieter für ihn tun? Und wer übernimmt Eigenverantwortung, wenn er alles inklusive gebucht und bezahlt hat?

Der technische Fortschritt der alpinen Ausrüstung erleichtert vieles, macht manches sogar erst möglich. Verführt andererseits aber zur Selbstüberschätzung. In seriösen Alpinistenkreisen hat längst der Begriff »Risikomanagement« seinen Platz. Er gefällt mir fast so gut wie »Ausverkaufsalpinismus«.

Einige wenige Profialpinisten kenne ich gut und mag sie. Ich habe ihre »steile« Karriere über Jahre miterlebt, um ihre Gesundheit und ihr Leben mitgebangt, wenn sie immer neue verrückt-extreme Pläne verwirklichten oder an ihnen gescheitert sind. Der Druck ihrer Sponsoren hin zur alpinistischen Superleistung, zur Sternstunde des Alpinismus wurde mir in den allermeisten Interviewfragen von der Firma und vom Logoträger abgestritten. Kamera und Mikro zwingen oft genug zum Lügen.

In 2000 Metern Höhe, auf dem Plateau nach der ersten Sektion der Gletscherbahn findet ein so genannter »Event« statt. Den grandiosen Rahmen bilden die Tiroler Dreitausender mit einigen respektablen Schnee- und Eisflanken. Doch kein Mensch schaut auf diese Dekoration. An einem vereisten Baugerüstturm läuft ein heißer Eiskletterwettbewerb. Die Routen sind grell farbig markiert. Bergausrüstungsfirmen plakatieren und präsentieren ihre Hightech-Produkte. Um das Wohlsein des Publikums bemühen sich das große Selbstbedienungsrestaurant nebst einigen Schneebars. Die Szene wird seit Stunden aus den Lautsprechern von den »Zillertaler Schürzenjägern« bedröhnt. Geiler Fun ist »in«. Der heilige Augustinus ist »out«.

»Und da gehen die Menschen hin und bewundern die Höhe der Berge und verlieren dabei sich selbst.«

Sie sind nicht hingegangen, sie sind hinaufgefahren worden. Den Höhen der Berge stehlen die Steileiscracks die Show, und es bleibt die Frage, wo wir suchen müssten, um uns wieder zu finden. Es tut viel Optimismus Not, diese Frage zu beantworten.

Olymp

Frühling in Griechenland. Roter Mohn links und rechts der Straße, großflächig, ungewöhnlich und ungewohnt. Ich bin Stier, wie halte ich es aus? Die griechischen Farben sind Blau und Weiß. Wer denkt schon an Blutrot, wenn er vom blauen Meer und weißen Wolkentürmen umgeben ist. Griechische Lämmer tun es; denn sie werden zum wichtigsten Fest des Jahres reihenweise geschlachtet.

1. Mai im Parnassgebirge. Unser Führer und Gastgeber Damianos Vassiliades und seine Familie feiern griechisch-orthodoxes Ostern mit ihren Freunden – albanischen Freunden. Griechen, Albaner, Deutsche – dem Vernehmen nach sitzt diese internationale Mischung nicht überall konfliktlos beieinander. Bei den Vassiliades schon. Wir gehören dazu. »Ef karisto« heißt danke schön. Damianos hat in München studiert. Er mag die bayerische Sprache und ihre Interpreten, also uns. Und wir ihn auch. Aus dem Mund eines bayerischen Griechen und am Originalschauplatz erhält Homers Odyssee eine neue Dimension. Apollo und die Musen, Dionysos und seine Bacchantinnen erheben sich über die Schulaufgabenperspektive an ihren Spielplätzen im Parnass. Damianos belebt für uns die Mythologie und die Geschichte Griechenlands, von Delphi über die Thermopylen bis zum Basislager unseres hochgesteckten Ziels.

Ein Bergsteiger fühlt sich in einem Strandhotel ungefähr so wohl wie ein Gamsbock auf einer Wanderdüne. Alte Bergsteiger aus dem Bayerischen Voralpenland sind nicht durch Swimmingpool und Meeresrauschen zu trösten. Sie

Der ungemütliche Thron des Zeus

brauchen wenigstens hie und da eine himmlische Aussicht zum schneebefrachteten Olymp. Olympische Hoffnungen machen sogar Zeit vertreibende Strandspaziergänge erträglich. Aber die griechischen Götter sind launisch. Sie verwehren uns zunächst einmal den Zugang zum Olymp. Bald aber schleichen wir uns vom Meer her an. Wir tun so, als würde uns der Talort Litochoron besonders interessieren. Das ist nicht geringschätzig gemeint. Über Chamonix oder Zermatt erheben sich Bergsteigergedanken ebenso zwangsläufig. Filmaufnahmen auf dem Obstmarkt haben eine mehr hintergründige Bedeutung. Hinten nämlich zieht die Vitos-Schlucht hinauf zum Sitz der Götter. An sich würde das Bergsteigerethos diesen natürlichen Weg gebieten; doch höhere Gewalt zwingt uns auf den Weg der bequemen Mehrheit via Omnibus. Die Schlucht führt zu viel Wasser. Es bleibt immerhin der Blick hinunter zum Bach Enipeas und die Aussicht nach Litochoron und zum Meeresstrand. Gerne verlassen wir den Bus schon vor dem Ende der Straße, um die Ruinen des Klosters Hagios Dionysos zu besuchen. Ein Mönch bewacht die schleppenden Wiederaufbauarbeiten am spätbyzantinischen Kulturdenkmal. Wir können nur betreten schweigen, als wir erfahren, dass es von der Deutschen Wehrmacht im letzten Weltkrieg in die Luft gesprengt wurde. Damianos löst unsere Verlegenheit durch eine antike Theaterszene, die er uns vorspielt und vorsingt.

Eingepackt, umgepackt und aufgepackt wird in Prionia, 1100 Meter über dem Meer. Ab hier helfen nur noch natürliche Pferdestärken und Menschenkraft weiter. Trotz sehr fraglicher Schnee- und Wetterbedingungen wird die Hütte Spilios Agapitos (auch Hütte A genannt) heute geöffnet. Die Unterkunft liegt 2100 Meter hoch und ist der wichtigste Ausgangspunkt für eine Olymp-Besteigung. Nicht zufällig genießen deutsche Bergsteiger beim Hüttenwirt einen gewissen Bonus. Kostas Zolotas ist seit langem mit einer deutschen Ehefrau und Hüttenwirtin gesegnet. Die Luft riecht nach Schnee. Wir erwarten einen spannenden Anstieg für Mensch und Tier. Es läuft eine griechisch-bayerische Kleinexpedition zur Hütte A am Olymp. Bei diesem genussvollen Seniorentempo haben wir bis zum Tagesziel normalerweise mit zwei bis drei Stunden Zeitaufwand zu rechnen. Heute freilich geht diese Rechnung möglicherweise nicht auf. So eine Maultierkarawane bewegt sich während der Besteigungssaison mehrmals in der Woche auf diesem Weg bergauf und bergab. Wie seinerzeit der aufwändige Haushalt des Zeus dort droben versorgt wurde, das wissen die Götter. Wären Materialseilbahn oder Helikopter im Spiel gewesen, hätte Homer bestimmt darüber berichtet. Vielleicht oder hoffentlich bestärkt die Griechen auch ihre Mythologie darin, alles beim Alten zu lassen.

Schließlich versagen und versacken sogar geübte Pferdestärken. Kostas erlebt solche Situationen alle Jahre wieder. Es wird Zeit, sich an die Kraft und die Hartnäckigkeit eines Herakles zu erinnern. Auf diese passende Art angeregt übernehmen wir den Lastentransport selbst im Pendelverkehr. Die Niederschläge des Winters und der vergangenen Tage reichen noch bis ans Hüttendach. Die groben Ausgrabungsarbeiten füllen den Rest des Tages. Langsam, nur sehr langsam gelingt es drinnen dem Kaminfeuer, einen Hauch von Wärme zu verbreiten. Eine Gitarre wird aus dem Hüttenwinterschlaf erweckt und mühsam in Stimmung gebracht. Mein Vetter Hias aus Schongau findet sogar eine Zugharmonika. Ein Leben lang beherrscht er so ein Instrument virtuos. Oft habe ich ihn deshalb bewundert. Er, seine Freunde und das Kamerateam stammen aus dem Pfaffenwinkel. Heimweh bricht aus. Beim Absingen des König-Ludwig-Liedes steht

Tanz am Olymp

man auf und verbeugt sich immer wieder. Eisige Sitzflächen erleichtern die Ehrerbietung an unseren König Ludwig. Und über seine Verwandtschaft zum griechischen Königspaar Otto und Amalia wird es uns hier schon fast heimelig.

Tags darauf spiegelt sich ein wässriges Morgenlicht 20 Kilometer draußen und drunten im Thermaischen Meer. Der Lichtblick nährt unsere Hoffnung, dass Schneeschaufeln und Liedersingen bald mit einer Olymp-Besteigung unterbrochen werden können. Bald schon, aber nicht heute.

Jede Arbeit, jeder Hüttenzauber, jede Vorfreude, jede Vorbereitung, jedes Näherkennenlernen erweitert das Gesamterlebnis. Das Warmwerden mit den Wirtsleuten fällt leichter, weil sie deutsch sprechen. Irmhild Zolotas ist Hamburgerin. Kostas, ihr Mann, bewirtschaftet den olympischen Stützpunkt seit seinem zwanzigsten Lebensjahr. Als wir darüber reden, schreibt man 1994 und Kostas ist 60 Jahre alt. 1958 kamen vier Mädchen aus Hamburg auf die Hütte. Eine verliebt sich dermaßen in den jungen Hüttenwirt, dass 1962 geheiratet wurde. Die Hütte zu bewirtschaften sei eine Passion, erzählt uns Irmhild. Von Anfang Mai bis Anfang November erleben sie viele Arbeitstage, die 17 Stunden dauern. Wie ihr Winter aussieht, will ich wissen. Unten in Litochoron, wo sie ihr Haus haben (die Hütte gehört dem Griechischen Bergsteigerklub), fallen sie zunächst einmal in einen Erholungsschlaf. Von diesem wieder erwacht, pflegen und beernten sie ihre 300 Olivenbäume und warten, bis Zeus am Olymp wieder seinen weißen Hermelin abnimmt. Kostas bittet uns ausdrücklich, seine bergsteigerischen Anmerkungen an deutsche Olympioniken zu verbreiten: Der Olymp wird viel zu oft unterschätzt, meint er. Vielleicht nimmt man ihm aufgrund der Mythologie seine raue Realität nicht ab. Man weiß sich in Griechenland. Das warme Mittelmeer fast zum Hinunterspucken nah. Aber Tatsache ist, die Gipfel des Olymp sind steil, fast 3000 Meter hoch und extrem launischen Wetterwechseln ausgesetzt. Was wir in diesen Tagen sehen und erleben, unterstreicht seine gut gemeinten Warnungen. »Ef karisto« – wieder einmal: Danke schön!

Könnten wir es, wir würden nicht zögern, an Kostas und Irmhild einen Hütten-Oskar zu vergeben.

Doch dann kommt der Tag, an dem uns nichts mehr aufhält.

Weite weiße Steilhänge verheißen eine schweißtreibende Schneestapferei. Irgendwo steht etwas von »Zeus, dem Wolkenversammler«, und dass er mit dieser Arbeit meist mittags schon fertig wäre. Wir versuchen also, in Ruhe keine Zeit zu versäumen. Zwischen den letzten Panzerkiefern an der Baumgrenze fühlt man sich noch sicher. Weiter oben wählen wir unsere Spur sehr behutsam. Der gesamte Bergstock des Olymp besteht aus einem fast 40 Kilometer langen und 30 Kilometer breiten Massiv mit einem Dutzend Gipfeln, die sich über 2500 Meter direkt aus der Küstenebene erheben. Was diese Staulage an Niederschlägen mit sich bringt, sieht man momentan überdeutlich an der Schneehöhe. Und mit etwas Phantasie glaubt man, den Wolkenversammler Zeus von seinem Thron heruntergrinsen zu sehen, über unser ameisenhaftes Bemühen, dem Himmel und dem Olymp kurzfristig und bei guter Sicht ein bisserl näher zu kommen.

Damianos hat uns mit seinen griechischen Göttermärchen aufs angenehmste verwirrt. Halbgötter zum Beispiel waren ein ergiebiger Gesprächsstoff. Wir scheuten uns nicht vor theologischen Gedankenspielen zwischen Vater Zeus und Gott Vater. In aller Unschuld hatten wir fremde Götter neben uns. Der bayerische Himmel wird uns einen solchen Zeitvertreib auf den Stufen des Olymps verzeihen. Nur zu gern glauben wir an göttlichen Humor, gerade weil in unserer Religion viel zu wenig über ihn geschrieben steht. Wie lustig ist bitte die ewige Glückseligkeit? Jedenfalls scheinen wir hier und jetzt willkommen zu sein. Es tut sich auf. Wer oder was hinter dem »es« auch stehen mag.

Mytikas ist mit 2917 Metern der höchste Punkt des Olymp. Wir werden dieses Pantheon heute nicht betreten. Aus Ehrfurcht und weil es bei dieser Schneelage nicht gefahrlos möglich ist. Der sanfte Skolio, nur fünf Meter niedriger, und der Vorgipfel Skala machen uns nicht weniger glücklich.

Die Griechen hatten einen eigenen Gott der Gastfreundschaft. Er hieß Zeus Xenios. Wäre es nicht möglich, dass er uns in Gestalt des Damianos Vassiliades in diesen Tagen begleitet hat? Als Gastgeschenk, als »Symbolea« bleibt der höchste Thron der Götter heute von uns unberührt.

Zu guter Letzt würde ich darauf schwören – ernsthaft und augenzwinkernd – mit Hilfe von Schulwissen, Geschichten, Legenden, Mythen und angeregt durch mehr Gebirge, Wolken, Wind, Schnee, Wärme, Kälte und Schweiß: Es gibt sie tatsächlich, die Halbgötter, Götter und Geister am Olymp. Wenn Sie es nicht glauben, fahren Sie selbst hin. Aber bitte nicht an Wochenenden. Die sind den Griechen vorbehalten. Und bitte nur mit telefonischer Anmeldung auf der Hütte Spilios Agapitos bei den Zolotas.

Hubschrauber – Schraubenhuber – Helikopeter

Nein, ich wollte nie Lokomotivführer werden. Meiner Mutter Glück für ihren »Einzigen« wäre Pfarrer gewesen, katholischer Pfarrer. Mein Gott, das hätte nie gut gehen können. Mein Wunsch war Förster. Aber es war damals nicht die Zeit für Lebenswünsche. Das Leben allein war schon schwierig genug. Mein Freund Berni Schmid hat sich seinen Berufswunsch erfüllt, der mich, wäre ich so spät wie er geboren, auch angenehm beunruhigt hätte. Berni ist Hubschrauberpilot. Wenigstens mitfliegen will sowo jeder gern einmal. Bei mir hat das lange gedauert. Ich hatte schon einen ganz anderen Beruf. Ich war Sportredakteur. Diese Tatsache verhalf mir zu einem Hubschrauberflug. Zu mehreren, sogar zu vielen.

Unsere Fernsehsportredaktion wollte auch Spiele der 2. Fußballliga auf den Bildschirm bringen. Das Bild- und Tonsignal über eine Postleitung vom Austragungsort des Fußballspiels, zum Beispiel in Bayreuth oder Hof, nach München zu bringen, war wieder einmal derart teuer geworden, dass es deutlich billiger war, das Spiel an Ort und Stelle aufs Magnetband aufzunehmen und anschließend auf schnellstem Weg zur Bearbeitung und Ausstrahlung ins Studio nach München zu befördern.

Der schnellste Beförderungsweg hieß Hubschrauber. Und so flog ich also an vielen Wochenenden, meistens mit einem sympathischen Piloten, nach Nürnberg, Ansbach, Bayreuth, Hof und dergleichen. Immer unter Zeitdruck und Sendungsstress. Aber wenigstens, privat gesehen, immer mit viel Vergnügen. Das heißt, fast immer, weil es dabei auch zu Störungen kommen musste.

Es ist lange her und ich will niemanden in Schwierigkeiten bringen, aber es gab schon einige Würze bei der Routinehelikopterei.

Zum Beispiel schlechtes Flugwetter oder Dämmerlicht beim Landeanflug. Der Pilot hatte meinen höchsten Respekt. Nie verlor er seine souveräne Ruhe. Auch dann nicht, als irgendwann über dem Ackerland der Holledau mit einem beunruhigenden Wechsel des gewohnten Schrapp-Schrapp-Lärms die Turbine aussetzte. »Was tun wir jetzt?«, fragte ich entsetzt. »Wir fahren mit dem Taxi heim und du wirst anrufen müssen, dass sie etwas anderes senden sollen.« Mit Hilfe von Autorotation setzte er den Hubschrauber in einen dorfnahen Acker und die Dienstreise klang mit einer entspannten Leihauto-Heimfahrt aus.

Einer der nächsten Flüge zu einem wichtigen Spiel in Hof sollte auch »schraubenhubermäßig« eingefangen werden. Die Entscheidung nach kurzfristigen, nervenaufreibenden Telefongesprächen musste lauten: »Hubschraubersichtflug wegen Nebels unmöglich.« Wir fliegen »mit der Fläche«. Zu zweit schieben wir den blindflugfähigen Vogel aus dem Hangar in München-Riem, und schon sind wir in der Luft. Zumindest hat es den Anschein, als wäre es so; denn die Orientierung ist für mich gleich null. Der Flugzeugführer meines Vertrauens ist gut gelaunt und zuversichtlich, wenn auch sehr konzentriert. Instrumente und Funkverbindungen würden uns sicher nach Hof leiten, meint er.

Um eine kleine Mithilfe bat er mich schließlich ganz gemütlich und erklärte den Bedarf so: Die Bodensicht sei auch in Hof minimal. Der allerletzte Landeanflug, das Aufsetzen gewissermaßen, müsse per Handsteuerung passieren. Die Landebahnbeleuchtung werde dabei helfen. Wenn also beim Sichtbarwerden dieser Signale etwas nicht ganz genau stimme, habe er wahnsinnig wenig Zeit für Korrekturen. Nicht landen, sondern durchstarten wäre dann kein zu großes Kunststück. Durchstarten in Hof würde jedoch bedeuten, dass wir uns sofort in der DDR befänden, was wir tunlichst vermeiden sollten. Also kleine Aufmerksamkeitsaufteilung. Er wolle sich auf den Instrumentenblindanflug konzentrieren, ich sollte sofort Laut geben, wenn ich die Landebeleuchtung sähe. Es käme eventuell auf die Sekunde an.

Die Teamarbeit funktionierte.

Was ich bei einer heutzutage alltäglichen Arbeit an Spaß und Spannung erleben durfte, dafür kann ich nicht dankbar genug sein. An das Ergebnis des Fußballspiels in Hof kann ich mich nimmer erinnern – warum auch. Unser Heimflug verlief »aussichtsreicher«.

Ganz selten konnten und wollten wir uns für die Bergsteigersendung Hubschrauberbilder leisten. Beim Matterhorn-Film »Der Tanz ums Goldene Horn« waren die Bilder, die der Kameramann Peter Stückl unter der Hubschrauberführung des Piloten Sigi Stangier festhielt, eine ganz wesentliche optische Bereicherung. Es ist ein völlig abgehobener Traum von einem tanzenden Matterhorn, der lebenslänglich durch meine Erinnerung geistern wird. Über die Widmung, die mir Herr Stangier in seinem Buch »Retter, die vom Himmel kommen« schrieb, freue ich mich.

Aber auch das Gegenteil, ein Negativerlebnis vom Helikoptern soll nicht verschwiegen werden.

Mit Bergsteigern aus St. Petersburg waren wir nach Barnaul in Sibirien gedüst worden. Eine Busfahrt, dann ein ver-

Der Hubschrauber vorher ...

wahrloster Militärflugplatz, auf ihm ein schwerer Transporthubschrauber. Man konnte eigentlich nicht glauben, dass sich dieses verdreckte, ölverschmierte Monstrum jemals vom festen Boden erhoben haben sollte, geschweige denn, dass es demnächst so etwas vorhaben könnte. Es handelte sich um die öffentliche Verkehrsverbindung ins Altaigebirge an der russisch-mongolischen Grenze. Wir waren zu acht, mit viel Film- und Bergsteigerausrüstung. Aber es waren auch noch mancherlei Mann, Weib, Kind und Versorgungsgüter sowie zwei Schafe zugegen und am Transport interessiert. Bereits seit Stunden schraubten und ölten drei mutmaßliche Besatzungsmitglieder humorlos, sprachlos und ergeben an diesem Standbild von einem Fluggerät herum.

Und irgendwann mussten wir alle einsteigen. So muss sich früher ein Gang zum Schafott angefühlt haben. Gepäck und Gerätschaften waren bereits einverleibt. Mensch und

... und nachher

Tier kamen einfach oben drauf. Anschnallpflicht bestand keine. Alsbald erhob sich ein transhimalayareichender Geräuschpegel und quälend lange Zeit später erbebten wir nach der geschätzten Richter-Skala in der Stärke 8 bis 10. Nein, das Ungetüm erhob sich nicht von der Erde. Es begann auf der alten Startbahn zu rollen. Man dolmetschte uns folgenden Tatbestand: Das Gewicht ist insgesamt zu schwer, es muss gewissermaßen ein Anlauf genommen werden. Was wir nimmermehr für möglich gehalten hätten, geschah: Wir erhoben uns. Knapp über Baumhöhe, aber immerhin. Wir zwischenlandeten sogar senkrecht und kamen, weil erleichtert, sogar wieder hoch. Schließlich wurde unsere kleine Altai-Expedition, in mehrere Flüge und in kleine Portionen aufgeteilt, in einem Flussbett mitten im Gebirg abgesetzt, bei strömendem Regen. Als uns der Lärmmacher im Dämmerlicht ein letztes Mal verließ, blieb er mit einer Kufe an einem großen Stück Treibholz hängen.

Er torkelte alarmierend. Wir waren uns einig, dass wir alle miteinander gerade noch einmal gut davongekommen waren.

Zu ergänzen ist: Eben dieses Helikopterungetüm explodierte eine Woche später am Boden. Der Hubschrauber war leer, zwei Besatzungsmitglieder erlitten Verletzungen. Den traurigen Überresten des Vogels begegneten wir nach unserem Rückmarsch aus dem Altai mit Hilfe von erdverbundenen Pferdekräften.

Ein weiteres, schöneres, harmloseres Hubschraubererlebnis überraschte uns bei einer Neuseeland-Filmreise.

Seit Tagen hatten sich die Traumgipfel der neuseeländischen Südalpen in dichten Wolken vor uns versteckt gehalten. Endlich klares Wetter. Am frühen Morgen hebt unser Hubschrauber auf Meereshöhe ab, um mit uns und der Kamera über dem Mount Cook, 3754 Meter, und Mount Tasman, 3498 Meter, hochalpine Filmsequenzen einzufangen. Die Türe haben wir ausgehängt. Ich sichere den Kameramann Dieter Nothaft und verständige mich mit den Piloten mittels Kopfhörer und Mikrofon über die Flugroute. Pazifikstrand, Regenwald, Gletscherströme und -brüche, Gletscherbecken mit Eis- und Schneehöhen von nie gesehener Mächtigkeit und ganz oben supersteile Eiswände, scharfe, enorm luftige Gipfelgrate. Der Temperaturgradient vom Meer zu Gipfel erfühlt sich brutal. Doch die Begeisterung lässt uns den Kälteschock ignorieren. Irgendwann müssen wir uns von der Hochgebirgsorgie wieder verabschieden. Ich bitte den Piloten, noch einmal genussvoll vorbeizuschweben an den markanten Merkmalen der unterschiedlichen Klimazonen bis hinunter an den Strand der Tasmansee. Er nickt und grinst. Warum grinst er? Bald werden wir es wissen.

Kaum hatten wir die Gletscherregion nach oben verschwinden lassen in unserem Kamerabild, als Dieter schreit: »Ich sehe nichts mehr. Die Kamera ist kaputt.« Wir brauchen beide einige Sekunden, bis wir kapieren, was passiert ist. Erst als wir sehen, wie unser lustiger Pilot seine Flugrichtung nicht mehr durch seine Sicht nach vorne durch die Kanzel, sondern durch die fehlende Tür vor uns ausrichtet, bekommen wir den Durchblick, der uns rein optisch blitzartig verloren gegangen war. Alles ist dicht beschlagen und natürlich auch alle Linsen der Kamera. Es braucht ein paar Hin- und Herflüge in den warmen Strandgefilden, um mit klaren Kanzel- und Seitenfenstern landen zu können. Die Kamera erholt sich noch bis zum Sonnenuntergang und sieht erst am nächsten Tag wieder klar.

Mit Filmen und Fliegen und Hubschrauber hat auch die nächste Erzählung zu tun. Nur dieses Mal privat.

Es ist ein thermischer Frühsommertag. Ich bin schon ziemlich lange mit dem Gleitschirm in der Luft. Jetzt will ich, muss ich landen. Hinter dem nächsten Grat am Spitzingsattel geht's, nicht bequem, aber ganz gut, wie ich weiß. Ich sehe den Sattel, die parkenden Autos wie immer, aber dort, wo ich zu Boden gehen kann, laufen jede Menge Menschen durcheinander. Ich bin sehr irritiert. Auf der Wiese neben der Almhütte hält sich sonst nie jemand auf. Was ist heute los? Der Grat an der Brecherspitze schenkt mir noch ein paar Meter Höhengewinn zum Schauen und Überlegen. Es wird immer schlimmer. Mitten im Menschengewurrl rotiert ein Hubschrauber knapp über Grund. Als ich Megaphone sehe und mir sehr vertraute weitere Gerätschaften, weiß ich: Filmaufnahmen. Es passt mir zwar gar nicht, aber ich werde eine Landemulde westlich des Spitzingsees finden müssen. Plötzlich steigt der Hubschrauber auf und verlässt die Szene nach Süden. Ich lande alsbald etwas nördlich des Menschenauflaufs. Keiner will mir – Gott sei Dank – etwas. Ich verstaue möglichst rasch meinen Flieger im Rucksack und schleiche mich gewissermaßen von hinten an. Das gelingt unauffällig, weil auch der Heli zur Arbeit wiedergekehrt ist. Unter andere Neugierige gemischt, spioniere ich und höre einen vom Film sagen, dass der Pilot behauptet, er muss wegfliegen, wenn ein nichtmotorisiertes Fluggerät landen will. »Bravo Pilot«, denke ich mir und bin so unheimlich an den Filmarbeiten interessiert, als wenn ich so etwas noch nie gesehen hätte. Ich bin dermaßen interessiert, dass ich später, als der Hubschrauber ruhig gestellt und doppelsinnig abgedreht ist, zum Piloten gehe, um mich zu bedanken. Der Mann nimmt das sehr freundlich und erfreut auf. Duzt mich sofort und erklärt mir lachend: 1. Muss ich ja wirklich weg, wenn du daherfliegst und notlanden musst und 2. habe ich diese Kameraeinstellung gern geschmissen, weil nämlich der Regisseur ein Riesenarschloch ist. – Unter Fliegern muss man sich einig sein. –

Um wieder sachlicher zu werden: Gleitschirmflieger und Drachenflieger und Segelflieger haben inzwischen gelernt, einander zu respektieren und aufeinander Rücksicht zu nehmen. Außerdem hält man sich an die Regeln. Kein Gleitschirmflieger startet, wenn er weiß, dass ein Rettungshubschrauber unterwegs ist.

Etwas krass, aber erwähnenswert ist das Verhältnis Düsenjet – Gleitschirmflieger.

Meiner Frau und mir schoss es durch Mark und Bein, als wir einträchtig und glücklich 1000 Meter über Grund am Nordende des Gardasees dahinschwebten und plötzlich drei

Düsenjäger ein paar hundert Meter unter uns vorbeirauschten. Freundlicherweise schrieb ein Schweizer Jetpilot einen Artikel in einer Zeitschrift. Er bekundete darin seine große Sympathie für Gleitschirmflieger, hielt aber auch mit der Problematik nicht hinterm Berg.

Gleitschirmflieger fliegen gerne hoch über den Bergen und sind stolz darauf. Düsenjägerpiloten sind gleichermaßen stolz darauf, tief durch die Täler fliegen zu können, tun dies aber außerdem zu strategischen Übungszwecken. Der Jetpilot gibt zu bedenken, dass seine dienstliche Überschallgeschwindigkeit das Erkennen eines Gleitschirms weitgehend ausschließt und darüber hinaus die verbleibende Zeit zum Ausweichmanöver gewissermaßen zu Ende wäre, noch bevor sie begonnen hat. Es besteht also offenbar eine massive Unverträglichkeit am Himmel zwischen Gleitschirm und Düsenjet. Passiert ist – Gott sei Dank – noch nichts.

In einer düsenjägerfreien bayerischen Bergregion tragen meine Frau und ich unsere Schirme etwa zweieinhalb Stunden lang auf einen Gipfel hinauf. »Heute ist das Wetter noch gut, morgen wird es regnen«, sagt der Wetterfrosch im Radio. Meine Frau startet und fliegt. Sie tut es besonders hangnah und stark sinkend, fällt mir auf. Der Startplatz ist flach, weiter unten felsdurchsetzt. Ich hebe zwar ab, kann aber nach wenigen Flugmetern Bodenberührung nicht vermeiden. Es drückt mich nach unten. Ich renne so schnell ich kann ins steinige Gelände hinein. Ich bleibe auf den Beinen. Der Schirm verhängt sich seitlich in den Latschen. Das Startfahnderl hinter mir hängt schlaff nach unten. Ich zähle zusammen: Die Windverhältnisse haben sich geändert. Der Schirm hängt in der Botanik. Die Frau ist weg. Ein mäßiger Schmerz an der rechten Wade lässt eine Felsberührung vermuten. Ansonsten ist alles in Ordnung. Doch irgendetwas drängt mich, den Seitenreißverschluss meines Hosenbeins zu öffnen. Der Hose fehlt nichts, was fehlt, ist meine Wade. Sie hängt irgendwo unten seitlich, wo sie nicht hingehört. Das Ganze sieht viel böser aus als ich es empfinde. Ich setze mich, finde als einziges Hilfsmittel ein nahezu unbenutztes Stofftaschentuch und versuche damit, die Bescherung einigermaßen zusammenzuhalten. Blut ist im Schuh, aber nicht aufregend viel. Drüben am Gipfelkreuz stehen einige Wanderer. Offenbar haben sie den Fehlstart nicht beobachtet. Ich brauche Hilfe und müsste das bald zum Ausdruck bringen. Ich rufe »Hallo«. »Hilfe« zu rufen scheint eine seelisch schwierige Angelegenheit für mich zu sein. Ich rufe eine Minute lang »Hallo«, sechsmal in 10 Sekunden Abstand. Sie schauen herüber. Ich ziehe meinen hellblauen Anorak aus und schwenke ihn notsignalverdächtig. Endlich geht ihnen ein Licht auf. Einer kommt tröstlich schnell, und genauso schnell erfasst er die Situation, als er da ist. »Ja, der Magerer, hot's di obag'haut?« Es handelt sich bei ihm um einen richtigen, einen vorbildlichen Bergkameraden, um einen Alpinsamariter. Einen ganzen Verbandskasten hat er dabei. Wir fixieren meine daneben geratene Wadenmuskulatur gemeinsam und fast fachgerecht. Währenddessen bemühen sich drei weitere Herbeigeeilte, Gleitschirmleinen und Latschenäste voneinander zu trennen. Auch eine Botin sei bereits unterwegs, sagt man mir, des Abtransportes wegen. Ich kapier noch nicht ganz, dass es meiner sein soll, wo ich ein halbes Jahrhundert lang immer eigenmächtig vom Berg wieder heruntergekommen bin.

Eine akute Sorge nagt an mir: »Wie benachrichtige ich möglichst schnell meine beunruhigte Ehefrau, die drunten im Tal meiner harrt? Wer hat ein Handy?« Etwas verzagt meldet sich ein Fortschrittlicher. Es sei ganz neu; er könne eigentlich noch gar nicht damit umgehen. Er habe es, um seinem Büro in München Anweisungen geben zu können. Ob er seinem Büro in München dann nicht die Anweisung geben könnte, die Frau Magerer, die sich jetzt bereits garantiert im Gasthaus »Rote Wand« in Geitau bei Bayrischzell aufhält, darüber zu informieren, dass sie mitnichten Witwe sei, sondern ganz im Gegenteil. Der Firmenchef zögert keinen Augenblick.

Es war unvermeidlich: Christoph, der Hubschrauber, landet schon ziemlich bald. Ich denke an Sigi Stangiers Buchtitel »Retter, die vom Himmel kommen«. Über diesen Himmel schieben sich momentan zügig dunkle Regenwolken über die Aiplspitze herüber und strafen den Wetterbericht Lügen.

Die Hubschrauberbesatzung freut sich, einen sehr lebendigen Gehbehinderten aufnehmen zu können. Der Chefarzt im Krankenhaus Hausham meint ebenfalls: Gleitschirmflieger könne er für gewöhnlich nicht so fröhlich begrüßen. Er wickelt mein Bein aus und ruft eine junge Ärztin. Ihr gibt er die Flick- beziehungsweise Nähanweisung für meine Wade. Ich gebe sofort zu bedenken: »Herr Doktor, warum geben Sie meine Versorgung an diese hochverehrte, zweifellos tüchtige und dazu hübsche und junge Dame weiter, wo Sie doch, wie ich, ganz genau wissen, dass die junge Frau von heute alles kann, nur nicht mehr nähen und flicken?« »Die schon«, entscheidet der Chef kurz und bündig. Und die Ärztin sticht mich – alles andere als zärtlich – ins Bein mit der Begründung, sie müsse überprüfen, ob die Betäubungsspritze schon wirkt. Bald darauf näht sie und der Chef schaut genussvoll zu, ohne zu korrigieren. Die Medizinerin arbeitet konzentriert und akkurat und lange. Ich liege auf dem Bauch und sehe nichts und spüre nichts. Zwischendurch fragt mich der Doktor: »Draußen steht eine nette kleine Frau und behauptet, sie sei mit Ihnen verheiratet. Soll ich sie herein lassen?« Helga kauert eine Weile bei mir am Kopfende des medizinischen Nähtisches und wir rekonstruieren das aerodynamische »Wieso« und »Warum«. Dann bringt ihr der Hausherr einen Stuhl und damit musste ihr Blick auch auf die Näharbeiten fallen. Kurz darauf verlässt sie grußlos und blass den Raum; es war ihr schlecht geworden. Helga versteht etwas vom Nähen. In den Anfangsjahren unserer Ehe hat sie für die Kinder viel und für mich sogar einmal einen Dufflecoat fabriziert, mit dem man auf die Straße gehen konnte. Aber die Flickkünste der jungen Medizinerin am Mann, noch dazu an ihrem, erträgt sie nicht. Helga geht eine Weile draußen im Regen spazieren und unterhält sich dann mit dem Doktor über die Licht- und Schattenseiten des Gleitschirmfliegens. Die junge Ärztin aber bringt ihre Arbeit ganz besonders geschickt zu Ende und verpflichtet mich zu Dank. Ich würde ihr sofort alle meine leiblichen Flickarbeiten zutrauen. Aber ich hoffe natürlich, dass nichts mehr anfällt.

Oberland-Freuden

Gerade dann, wenn man sich schon fast im Gebirg glaubt, wird die Autofahrt von München zum Spitzing ab Miesbach widerlich städtisch. Da hätten wir ja gleich daheim bleiben können. Viele dort Einheimische denken sich: »Des Beste waars.« Manche sind sogar so unverschämt, es auszusprechen. Freilich vergessen sie dabei, wie sehr ihr Fortschritt und die nahe Großstadt miteinander zusammenhängen.

Also irgendwie kann ich schon verstehen, dass die Liebe der Münchner zu den Oberlandlern einseitig sein muss. Wann muss man sich in der herzlosen Großstadt schon einmal über einen Oberlandler ärgern? Nicht einmal auf dem Oktoberfest oder beim Trachtenzug ist es möglich, weil wir Münchner sowo nicht hingehen. Aber in die Schlierseer Berge, da fahren wir natürlich immer wieder hin.

Persönlich biege ich, aus ganz oben erwähntem Grund, in Miesbach gerne nach links ab und bin dann ziemlich schnell in der Romantik, weil »an der Leitzach«. Hier orientiert sich der Straßenverlauf noch an den natürlichen Gegebenheiten. Die Farben Grün, Rot, Gelb werden von den Jahreszeiten bestimmt und nicht von den Verkehrsampeln. Keine Möbelcenter, Aldis, McDonald's oder zum Supermarkt umfunktionierte Großtankstellen. Nichts Neureiches, fast ausschließlich Traditionsreiches. Land und Leut zeigen berechtigten Stolz. Wörnsmühl, Hundham, Dürrnbach, Fischbachau – wie das schon klingt! (Fast so gut wie Mittersendling, wo wir daheim sind und wo nur noch der Name an gestandene Zeiten erinnert.)

Die paar Kilometer Leitzachtal haben für uns immerhin drei Anziehungspunkte, drei Wallfahrtsorte: einen echten, nämlich Birkenstein bei Fischbachau; einen besonders stark besuchten, nämlich das Café »Winkelstüberl« bei Marbach und übergeordnet den Gipfel vom Breitenstein.

Soweit sind wir aber noch nicht, zuvor halten die Meinige und ich am Friedhof von Dürrnbach. Dort liegt direkt an der Kirchenmauer unser Freund Sepp Mayrhofer junior. Für uns war er, ist er ein vierter wichtiger Leitzachtaler Magnet.

Am 24. Mai 1995 starb Sepp an der Ötztaler Wildspitze in einer Lawine. Im Frühling 1993 haben wir einen kleinen Film gedreht, in dem der Breitenstein, der Wallfahrtsort Birkenstein, das Café »Winkelstüberl« und der Mayrhofer Sepp Inhalt waren. Es hörte sich ungefähr so an:

Im Leitzachtal schaut das Oberland so aus, wie wenn andauernd Sonntag wär. Alles passt z'am. Die Landschaft, die Häuser und die Leut. So was nennt man Kultur. Es gibt eine alte und eine neue Kultur, und sie bringen sie hier beide stilvoll unter einen Hut. Der Mayrhofer Sepp senior, Besitzer vom Café »Winkelstüberl«, kehrt am sonnig kühlen Frühlingsmorgen seinen großen Hof. Bald wird es ein Parkplatz sein. Anfang der fünfziger Jahre hat er das Anwesen übernommen, ein Café daraus gemacht und sich bemüht, das Haus möglichst wenig zu verändern. Sogar die Landwirtschaft hat er bis heute beibehalten. Sein besonderer Stolz ist aber die unglaubliche Tatsache, dass es im Café »Winkelstüberl« seit einem halben Jahrhundert keinen einzigen Ruhetag gegeben hat. »Ich will für meine Gäste immer da sein«, ist das Motto vom Sepp. Wir ergänzen gedanklich und gar nicht bös gemeint: »Ein Bauer kann seinen Rindviechern auch nicht sagen, heut arbeite ich nicht.« Wir nehmen die Hobby-Landwirtschaft vom Café »Winkelstüberl« als Kulturnachweis, als ein Zeichen dafür, dass man auch bei so viel gastwirtschaftlichem Erfolg seine Identität nicht verlieren muss.

Wir gehen auf den Breitenstein, gleich hinterm Caféhaus. Man kann sich damit eine gewisse innere Legitimation zum Einkehren am Nachmittag erarbeiten, weil halt dem Bergsteigerkörper die verloren gegangenen Energien dann dringend wieder zugeführt werden müssen und ein gewisser Notvorrat dazu. Damit wir den Gipfel auch bestimmt finden, haben wir den Mayrhofer Sepp junior überredet, uns zu führen. Der Jungbauer ist ein preisgekrönter Konditor. Und wenn Identität bedeutet, sich selbst und seinem Stammplatz treu bleiben, dann hätte sich der alte Mayrhofer bestimmt keinen besseren Erben wünschen können. Natürlich heißt das nicht, dass zwischen den Alten und den Jungen im schönen Leitzachtal immer sahnige Eintracht herrschen muss. Das wär ja fad.

Unsere vulgärphilosophischen Oberlandbetrachtungen könnten wir um Fischbachau herum beliebig fortsetzen. Aber die Bilder brauchen hier keine Worte. Da langt schon das Anschauen und Verstehen.

Es ist Karfreitag. Aber soviel Sonnenglanz wie heut lässt einfach keine Trauer aufkommen. Außerdem ist die G'schicht schon so lange her.

Man geht ein paar hundert Meter durch den Mischwald und kommt dann zum Marienwallfahrtsort Birkenstein. Nein, hier ist nicht anno dazumal die Muttergottes erschienen. Überall konnte sie ja gar nicht persönlich vorbeikommen. Man erzählt, ein junger Pfarrer sei seinerzeit ein bisserl gebetsmüde an einem Stein unter einer Birke eingeschlafen und er habe dabei von einem Kircherl zu Ehren der Gottesmutter geträumt. Ein frommer Traum. Wohlhabende Bauern halfen, ihn zu verwirklichen. Die Gegend rundherum erscheint uns mit soviel Schönem gesegnet, dass jeder »glauben« möchte, überhaupts und auch daran, dass die christlichen Male, denen man hier auf Schritt und Tritt begegnet, viel weniger ein »Bitte« als ein »Danke« ausdrücken könnten.

Der Sepp geht voran. Wahrscheinlich hat er es dick, wenn von ihm die Rede ist. Es tönt wenig aus seinem dichten Bart heraus, aber wenn, dann etwas Gescheites. Seine Liebe gehört der Lisbeth und dann – zu gleichen Teilen – dem Bergsteigen und der Jagd. Wir freuen uns über die Konstellation Bergsteiger und Jäger, weil sie rar ist im Off-road-Zeitalter.

Touristisch gesehen queren wir gerade unter der Kesselalm den Schweinsberg. Den vielen Schnee nehmen wir nicht mehr ernst. Kälterückfälle gehören zum Frühling. Die Sonne wird durchgreifen. Den Bergsteiger erwarten am Breitenstein bemerkenswerte Schwierigkeiten. Nur Standhafte erreichen den Gipfel. Eine unbekannte Prozentzahl von Anwärtern erliegt den Angeboten der Berggasthäuser unterwegs.

Es ist Karfreitag. Gegen Mittag schart sich das Häuflein der Widerstandsfähigsten am Breitenstein-Gipfelkreuz. Für den zügigen Abstieg kann niemand garantieren. Der Wendelstein in der Nachbarschaft sieht ein bisserl größenwahnsinnig aus. Bergüberschreitungen gelten als alpinistisch hochwertig. Wir wandern also westlich zum Vorgipfel hinüber, um dann einen weithin unbekannten Retourweg einzuschlagen, den wir ohne den Mayrhofer Sepp junior nie gefunden hätten.

Es ist Karfreitag. Es folgen eine Teststrecke für wasserdichte Bergschuhe und der schneewassertriefende Wald. Er verbirgt eine Überraschung für Junggebliebene, eine Felsnadel mit Klettersteig. Im ersten Augenblick denkt man an eine bergsportliche Bausünde, an Disneyland oder so was. Aber der Witz stammt schon von der Natur selbst. Ein paar Eingeborene haben ihn nur ausgeschmückt. Bei der Besteigung ist der oberste Griff das Gipfelkreuz. Die Eintragung ins Gipfelbuch ist das Schwierigste an der Miniatur-Tour. Festhalten und schreiben, wie geht das?

Es ist Karfreitag. Der Sepp denkt schon an seine Arbeit für die Ostertage. Karfreitag schützt vor Hunger nicht. Das Tal gehört dem Frühling. Das »Winkelstüberl« wie immer den Ausflugsgästen. Das haben sich der Sepp und die Thekla Mayrhofer bestimmt nicht träumen lassen, dass aus der landwirtschaftlichen Zuerwerbsidee einmal ein süßes Ausflugsziel mit einer solcher Zugkraft werden könnte.

Die Bergwanderer, Bergsteiger und Skifahrer haben die Geschichte von den großen und guten Kuchenstücken untereinander weitererzählt. Und dann haben es allmählich alle gewusst, auch die Spazierfahrer. Es war schwer, noch einen Platz an der Sonne im Garten zu ergattern.

Ich habe Sepp, den Kameramann, gebeten, die ebenso schwere wie geschickte Arbeit der freundlichen Bedienungen im Bild festzuhalten. Riesige Tabletts, beladen mit duftendem Kaffee und hochgradigen Kalorienbomben werden sicher zu den vollbesetzten Tischen drinnen und draußen jongliert. Die Dame namens Heidi hat es dem Sepp besonders angetan. Später bei der Bearbeitung stelle ich fest, dass ich einen abendfüllenden Film über Heidis tatkräftigen

Charme senden könnte. Es fällt auch mir schwer, die Szene kurz zu halten.

Es ist immer noch Karfreitag und man muss es deshalb eventuell als sündhaft bezeichnen, mit welcher Wucht hier die Leute gegen das Fastengebot verstoßen. Wenn Sie meinen, das Berichterstatterteam wäre die gläubige Ausnahme, dann irren Sie sich leider. Auch wir haben gesündigt, und es war sogar ein Stück vom Amigo-Kuchen. Wie gesagt, medizinisch gesehen sind echte Bergsteiger geradezu gezwungen, ständig Kohlehydrate aufzunehmen, aus gesundheitlichen Gründen und so.

Als wir endlich zum Parkplatz in Birkenstein zurückwandern, fällt mir an einem Bauernhaus ein frommer Spruch angenehm auf. Er passt fürs ganze Jahr und besonders für uns, die Touristen: »Alles geht vorbei, auch du.« So was nennt man Kultur.

P.S. Vor ein paar Tagen fuhr ich durchs Leitzachtal heim, nach einer Skiüberschreitung des Miesing. Ich war allein, weil meine Frau in Mittersendling von einer Grippe festgehalten wurde. Als Mitbringsel für sie wären Blumen angebracht gewesen, denn es war Valentinstag. Doch es fällt mir etwas Naheliegenderes und Besseres ein. Ich kaufe im »Winkelstüberl» zehn Nusshörndln und drei »Mailänder«. Irgendwie muss ja die Meinige wieder auf die Beine kommen.

Mit dem Kaiser im Kaiser

Es gab eine Zeit in meinem Berufsleben, da musste ich rasend populären Zeitgenossen ein Mikrophon unter die Nasen halten, dem Herrn Neudecker, dem Herrn Müller, dem Herrn Hoeneß, dem Herrn Maier, dem Herrn Schwan, dem Herrn Beckenbauer und anderen. Derartige Schicksalsschläge trafen mich nicht regelmäßig, sondern nur dann, wenn Oskar Klose, Eberhard Stanjek, Günter Wolfbauer oder Sammy Drechsel keine Zeit hatten. (Die Rosi Mittermeier habe ich zweimal gerne interviewt. Heinz Maegerlein wird gerade als Eiskunstlaufkommentator gebunden gewesen sein.) Ob es mir seinerzeit nun an der Qualifikation oder an der Motivation gefehlt hat, im Strahlenbereich der Massenidole mein Berufsleben zu bestreiten? Tatsache ist, ich bin froh, dass mich glückliche Umstände auf ruhigere Dienstwege führten, die aber auf eine natürliche Art nicht weniger exponiert waren.

Sportreporter-Erfahrungen begann ich Anfang der siebziger Jahre zu sammeln und ich hatte schon damals ein paar Mal mit Robert Schwan, dem Manager des FC Bayern München zu tun. Der geschätzte, bewunderte, respektierte und gehasste Top-Manager starb 2002 als 81-Jähriger. Er war 70, als wir uns im Fernsehgelände zufällig begegneten und es entspann sich sofort ein langes Bergsteigergespräch zwischen uns; denn Robert Schwan war ein spätberufener Extrembergsteiger geworden. »Machen wir doch was miteinander für ›bergauf – bergab‹ «, war sein Vorschlag am Ende der Unterhaltung, »der Franz tut bestimmt auch mit. Es kann ja auch etwas Gemütliches sein.«

Franz Beckenbauer und Robert Schwan wohnten bekanntlich Tür an Tür in Kitzbühel. Robert Schwan begann als 61-Jähriger schlagartig mit dem Bergsteigen. Wo, wenn nicht im Wilden Kaiser vor seiner Haustür. Er betrieb es sehr bald heftig, das heißt, in den gehobenen Schwierigkeitsbereichen.

Unsere gemeinsame Herbstbergwanderung im Kaiser verwirklichten wir 1992, als er schon 71 war und nahezu alle klassischen schweren Kaiser-Klettereien hinter sich hatte.

»Eigentlich wollte ich nie mehr da heraufgehen, weil ich den Weg schon so oft gegangen bin«, sagt er mir, als wir am Ellmauer Tor im Angesicht der Kaiserwände beieinander sitzen. In einer sympathischen Bescheidenheit, die sonst nicht zu seinen Stärken gehört, erklärt er, in welchem Maß er das Gelingen seiner Touren den Bergführern verdankt, mit denen er unterwegs war. Einer von ihnen ist auch heute dabei. Er ist der kameradschaftliche Diener seines Herrn, man kann es nicht anders bezeichnen. Der Führer genießt bei Robert Schwan nicht den Führungsauftrag von Tour zu Tour, sondern so etwas wie eine Festanstellung. In einem ruhigen, nachdenklichen Gespräch lernen wir einen sehr dankbaren und ausgesprochen romantischen Manager kennen, der uns bereitwillig seinen kurzen alpinen Werdegang erzählt. Der Kaiser Franz Beckenbauer ging zum Fußballspielen nach New York und Robert Schwan zum Bergsteigen in den Kaiser – und sonst wohin in den Alpen und darüber hinaus, weil er plötzlich mehr Zeit hatte. In die Eiger-Nordwand möchte er noch so gern, weil er sich einfach nicht zum alten Eisen zählen könne, als 71-Jähriger. Ich wage es, rückzufragen, ob der Wunsch nicht etwas hoch angesetzt sei. Und er kontert geschickt, als er meint, der bloße Wunsch danach könne ihm ja noch nicht als Vermessenheit angelastet werden. Neben vielen anderen Lebensqualitäten habe er durchs Bergsteigen die Tugend der Geduld gewonnen, zu der er als Manager viele Jahre keinen Zugang hatte.

Das Gespräch ließ uns auf angenehmste Art vergessen, dass da ein Fernsehteam um uns herum seine Arbeit tat. Auf dem Weg zurück ins Tal und ins Management machte Robert Schwan im Interesse des Fernsehbeitrags und gaudihalber den Vorschlag: »Ihr bleibt in Going über Nacht. Morgen, sehr früh, fixiere ich für den Franz einen Riesenwerbevertrag mit den Japanern, mit Mitsubishi. Dann filmen wir uns mit dem Franz Beckenbauer und seiner Frau Sybille zur Ackerlalm im Ostkaiser hinauf und am Abend feiern wir alle miteinander den neuen Beckenbauer-Vertrag beim Stangl-Wirt.«

Das Wetter bleibt schön. Auch wegen des günstigen Betriebsklimas, das sich bei dieser Anregung verbreitet hatte, konnte ich dazu unmöglich nein sagen.

Von 1965 bis an die Jahrtausendwende hatte ich das Glück, sehr viel in der Welt herum zu kommen. Junge Menschen in allen Hautfarben, in allen Klimazonen und bei jedem Wetter haben Fußball gespielt, wenn wir vorbeikamen. Und wenn sie dann neugierig erfuhren, dass wir aus Deutschland kamen, dauerte es nur noch Sekunden bis der Name »Beckenbauer« fiel. Fällt Ihnen ein anderer Name mit derart weltumfassender Bekanntheit ein?

Ich bin in München zwischen den Trainingsplätzen des TSV 1860 und des FC Bayern aufgewachsen. Die Plätze lagen schon immer kaum einen Steinwurf auseinander. Aber es wurde in den Fünfzigern zwischen Blauen und Roten nie mit irgendetwas aufeinander geworfen. Es ging sportlich zu, weil auch viel weniger Geschäft im Spiel war. Bei so einem fußballnahen Daheim kannten wir natürlich jeden wichtigen Spieler. Aus dieser tagtäglichen Fußballnähe erwuchs eine natürliche Abneigung. Von dieser durfte ich selbstverständlich als Sportredakteur nie etwas verlauten lassen; es wäre ja berufsschädigend für mich gewesen.

Jetzt wissen Sie auch – so ganz nebenbei – warum es mich existenziell in die Berge verschlagen hat.

Franz Beckenbauer, seine Lebensabschnittsgattin Sybille und Robert Schwan kamen pünktlich und wir stiegen noch einmal in den Wilden Kaiser hinauf. Die erlauchte Gesellschaft war keine solche. Es war eine Gruppe sportlicher Leute mit viel Spaß am Gebirg und an der Bewegung. Franz Beckenbauer befriedigte meine private und dienstliche Neugier so souverän und locker, dass ich ihm lebenslänglich verzeihe, dass er ein Fußballer ist, und dass er bei mir Kredit hat für fast jeden Blödsinn, den man als große Öffentlichkeit seit Jahrzehnten von ihm und über ihn zu hören gezwungen ist. Und ich bin ganz sicher, Franz Beckenbauer würde sehr oft gerne ein Philosoph bleiben und schweigen.

Wie er seine Fitness erhalte, durch Golfspielen wie man hört? Nein, Golf sei so gesehen kein Sport. Sein Freund Robert sage immer, das Golfen wolle er mit 80, 90 oder 100 beginnen. Er, Beckenbauer, schätze Bergwandern und Langlaufen.

Wann er Robert Schwan kennen gelernt habe? Als Spieler bei Bayern, als sie 1964 in der Regionalliga herumkrebsten und von Tschik Cajkovski trainiert wurden. Der neue Manager Schwan kam und führte sich sympathischerweise damit ein, einfach ihre Bezüge deutlich zu kürzen. 1965 stiegen sie dann in die 1. Bundesliga auf und es ging steil bergauf.

Wie er den Bergsteigerspleen seines Mentors beurteile? »Ich kann mir kein Urteil erlauben über etwas, wovon ich nichts verstehe. Aber Robert kommt manchmal von einer großen Bergtour zurück und sieht aus wie sein eigener Großvater, etwa 235 Jahre alt, aber er hat glücklich strahlende Augen. Bergsteigen muss also etwas ganz Großartiges sein.«

Wie er, Franz Beckenbauer, mit dem Roten Teppich zurecht käme, der seit vielen Jahren all überall vor ihm ausgebreitet wird? »Ich bin darüber hinaus, deshalb abzuheben. Sicher, diese Zeit hat es auch gegeben. Ich profitiere davon, ein sehr einfach gestrickter Mensch zu sein. Der natürlich die Annehmlichkeiten, sogar den Luxus genießt, der aber auch sehr dankbar dafür ist, dass ihn der liebe Gott genau hier bei uns hat fallen lassen. Es hätte ja auch in Eritrea oder Somalia sein können.«

Schließlich ehrt uns der Kaiser im Kaiser mit der Behauptung, Fernsehinterviews in dieser Form seien das reine Vergnügen. Ich meine, man sollte dem Franz Beckenbauer einfach die Fragen nach der Europäischen Währungsunion, nach dem internationalen Stand der Genforschung, nach den Grundlagen der mystischen Spiritualität im Allgemeinen sowie nach der Bayerischen Familienpolitik im Besonderen ersparen.

Im Abstieg zum Stangl-Wirt frage ich den Robert Schwan, in welchem Maß er seinen jungen Freund noch für den Alpinismus begeistern könne. »Also mit dem Klettern hat er bisher wenig im Sinn. Aber bis er 61 ist – und damit genau im richtigen Alter zum Anfangen – hat er ja noch etliche Jahre Zeit.«

Programmgestaltung

Ob es sehr schwer sei, das Programm einer Bergsteiger-Fernsehsendung zu gestalten und wer da die entsprechenden Vorschriften mache, bin ich sehr oft gefragt worden. Die Frage ist und war immer ganz klar zu beantworten. Alleinentscheidende Programmgestalter waren für mich die Jahreszeiten, das Wetter und der Berg. Das grüne Licht für unsere Arbeit kam also aus einer Chefetage, die über alle Zweifel erhaben ist. Aber ziemlich unberechenbar ist sie trotzdem und sie forderte unsere Dynamik. Der Zwang und die Möglichkeit zum geistigen und körperlichen Beweglichsein ist für mich die Basis des selbstständigen Bergsteigens und das Salz in der Suppe. Man bräuchte eigentlich gar nicht darüber reden, wenn heute nicht nahezu alle Freiluftaktivitäten (Outdoor-Events) planbar, terminierbar, offerierbar, buchbar, kalkulierbar, zahlbar und finanzierbar wären. Furchtbar! Ein Teil der Spannung und Vorfreude geht uns verloren. Wir tun nicht mehr, sondern wir werden getan. Was passiert bei Regen, Schnee oder Lawinen? Versicherungsprämien und Haftung treten an die Stelle der Eigenverantwortung. Ich will mich in so einen Freizeitdschungel gar nicht hineindenken.

Darf ich einfach an einem Beispiel erzählen, wie simpel so eine Programmgestaltung bei uns ablief?

Mein persönliches Arbeitskonzept sieht vor: Der »bergauf – bergab«-Zuschauer soll miterleben, wie herrlich eine Frühjahrsskitour auf einen Karwendelgipfel sein kann. Ich werde nicht sagen, wie er heißt, wie lange man braucht, wo man einkehren kann usw. Keine Information soll herauskommen, sondern eine Impression.

Es gab für die Sendung immer zwei Kritikerparteien. Die einen sind sauer, weil ich den einsamen Gipfel nicht verrate, die anderen, weil ich einen einsamen Gipfel verrate. Allen kann man es nicht recht machen!

Ich rufe das Kamerateam an und den Hans und den Otto: »Der Ostermontag wird sonnig, gehen wir auf die XY-Spitze im Karwendel. Nach der Bergtour werden wir noch den Talort filmen und die Touristen, die Sonnenanbeter und Osterspaziergänger dort.« Und zu dem Ganzen ist dann Folgendes zu sagen:

Der alle umfassende österliche Drang hinaus in die Natur ist kein neuzeitlich ordinärer, sondern bekanntlich ein sehr klassischer. Wenn die Feiertage dann auch noch in ein Hochdruckgebiet fallen, schon gar. Durch die alpinistische Sonnenbrille gesehen war das Karwendelgebirge schon oft ein Garant für eine gelungene Ostertour. Noch nicht zu rau, aber doch schon ernsthaft genug für das seelische Gleichgewicht.

Als Begleitung genügt natürlich auch nicht irgendwer. Man umgibt sich mit den besten und schönsten Freunden, wie ein Kirchgänger mit dem Feiertagsstaat.

Die Wiederauferstehung der Natur kündigt sich auf der Höhe zunächst nur akustisch an, durch das Zwitschern der Vögel. Wenn überhaupt, ist der Kalenderfrühling immer nur für die Täler verbindlich. Aber genau die Stimmung, wo der frische Frühling in der Luft und der müde Winter am Boden liegen, wo wir mit einem königlichen Gefühl vom Schatten ins Sonnenlicht treten und damit die Jahreszeitengrenze überschreiten, akkurat diese Momente bringen es: den Spaß, die Zufriedenheit, den Stolz, die Motivation.

Auf die arg realistische, aber nahe liegende Frage, welches Gipfelziel, von wo aus usw. die drei Aktiven wohl ansteuern, lautet die unbefriedigende Antwort: irgendeines, gut 2200 Meter hoch, im östlichen Karwendelgebirge, vom Achensee aus.

Dass am sonnigen, schneereichen Ostermontag niemand anders auf dieselbe Idee kommt, bestätigt die Richtigkeit der Wahl. Die Querung in ein steiles, trichterförmiges Hochkar offenbart sich als Fragezeichen auf dem Weg zur Gipfelregion. Die Verschüttetensuchgeräte piepsen. Eine Werdscho-geh-Situation. Wissen, Instinkt und das richtige Verhalten lösen die kurze Spannung bald.

Auch weiter unten im Ort hat die Frühlingssonne inzwischen alle Lebensgeister mobilisiert. Die Euphorie des Exklusiverlebens lässt Bergsteiger leicht in eine Von-obenherab-Betrachtung verfallen. Aber wer sagt denn, dass in dieser prächtigen Umgebung ein paar Stunden Sonnenanbetung nicht genauso viel Spaß machen? (Allerdings wird die Fernsicht bei geschlossenen Augen im Liegestuhl glatt für die Katz geboten.)

Viele Menschen brauchen zu ihrem Wohlsein viele Menschen – Gott sei Dank. Vielleicht ist der Erholungswert eines Osterspaziergangs am Achensee oder durchs mehr oder weniger traute Gebirgsdorf sogar höher einzuschätzen als eine Gipfelbesteigung. Schon der Wille zum Gesundheitssport geht fürs Werk und nützt der Sportartikelindustrie. Was dem einen sein Gipfelgenuss, ist dem anderen seine Kirschtorte. Sogar beides ist denkbar. Auch der Weg vom Skigipfel zum Eisbecher signalisiert den Frühling.

Wenn die Alpinisten sich nach oben zurückziehen, haben unten wieder mehr Touristen Platz. Gegen das wachsende

Nachdenken über die Programmgestaltung

Problem der Enge helfen Phantasie, Humor und ein bisserl Toleranz. Aber heut ist kein Tag zum Probleme wälzen. Aus der Freude über das wolkenlose Wetter wächst bei uns eine glückliche Blödelei. Der Bergführer Otto stellt seinem Kollegen Hans immer wieder die Frage, ob nicht ein vorzeitiger Abbruch der Tour anzuraten sei wegen eines drohenden Schlechtwettereinbruchs.

Ein geschwungener Gratrücken leitet hinauf zum Gipfel. Nirgendwo zeigt sich eine alte Skispur. Schnee, Wind und Licht geben einem Winterberg eine wandelbare Ästhetik. Er wirkt immer wie neu. Der Gipfel lässt sich nicht nur ersteigen, sondern sogar überschreiten. Von den Laliderer Wänden über die Lamsenspitze zur Hochnissl registriert die Kamera sämtliche Gipfel. Im Hauptkamm führen alle Blicke wieder einmal zum Großvenediger.

In der Abfahrt erwartet uns Vario-Schnee. Gar so leicht ist der Schwungrhythmus nicht zu finden, aber der Otto hat ihn und der Hans natürlich auch. Und ich bemühe mich fleißig darum. Pulver, Firn, Bruchharsch, Sumpf! Zum Saisonabschluss durchackern wir noch einmal alle gängigen Schneearten.

Der Winter sei bitte vergangen – es lebe der Frühling!

Der XY-Gipfel und das Weiß und das Blau und die explodierende frische Jahreszeit und die Vögel und die Sonnenanbeter und unsere glückliche Blödelei haben wieder einmal einen Programmbeitrag gestaltet. Hoffentlich meint der Fernsehzuschauer jetzt nicht, bei so viel Leichtigkeit könnte er sich vielleicht die Gebühren ersparen.

Bergell

Es ist keine Kunst, ein guter *junger* Bergsteiger zu sein. Um ein guter *alter* Bergsteiger zu werden, bedarf es schon um einiges mehr.

Vor etlichen Jahren kam mein Sohn von einem Kletterurlaub heim und sagte: »Vater«, nein, ich glaub, er hat noch Papi gesagt – also: »Papi, wenn du noch nie im Bergell warst, dann bist du gar kein richtiger Bergsteiger!« Der Lausbub, von wem hat er denn die Krankheit? Aber ich konnte die Schmach natürlich nicht länger auf mir sitzen lassen, und auch die Bergsteigersendung konnte einen Bergell-Beitrag nicht länger entbehren. Wenn Sie auch darunter leiden, kein »richtiger Bergsteiger« zu sein, dann orientiere ich Sie kurz:

Sie fahren einfach den Inn entlang aufwärts durchs Unter- und Oberengadin. Wenn Sie sich mit Geld überlastet fühlen, kehren Sie in St. Moritz ein. Anschließend kommen Sie erleichtert zum Malojapass und drüberhalb, gleich links, sind Sie im Bergell.

Die Beschreibung, wie ich ein »richtiger Bergsteiger« werden durfte, lautet gerafft so:

Sommersport, Wassersport, Surfsport, Segelsport, Schwimmsport, Radsport, Laufsport, Flugsport, Tennissport, Golfsport – Sport total im Oberengadin, auf dem Weg über den Malojapass.

Wir wollen zum Bergsport ins Bergell. Die Attraktivität von St. Moritz und Pontresina ist bekanntlich teuer, die von Bondo und Soglio ist unbezahlbar – aus unserer Sicht.

Beeindruckt, ehrfürchtig, fast andächtig ziehen wir uns die Ästhetik der Brunnen, Häuser und Gassen hinein ins Gemüt. Der kulturelle Wert der alten Bergdörfer im Bergell wird mittlerweile so sehr erkannt und gepflegt, dass die Siedlungen da und dort Gefahr laufen, Museumscharakter anzunehmen. Man wünscht sich mehr Leben – bei allem Respekt vor eidgenössischer Zurückhaltung.

Für das berühmte Fotomotiv vom Bergell wählt der Bergsteiger schon die kürzere Verschlusszeit, weil er sich einfach nimmer länger zurückhalten kann. Es sei vorausgeschickt, wer diese Gebirgsregion ohne die Verwendung von Superlativen beschreibt, der lügt. Zugegeben, man zahlt und fährt die ersten 500 Höhenmeter hinauf ins Val Bondasca. Aber dann beginnt in Laret, das heißt im Lärchenwald, der schweißtreibende Genuss einer Bergsteigerei von zeitloser Güte und Schönheit. Ohne Rücksicht auf eventuelle Stausituationen wollen wir zum allerberühmtesten Bergziel des Bergells pilgern, zum Piz Badile. Islamische Pilger scheren sich auch nicht um den Andrang, wenn sie einmal im Leben nach Mekka reisen.

Ein 600 Höhenmeter recht anregender Steilaufstieg endet für heute 1900 Meter hoch an der Sasc-Furâ-Hütte des Schweizer Alpen-Clubs, Sektion Bregaglia. Das sonnenwarme Hüttenleben heimelt an, strahlt Ruhe aus; wohl organisierte Ruhe auf Schweizer Art. Auch wenn das Flimmern der heißen Luft viel Spannung, Erwartung und Vorfreude enthält.

Noch bei Mondenschein beginnt dann ein ganz besonderer nächster Tag. Einer von den uneingeschränkt glücklichen. Keine Hektik, kein Run am frühen Morgen. »Wo sind sie alle, die Badile-Anwärter?«, fragen wir uns. »Das erste Tages- und das letzte Stirnlampenlicht werden sich miteinander schon als Bild abzeichnen«, denkt Sepp, der Kameramann.

Auf und auf edel reckt sich der Badile vor uns hinauf zu den Sonnenstrahlen. Eigentlich ist das Erlebnis schon jetzt nicht mehr steigerungsfähig, es kann nur noch anders werden.

Paul Nigg ist zuerst ein Freund und dann ein Bergführer, genau wie Sepp, Raki und Hannes hinter der Kamera. Es passt alles. Wenn einer Spaß und Genuss beim Klettern empfindet, kann er im Bergell-Granit noch einmal 100 Prozent draufschlagen. Vielleicht lässt sich diese Tatsache auch geologisch erklären. In Paul Niggs Bergell-Führer steht zu lesen: »Der Bergell-Granit ist ein Wunderding. Er hat nichts gemein mit dem alten, längst erstarrten Mont-Blanc- oder Bernina-Granit. Der Bergell-Granit ist Urstoff unmittelbar. Er stieß erst an die Erdoberfläche, als die Alpen im Großen und Ganzen fertig gefaltet waren. Er schmolz durch die schon ruhenden Faltenschichten und erhob sich als jüngster Zeuge des großen Erdgeschehens der Alpenbildung. Der Bergeller Granit ist jünger als alle anderen Granite der Alpen, darum ist er so hellgrau, so jugendlich rein und hart.« Schön, wir liefern also heute die Schlagzeile: »Eine alte Seilschaft im jungen Granit«; denn miteinander sind der Paul und ich gut 120 Jahre alt. Die andern drei bringen das nicht einmal zu dritt.

Links drüben erkennen wir zwei Freunde aus dem Pfaffenwinkel. Sie sind beim ersten Licht in die klassische Cassin-Route der Nordostwand eingestiegen. Glatt, steil, überdimensional schaut das aus. Doch die Sonne stützt ihre

Moral und bei ihrem Kletterkönnen werden sie dort ebenso viel Spaß haben wie wir an der leichteren Nordkante.

Immer wieder hört und liest man, es handle sich bei diesem Badile-Anstieg um die schönste Kante in den Alpen. Wir singen dieses Lied gerne mit, obwohl natürlich niemand sämtliche Kanten kennt. Wo aber sollte schon Euphorie angebracht sein, wenn nicht auf dieser Himmelsleiter. Widersprechen können wir heute den Horrorberichten vom Massenandrang am Badile. Im Zeitalter des Sport- und Wettkampfkletterns scheint das Interesse an den klassischen langen Alpin-Kletterrouten spürbar abzunehmen. Sind 800 Höhenmeter, 1250 Klettermeter, 36 Seillängen, 4 bis 7 Stunden Zeitaufwand, Abstieg zu einer anderen Hütte, Rückweg 6 Stunden, sind solche Daten nicht mehr »in« bei den jungen Leuten? Werden sie als Monoton-Abenteuer geoutet? Oder sind wir an diesem Tag nur zufällig eine kleine Ansammlung von Glückspilzen an der Badilekante?

Die Christl aus München mit ihrem Bergführer hatten wir schon gestern an der Hütte begrüßt. Noch immer ist der Kreis der wirklich Bergnarrischen erfreulich klein. Man kennt sich, trifft sich unverhofft und freut sich drüber. An einem kleinen, sehr exponierten Rastplatz zückt die Christl einen kleinen Spiegel und zieht das Rouge ihrer Lippen nach. Für wen macht sie sich schön? Für uns? Für die Kamera, die sie nicht bemerkt – oder überhaupts? Den Paul Preuss, einen berühmten Kletterer zu Beginn des letzten Jahrhunderts, haben sie einmal gefragt, warum er beim Klettern eine Krawatte trage? Preuss meinte: »Sie gibt mir persönliche Sicherheit und Selbstbewusstsein. Und wo brauche ich davon mehr als beim Klettern?« Christl weiß also, was sie tut. Aber auch uns Krawattenlose vermag heute kein Komplex zu bremsen.

Die Kantenaufschwünge werden immer steiler, die Tiefblicke immer eindrucksvoller.

Versucht wurde der Anstieg über die Kante erstmals 1892 von dem Schweizer Bergführer Christian Klucker. Zum ersten Mal beklettert wurde sie 1911 von den Gebrüdern Calegari; doch die Begehung wurde nicht anerkannt. Die Brüder waren zunächst zur Hälfte hinaufgestiegen, kehrten um, seilten vier Tage später vom Gipfel ab zum erreichten Punkt und kletterten dann wieder hinauf. Warum sie die kühne Tat nicht einwandfrei wiederholten, fragt man sich. Jedenfalls werden als offizielle Erstbegeher erst zwölf Jahre später, nämlich am 4. August 1923, die Herren Risch und Zürcher geführt. So sportlich waren damals schon die Bräuche.

Apropos sportlich: An einem plattigen Riss zieht eine junge, dynamische Seilschaft an uns vorbei. Sie grüßen freundlich bayerisch-fränkisch und sprechen mich an, weil sie mich aus der Sendung »bergauf – bergab« kennen. Aber schon sind sie katzengeschickt an uns vorbei. Der Paul und ich schauen ihnen von unserem Standplatz aus bewundernd nach. Dann will der Paul einen kleinen Schichtüberhang angehen, über den der zweite Franken-Boy gerade verschwunden ist. Er überlegt, setzt einmal an, dann steigt er ganz ruhig wieder zurück und sagt in seinem herrlichen Schweizer Tonfall: »Ich komm da nicht hinauf. Wir werden jetzt ganz gemütlich etwas nach rechts queren und eine einfachere Stelle für uns finden.« Er sagt es und tut es und redet weiter, und ich weiß nicht, spricht er mit sich selbst, mit dem Fels oder mit mir. Ich versteh ihn sowieso nicht mehr, denn er kommt gut und stetig voran. Zwei Seillängen später treffen wir ganz überraschend unsere beiden nordbayerischen Buben wieder. Sie liegen in der Sonne und meinen »Geht denn das ewig so dahin? Jetzt sind wir schon sechzehn Seillängen geklettert, das längste waren für uns bisher zehn bis zwölf Seillängen. Ihr kennt euch aus, wie viele Längen klettert man denn an dieser Kante?« Wir sagen: »Sechsunddreißig!« Die Kerle erschrecken fast, zumindest staunen sie sichtlich. »Und dann?« »Dann klettert man südlich leicht, aber weit ab, übernachtet in einer italienischen Hütte und wandert, geht, steigt morgen über zwei Passübergänge wieder zurück ins Bondascatal.« Diese Information macht sie fertig. Sie tun jedenfalls so, als hörten sie diese Zumutung zum ersten Mal. Um es kurz zu machen: Die beiden phantastischen jungen Kletterer entschließen sich an Ort und Stelle zum Abseilen. Sie verabschieden sich und fangen sofort damit an. Wir beiden Oldies verstehen die alpine Welt nicht mehr. Mit viel Kopfschütteln begehen wir die folgenden Seillängen und ich stelle beglückt fest, in welchem Maß die Badilekante nach oben hinaus an Schönheit, Steilheit und Luftigkeit steigerungsfähig ist.

Irgendwann um die Mittagszeit sind wir droben auf dem waagrechten Gipfelgrat des Piz Badile, 3308 Meter hoch. Man schüttelt sich die Hände, dankt einander, ist stolz, freut sich, rastet und ratscht. Aber die Tour ist – wie gesagt – noch lange nicht zu Ende. Wir stehen auf dem Grenzkamm und schauen hinunter nach Italien zum Rifugio Gianetti, 800 Meter tiefer. Die Hütte ist unser Tagesziel.

Keiner denkt auf dem Gipfel der Freude daran, dass wir uns dort droben und auf diesem Abstieg auch an den Plätzen tiefster Verzweiflung aufhalten. Es vergeht kaum ein Jahr, in dem dieser Normalweg auf den Piz Badile nicht zum Schauplatz dramatischer Unfälle wird. Die Opfer sind fast immer Kletterer, die aus den langen Nordrouten kommen, in

Mit Paul Nigg am Piz Badile

einen Wettersturz geraten oder aber glauben, an der Südseite einen leichten Abstiegstrampelpfad vorzufinden. Bei eingeschalteter Euphorie und abgeschalteter Konzentration kann dieser Abstieg gefährlicher werden als der kühne Aufstieg. Der Piz Badile ist auch an der Südseite ein respektabler Kletterberg.

Am nächsten Morgen steht die Sonne vor uns auf. Zusammen mit den Freunden schlendern wir weglos bergauf. Es gab einen guten, preiswerten Rotwein auf der italienischen Hütte. Strafmildernd kommt hinzu, dass einer von uns Geburtstag hatte. Wir werden zwei Pässe oder besser Scharten überschreiten und zwei Täler durchqueren, um wieder ins Bondascatal zurückzukehren. Nicht ganz 1000 Höhenmeter aufwärts und nicht ganz 2000 Höhenmeter abwärts, so lautet das Tagespensum in Zahlen.

Der erste Übergang heißt Passo Porcellizzo. Oben werden die Rotweinrelikte völlig verraucht sein. Das ist auch notwendig; denn was folgt, ist heute heikel. Kletterschuhe und -sohlen eignen sich halt nicht für jedes Gelände. Unsere erfolgreiche GmbH – Gesellschaft mit beschränkter Haftung = Sohlenhaftung – bewältigt den steilen Schneeabstieg ins Val Codera fröhlich, mit nassen Füßen, aber voll konzentriert. Dieser Rückweg von der Überschreitung des Piz Badile darf als anspruchsvolles und einsames Bergtourenerlebnis ganz separat gewertet werden. Es steht dem Glanz des Vortages kaum nach. Ein natürliches Hoch beherrscht Körper und Geist und macht alles mühelos, auch den letzten Steilanstieg.

Nach dem zweiten Übergang sind wir wieder in der Schweiz. Die Trubinascascharte ermöglicht die Rückkehr an die Nordseite des Piz Badile.

Wie bei einem Kulissenwechsel steht plötzlich wieder die Kante vor uns. Eine bolzengerade, steile Schneide, die in den blauen Himmel zieht – in den Kletterhimmel! Nicht ohne Stolz schauen wir hinauf zum Weg von gestern. Während der Sepp das Schauspiel filmt, liegt der Paul auf einem Felsen und singt vor sich hin. Ich brauche Sepp nur wortlos anzuschauen und schon hält er auch den glücklichen Abgesang unbemerkt in Bild und Ton fest.

In einer Stunde werden wir drüben in der Sasc-Furâ-Hütte unseren Durst löschen und den Kreis schließen, aber damit immer noch nicht die Tour beenden; denn es folgt ein heißer Abstieg zum Bondascabach. Es geht nicht anders. Wir ziehen uns aus und schon sind wir drin im Gletscherwasser.

Nur der Paul schaut grinsend zu. Es dauert lange, ihn zu überzeugen, dass auch er untertauchen muss. Ich bin bis heute noch nicht sicher, ob wir ihm glauben dürfen, dass er an diesem Tag sein Bondasca-Badedebüt gefeiert hat. Ich sehe noch den drahtigen, dürren, weißen Bergell-Bergführer-Körper mit seinem braungebrannten Kopf und den braunen Armen.

Auf der Suche nach einem Fazit für die beiden Badile-Tage gefällt mir die Kurzformel »Hoch lebe die Landschaft und die Freundschaft!«

Heimatliches

Das Kamerateam, mit dem ich viele Jahre unterwegs sein durfte, ist nicht, wie ich, in München daheim. Der Sepp, der Hannes, der Raki und einige weitere wertvolle Auswechselmitarbeiter kommen alle aus dem Pfaffenwinkel. Und ob wir nun im Karakorum, in den südamerikanischen Anden, in den nordamerikanischen Rockys, in Island oder am Ruwenzori in Zentralafrika unterwegs waren, schon nach wenigen Tagen brach das Heimweh aus. Ja, schon auch das nach den Lieben zu Hause. Aber beim Kamerateam doch mehr ein »Heimatweh« als ein »Heimweh«. In der grandiosesten Umgebung der großen weiten Bergwelt fingen sie an zu schwärmen, wie schön es jetzt in den Ammergauern, in der Kenzen, am Wankerfleck und vor allem am Geiselstein wäre. Ich konnte mit diesem »Heimatweh« nie mitziehen, weil der Schuttberg in Mittersendling bei München diesbezüglich einfach nicht konkurrenzfähig ist. Um die Auslandsdurchhaltekräfte zu stärken, versprach ich dann zum Beispiel bei nächster Gelegenheit einen kleinen »bergauf – bergab«-Beitrag im Ammergauer Paradies, im Frühling mit dem Radl und dem Seil und dem Geiselstein.

Bevor wir losradeln, tut eine Begriffserklärung Not; denn so einfach ist das heutzutage nicht mehr, dass man einfach aufsteigt und losfährt, wenn's Frühling geworden ist im Gebirg. Man braucht ein Mountainbike und dieses ist kein Mittel zum Zweck des Bergsteigens mehr, sondern eine Alpinsportart an sich. Ausnahmsweise aber lässt sich ein Mountainbike auch nostalgisch, also bergsteigerisch benützen, mit einem ziemlich schweren Kletterrucksack im Kreuz.

Das Team: Hermann, Helga, Sepp und Hannes

Ein Radlberg ist und war für uns immer einer, der irgendwo weit hinten liegt und erst lang angegangen werden müsste, hätte es da nicht schon immer das Radl gegeben. In der Saison, das heißt, wenn viele oder alle zum Geiselstein wollen, dann gibt es von Halblech zur Kenzenhütte einen Pendelbus. Es braucht nicht erklärt zu werden, warum es dort hinten an einem Frühlings-Donnerstag außerhalb der Saison einfach schöner ist.

Es ist immer wieder das Gleiche, wenn er dann endlich da ist, tritt er so großartig auf, dass man ihm nimmer bös sein kann. Frühlingsandeutungen und Winterrückfälle hatten sich durch den Kalender gezogen – wochenlang. Aber jetzt nimmt alles wieder seinen prächtigen Lauf. Die Natur kommt neu in Schwung und wir auch. Der Jahresrhythmus braucht ein Vorne und Hinten. Sobald es wärmer geworden ist, sind wir immer mit dem Radl ins Gebirg gefahren, und nie hat man uns als Mountainbiker beschimpft.

Um bei der Nostalgie zu bleiben, die uns so alt erscheinen lässt: Das Wasser weist uns zwar immer noch den Weg nach oben und unten, aber es läuft kaum mehr so wie es selbst will. Es sei denn, es tut sich dann und wann gewaltig zusammen.

Was das alpine Radlwegangebot betrifft, so hat es sich gewaltig gesteigert. Es existieren annähernd so viele gesunde Forststraßen wie gesunde Bäume. Man wird doch noch einen traurigen Spaß machen dürfen! In Wirklichkeit überwiegt die reine Freude, und die ist steigerungsfähig im Einklang mit unserer Steigungsfähigkeit. Wird's dann aber zu steil, dann muss der ehrliche, der weniger ausgeprägte Selbstbetrüger einfach zugeben, um wie viel schöner es wäre, jetzt zu Fuß zu gehen. Aber so ein Hightech-Bergradl ist halt derart widerlich sportlich, dass schon der Gedanke an ein beschauliches Bergaufschieben als grobe Zerfallserscheinung gewertet werden könnte. Nur absolute Einsamkeit, vor allem aber das Fehlen einer Fernsehkamera, würde gewisse Handlungsfreiheiten gewährleisten. Auf die grundsätzliche Frage »Wo sind die Reservate der Ruhe?« gilt mehr und mehr die Antwort: »Weit weg und hoch droben und sie sind nur werktags in Betrieb.«

Momentan erkennen wir die Landschaft nicht mehr. Es mangelt uns am dichten Wald zum Verstecken der Fahrräder. Vor ein paar Jahren gab es ihn noch. Die kleine Bergsteiger-Gedenkkapelle haben sie zum Glück stehen lassen. Ob an einem religiösen Ort weniger geklaut wird? Ein Schloss soll das Gewissen bissiger machen.

Endlich sind wir keine Mountainbiker mehr, sondern dürfen Bergsteiger sein.

Wir halten Bilder fest, die sprachlos davon erzählen, wie der Frühling im Gebirg ausschauen kann und ein Bergbach und das richtige Wetter und eine fast 400 Meter hohe Nordwand mit einer grünen Wiese davor. Die alte Muskulatur registriert ganz nebenbei Umstellungsschwierigkeiten vom Bergauftreten zum Bergaufsteigen. Steile verwachsene Jägersteige bleiben sich Generationen lang treu – wenn sie respektiert werden. Und das werden sie hier.

Bald zwingt die Nordwand Klettererköpfe in den Nacken bis zur Genickstarre. Es ist von alten Erlebnissen die Rede und von den neuen senkrechten, kaum glaublichen Wegen. Unsereiner denkt vielleicht gerade noch an Hundstagen an den kühlen Schatten einer Nordwand. Jetzt, wo sie noch ganz winterlich ausschaut, gewiss nicht. Das Anklettern, also die erste Klettertour des Jahres, findet immer an der Sonnenseite eines Berges statt und darf auch nicht zu gaach sein, das heißt nicht zu anstrengend für Leib und Seele. Auch der sicherungstechnische Zustand einer Kletterroute macht sie mehr oder weniger anziehend. Wunderschöne, edle, glänzende Sicherungshaken, nagelneu hätte man früher gesagt, aber heutzutage werden sie ja gebohrt. Sie stärken die Klettermoral ganz wesentlich, grad zu Beginn der Saison, wenn der Bewegungsablauf noch vom Skibergsteigen geprägt ist und noch alles besonders steil erscheint.

Der Sepp am Seil ist erstens ein alter Freund und zweitens der Bergwachtchef der Region. Er weiß, was sich hier tut und wer es tut. Der Berg gehört dem Bayerischen Staat – theoretisch; praktisch gehört er dem Schleich Sepp vor der

Kamera und dem Wörmann Sepp hinter der Kamera, weil sie hier einheimisch sind. Das sind die Leut, mit denen man hier unterwegs sein muss.

Fast hab ich ein schlechtes Gewissen, weil ich in der vergangenen Sommersaison mit etlichen, sehr lieben Kollegen hier fremdgegangen bin. Ich hatte ein Seil mitgenommen, denn es war in München der Wunsch nach einer Kletterei laut geworden. Als wir dann aber alle miteinander unter den steilen Südabstürzen des Geiselsteins standen, wurde es still um diesen Wunsch herum. Nur eine der beteiligten Damen, die Lucy, die amerikanische Frau meines Freundes Wolfgang, verspürte ganz spontan Klettergelüste. Bar jeglicher Erfahrung in Sachen Climbing wollte die erfolgreiche Geschäftsfrau die Gelegenheit einfach nicht ungenutzt lassen.

Wir stiegen in die Geiselstein-Südverschneidung ein. Beherzt, lustig, angstfrei stieg sie die erste leichte Schrofenseillänge nach. Als in der eigentlichen Verschneidungsplatte das Gelände steiler und etwas griffärmer wurde, erkundigte sich Lucy, ob sie sich zum Höherkommen auch an der »Schnur« festhalten dürfe? Ich gab zu Bedenken, dass eine derartige Fortbewegungsart nicht mehr Climbing, sondern allenfalls noch Lifting genannt werden könnte. Ziemlich leer gepowert, aber immer noch happy kam sie zu mir herauf. Ohne jede Panik stellte sie sachlich fest, dass das Climbing-Event für sie genau hier enden müsse. Sie war allerdings ziemlich ratlos, wie sich das in der Praxis bewerkstelligen ließe.

Um es kurz zu machen: Die Leichtigkeit und Luftigkeit unseres Rückzugs versetzte die liebe Lucy in helle Verzückung. Es machte ihr Spaß, sich endlich an der »Schnur«

festhalten zu dürfen und einfach abgelassen zu werden. Sie war sehr interessiert am effektvollen und einfachen klettertechnischen Einsatz von Seil, Bohrhaken, Karabinern und Sicherungsschlingen und bedankte sich – wieder auf festem Boden – herzlich für ein großes Zwei-Seillängen-Geiselstein-Südverschneidungs-Adventure. Ihre Freude war für alle ansteckend und zog sich durch den Rest des Bergtages.

Heute freilich, an diesem Frühlingsdonnerstag, haben wir uns mit gewohnter Routine durch die Verschneidung gefilmt, hocken zufrieden am Gipfel und würden momentan mit nichts und niemandem auf der Welt tauschen.

Frohsinn und Fertigkeiten lassen leicht Gefahren vergessen. Der Geiselstein ist ein Kletterberg – von allen Seiten. Auch am Normalweg gibt's nur steile Felsen und keinen Weg. Dass auch der II. Schwierigkeitsgrad Konzentration verlangt und keinen Ausrutscher verzeiht, hat sich leider in jüngster Vergangenheit wieder einmal gezeigt. – Der Pfarrer vom Talort Halblech stürzte, an seinem Hausberg, tödlich ab – dort, wo er glaubte, jeden Griff zu kennen.

Wir vertrauen uns der Technik an: Abseilen! An Abseilstellen dieser Güte wird es zum Vergnügen. Nach dem Abseilen erfährt die Gesamteuphorie bei mir eine gewisse Einschränkung. Moderne Kletterschuhe eignen sich ausschließlich zum Klettern. Gehen muss der Mensch im Gebirg mit bequemeren Schuhmodellen. Wir muten den Schuhen, vor allem aber den Füßen und Beinen schon einiges zu. Es handelt sich halt um eine Leidenschaft, die leider früher oder später Leiden schafft. Auch Alpinistenkniegelenke wollen beim Jungbleiben oft einfach nicht mitspielen. Knieschnackler hin oder her – der romantische Abstieg wirkt wie ein Allheilmittel. Es scheint so, als würde sich der Spielplatz für Bergsteiger jedes Jahr schöner erneuern als das Jahr vorher. Wenn's nimmer so kraftvoll und nimmer so schnell auf und ab geht, wächst gerechterweise die Aufnahmefähigkeit fürs Hintergründige. Nichts gegen die moderne Action. Es lebe das Mountainbiking, das Freeclimbing, Trekking, Jogging, Walking, Rafting, Canyoning, Paragliding, Skating, Boarding, Skiing usw. Gepriesen seien das Flowerwatching und Springfeeling. Aber lasst uns bitte auch noch ganz schlicht und eigenverantwortlich ins Gebirg gehen zum Radln, zum Kraxln und zum Nachschauen, wie's grad Frühling wird.

Natur pur

Die Naturwissenschaft bestimmt unseren Alltag. Die Naturheilkunde wird kaum mehr ernst genommen. Es mangelt vielfach an Naturalien. Naturreligionen sind abgeschafft. Naturvölker sterben aus. Naturgesetze und -rechte veralten. Naturalismus kommt und geht. Auf unser persönliches Naturell legen wir gesteigerten Wert. Naturfreunde sind organisiert. Die Natur selbst wird verwaltet, kommerzialisiert und manipuliert. Nicht mehr natürlich ist sie – die Natur, sondern nur noch naturnah, naturgerecht, naturverbunden, naturbetont, naturbelassen, naturgetreu. Vielleicht leben wir in einem Naturverschnitt, dank der Evolution und der Kulturentwicklung.

Ich hatte einmal einen Mathe-Lehrer, der erzählte uns immer etwas vom Urknall und dass alles danach mit der Küchenschabe wieder von vorne beginnen werde. Und die Küchenschabe müsse sich dann wieder bis zum Homo sapiens empor arbeiten. Aber das würde von Fall zu Fall eine Weile dauern.

Aus dem eigentlichen Mathe-Lehrplan von damals ist kaum etwas bei mir hängen geblieben. Diese Naturentwicklungsgeschichten freilich haben mich sehr beeindruckt und mich ein Leben lang zur Selbstbetrachtung der eigenen Gattung angeregt. Eine möglichst naturreine Lebensführung schien mir von Kind auf besonders erstrebenswert. Und wenn jemand da lebt, wo wir das Glück hatten, geboren worden zu sein, dann bietet sich das geradezu an.

Ab wann ich Natur gespürt habe? Als sich die Umstände nach dem Krieg in München wieder einigermaßen normalisiert hatten, begannen wir sie nach und nach zu »naturalisieren«. Zwölfjährig etwa, fuhren wir mit der Straßenbahnlinie 25 zur Endhaltestelle Grünwald und naturabenteuerten uns isaraufwärts. Weglos, im Wasser, im Schilf, im Sumpf, im Wald, an steilen Konglomerathängen, auf Unfug und Mutproben bedacht. An Nachmittagen oder Sonntagen, ohne Eltern natürlich. Bei vielen von uns hatte der Krieg sowieso nur die Mütter übrig gelassen. Es waren wilde, schöne, natürliche Jagdgründe, die sich für uns auftaten und die sich später immer weiter nach Süden in die Berge verlagerten. »Was hat sich an dieser begnadeten Lebensform im Verlauf der zweiten Hälfte des 20. Jahrhunderts geändert?«, fragt man sich jetzt zu Beginn des 21. Geändert heißt die Frage, nicht verschlechtert!

Unsere Lausbubenmentalität wäre in Ansätzen immer noch vorhanden, aber sonst? Alles hat sich geändert. Und dieses »Alles« ist so umfassend, dass es schwer fällt, mit Beispielen anzusetzen.

Kinder spielen heute an pädagogisch wohl durchdachten altersgerechten Spielplätzen mit Abenteuercharakter. Zum Glück für unsere Enkel, wenn sie zu Besuch sind, haben wir in der Nähe eine besondere Auswahl davon – im Gelände der Internationalen Gartenbauausstellung. Es gibt dort hundekotfreie Wiesen zum Fußballspielen, Korbball- und Hockeyplätze, Riesenrutschen, Hängebrücken, Kletterwände, Wasserfälle, Seilbahnen, Drehscheiben, Miniaturberge, Blumen, Gänse, Karpfen, Radl- und Joggingwege – bergauf und bergab. Und dazu Kultstätten: buddhistische, hinduistische, chinesische, japanische und bayerische. Eltern, Großeltern oder Aufsichtspersonen sehen jederzeit nach dem Rechten. So etwas allumfassend Großartiges kann es natürlich nicht überall geben, aber trotzdem entspricht es dem modernen Entwicklungstrend.

Natursport ist längst ein Reizwort. Gute Freunde von uns huldigen dem Natursport Golf und fühlen sich damit sehr naturverbunden – nach der Devise: Oft Golf = viel Natur. Liebe Freunde, verzeiht mir die Frage: Wie viel hat ein Golfplatz mit der Natur an sich zu tun? Ich kenne in der Natur nichts Unnatürlicheres als einen Golfplatz.

Nehmen wir ein anderes Naturwunder, eine schöne Frau zum Beispiel. Wenn sich die Dame aufwändig herrichten lässt, wird sie schön sein, attraktiv, gepflegt, anziehend, extravagant usw. *Natürlich* ganz bestimmt nicht mehr.

Eine eigenartige Form von Naturverbundenheit, obwohl damit heftig geworben wird, signalisieren auch Cabrios oder Range Rover, sogar Zigaretten. Ein abendfüllendes Thema wäre unsere Ernährung und all das, was man uns unter dem Titel Gesundheit, Bio und Öko angedeihen lassen will.

Natur ist einer der meistgeschundenen Begriffe, über die wir reden, schreiben und nachdenken müssen. Wo drückt unsere geliebte Gebirgsnatur der Schuh? Ich wage zu behaupten: Unser Schuh, mit dem wir auf dem Berg herumsteigen, drückt die Natur am allerwenigsten. Derart natürliche Naturbegehungen wird man uns nicht verwehren können, auch wenn es überdynamische Naturschützer hie und da versuchen. Was aber haben wir nicht alles verändert, um die bergige Natur befahren zu können mit motorisierten Rädern oder mit Skiern? Die Natur vom Auto aus, vom Liftsessel aus, von der Hotelterrasse aus verkommt zum sportlich Modischen, zum »Statussymbolischen«. Man degradiert sie zur attraktiven Kulisse. Und der Vorwurf, falls wir nicht schon vergessen haben, ihn uns zu machen, trifft uns alle. Haben Sie Naturkatastrophen nicht auch schon wie Zurückschläge, wie natürliche Strafmaßnahmen empfunden? Sind wir noch Naturgeschöpfe? Sind sie noch zu finden, die Möglichkeiten körper- und geistnaher Naturverbundenheit?

Ich bin Optimist, ich meine immer wieder, es spricht viel mehr dafür als dagegen. Unsere Trägheit lässt uns nur meistens an der falschen Stelle suchen beziehungsweise auf verfälschte Angebote hereinfallen. Jeder aus der Bergsteigerzunft vermag seine ganz persönlichen großen Naturerlebnisse zu erzählen. Am eindrucksvollsten tut er das ganz sparsam und mit Hilfe einer Minimalzahl an Farbdias. Er weiß und verschweigt am besten, in welchem Maß ihm besser konditionierte Freunde im Ertragen natürlicher Strapazen überlegen waren. Er bewundert Indios oder Sherpas, die noch tatsächlich Bestandteil der Natur sind, wenn sie zusammengepfercht kalte Anden- oder Himalaya-Nächte anscheinend fröhlich überstehen. Er weiß, dass Osttiroler Bergbauern bei akuter Lawinengefahr mit der ganzen Familie tagelang das sichere Haus nicht verlassen und in welchem Maß diese Leute ihr ganzes Leben nach der Natur steuern müssen. Je nach Unternehmungslust, Geldbeutel und körperlicher Eignung kann heute fast jeder sich in der Wüste, an den Polen oder auf den Achttausendern herumtreiben. Und je eigenverantwortlicher und einfacher er unterwegs ist, desto mehr reine Natur wird ihm um die Nase wehen. Aber wer mag und aufpasst, der erlebt das Natürlichste jeden Tag, auch daheim.

Wenn der Föhnwind bläst, hab ich Kopfweh und steh ein bisserl neben mir. Wenn das Barometer gleich um einige Striche sinkt, funktioniert dieser Kopfdruck zuverlässig und ich brauche einen gewissen Konzentrationsaufwand, um zum Wohl meiner Umgebung meinen Gemütsabfall zu überspielen. Dabei hilft mir die tröstliche Erkenntnis, dass ich eben doch noch allen Naturschwankungen unterliege und damit ein funktionierendes Teilchen im Getriebe bin.

Ein noch größeres Wunder scheint unsere Wohnsituation zu sein. Leider wohnen wir in Sendling. Das ist ein südlicher Stadtteil von München, und es tröstet mich auch nicht, dass dieses ehemalige Dorf mindestens schon 400 Jahre vor der Gründung Münchens existierte und sich anno 1705 der Sendlinger Bauernschlacht rühmen kann. (Wichtiger sind mir persönlich die günstigen Autobahnanbindungen ans Gebirge!) Zu unserer reizvollen unmittelbaren Umgebung gehören ein Aldi, eine berühmte Wurstfabrik, eine Chemieforschungsfirma, eine Werkzeugfabrik und eine Zufahrtsstraße zur Weltfirma Siemens. Ich will eigentlich in den Bergen leben, bin aber einfach zu bequem, mich nach 45 Ehejahren scheiden zu lassen. Meine Frau will hier nicht weg. Ich beende die Abschweifung.

Immerhin ist es ihr gelungen, um unser kleines Haus herum ein Biotop zu erhalten. Wenn ich im Frühling die Zeitung um 5.30 Uhr regelmäßig vom Gartenzaun hole, toben Amsel, Drossel, Fink und Meise und die ganze Vogelschar. Wir beherbergen außerdem einen Specht, Raben, Krähen, keine einzige Dohle, dafür aber manchmal einen Papagei, exotische Enten und weiteres Geflügel aus dem Fundus des nahen Tierparks Hellabrunn. Zwei Igel hausen neben der kleinen Garage, einige Marder im – für die Garage zu großen – VW-Bus.

Zwischen drei Zwetschgenbäumen und einer langen, dichten Hecke (meine härteste Rentnerarbeit!) liefern sich ein schwarzes und ein rotes Eichhörnchen und eine Amsel-Großfamilie wilde Verfolgungsschlachten. Gäbe es die Hecke nicht, wären die Eichhörnchen längst der Lufthoheit erlegen. Um unsere alte Terrasse herum verdienen Ameisen, Schnecken und ein unausrottbares, weil offenbar mobiles Wespennest zur gegebenen Jahreszeit erhöht Beachtung. Von der Fauna zur Flora.

Wo meiner Gemahlin Hand oder Fuß den fruchtbaren Boden berühren, sprießt es üppig in allen Farben. An sämtlichen Hausmauern bis zum Giebel hinauf klettern und wuchern und ranken Russischer Wein und Efeu und wilde Rosen. Auf der Straßenseite steht seit Menschengedenken ein einziger, aber ganz offenbar wahnsinniger Apfelbaum. Wie kann ein so alter, auf und auf bemooster Obstbaum so fruchtbar sein? Er belastet sich jedes Jahr derart mit herrlich sauren Äpfeln, dass wir nicht versäumen dürfen, ihn an mehreren Stellen zu stützen. An den meisten Herbsttagen sitze ich schon im Morgengrauen Äpfel schälend in der Küche. Das regelmäßige Apfelkuchenessen zieht sich weit in die Adventszeit hinein.

Ich weile also in der Großstadt und sehe durch die beiden Fenster meines kleinen Arbeitszimmers über Monate nur Blühendes, Grünendes oder Verschneites. Wenn ich allerdings die schalldichten Fenster öffne, will der Ton nicht mehr zum Bild passen. Vom häuslichen Glücksfall zum bayerischen Glücksfall. Sämtliche Äußerungen dazu sind eigentlich bereits von der Wahlwerbung der vorherrschenden Landespartei besetzt. Ich werde mir Mühe geben müssen, parteienneutrale Formulierungen zu finden.

In unserer Region präsentieren sich die vier Jahreszeiten, wenn sie wollen, so ausgeprägt wie sonst kaum woanders auf der Welt. Ich gestatte mir diese Behauptung, weil ich das Glück hatte, sie überprüfen zu dürfen. Man braucht gar kein Dichter, Maler, Musiker oder Supersensibler zu sein, ein Ganzjahresbergsteiger, der die Augen aufmacht, genügt schon, um zum Beispiel das Verfirnen der Schneedecke zu sehen, das Brechen der glasigen Oberfläche zu hören oder das Ah und Oh der Lebens- oder Lebensabschnittsgefährtinnen beim Entdecken von Leberblümchen, Buschwindröschen, Krokussen, Wiesenenzianen usw., usw. Es kann schon ein bisschen Nationalstolz mitschwingen, wenn wir uns gemeinsam auf das Suchen der warmen Südanstiege und das Meiden noch schneebedeckter Nordhänge festlegen, wenn sich die Planung dann im Sommer von der heißen Südwand in die kühle Nordwand verschiebt und keine Wildbachgumpe mehr vor unserer Nacktheit sicher ist.

Und bald darauf deutet der Bergsteigerandrang schon wieder den Herbst an. Aber viel angenehmer tun es die Laubverfärbung und die Inversionswetterlage und der weinerlich schöne gelbwarme Lichteinfall, der alles so plastisch werden lässt. Die ganz notorischen Bergbesucher lassen nicht einmal die wenigen Spätherbst- oder Frühwintertage ungenutzt, in denen der Raureif seine Kunststücke fabriziert und die Luft nach der ersten Schneeflocke riecht. Noch Regen und schon Schnee, Wärme und Kälte können sich abwechseln und den Bäumen und technischen Verdrahtungen bis zum Zerreißen zusetzen.

Bis es dann endlich knirscht unter den Sohlen, der verschwitzte Pullover dampft und das Schneeweiß und Himmelblau seinem Namen so viel Ehre macht, dass keiner mehr seine Sonnenbrille vergessen darf. Der Genuss, einen unverspurten Pulverschnee-Steilhang mit Skiern deflorieren zu dürfen, bleibt unbeschreiblich. Letzten Winter war es so kalt an der Nordseite und die Schneekristalle waren so groß, dass es gerauscht hat, als wären wir in den Kies hineingefahren. Und über kurz oder lang wird's wieder firnig und der ganze Reigen beginnt von vorne.

Seit 1987, seit meine Frau und ich bergsteigerisch Gleitschirm fliegen, haben wir eine Naturdimension entdeckt, schätzen gelernt, lieben gelernt, fürchten gelernt, die wir früher viel weniger beachteten: den Wind.

Es ist manchmal unvermeidlich, dass wir auf einem Gipfel jemandem begegnen, der uns auf unsere großen Rucksäcke anspricht und wirklich nicht weiß was drin ist. Ich erzähl dann immer den alten Witz, wir könnten unsere Wohnung nicht zusperren und müssten deshalb alles mitnehmen. Die Wahrheit erkennend fragen dann manche: »Wo springt ihr denn da hinunter?« und »Miteinander oder jeder einzeln?« Tatsache ist, wir liefern uns oft und immer wieder einem Element aus, das wir nicht sehen. Umso mehr spüren wir es, sobald wir (jeder mit seinem Gerät) den Boden verlassen haben. Manchmal, bei stärkerem Wind, helfe ich meiner Pilotin in der Startphase. Sobald ich sie loslasse, muss sie sich selber helfen. Einige Male habe ich sie schon mit einem schlechten Gewissen losgelassen und den unsichtbaren Wind um Gnade für sie gebeten. Eines baldigen Tages werden wir aus Altersgründen unsere Flugschirme nicht mehr auf den Berg hinauftragen können. Dann wird das Naturelement Wind für uns wieder die normale Bergsteigerdimension einnehmen. Aber das kann noch eine Weile dauern. Hoffentlich!

Sie wissen natürlich, wie viele und vielfältige Naturbetrachtungsmöglichkeiten noch zu finden wären. Jedenfalls mehr als uns ein- oder auffallen. Vom Schlechtwettergenuss übers weglose Unterwegssein zum nächtlichen Naturschauspiel im Freibiwak. Oder wenigstens ein Tagwerden-Erlebnis, wenn wir sehr früh aufstehen. Ein Sonnenaufgang schenkt uns mehr als ein Sonnenuntergang. Ein frischer Tag ist mehr wert als ein gebrauchter – bilde ich mir ein.

Zu guter Letzt scheint es mir besonders spannend und ergiebig und nahe liegend zu sein, dass wir uns, die Menschen selber, in die natürlichen Begegnungen einordnen und dabei

Tugenden wie Eigenliebe, Nächstenliebe, Verbundenheit, Akzeptanz und Toleranz eine Rolle spielen lassen. Und damit wird jedes Mehr oder Weniger da oder dort ein Gedankenspiel, und eine geschminkte Schönheit kann uns genauso glücklich machen wie eine natürliche.

Auch wenn es oft kaum mehr den Anschein hat, sind wir alle noch »Natur pur«.

Abruzzen-Abenteuer

Unser Beitrag zur Europäischen Union heißt Leonardo d'Amico und das kam so: Unser Sohn Michael hat die Italienerin Alessandra d'Amico geheiratet, und die internationale Zusammenarbeit der beiden blieb nicht ohne Ergebnis. Vielleicht heißt der winzige deutsch-italienische Mischling auch Leo oder Hartl Magerer. Wir wissen es nicht, denn wir sind nur die Großeltern. Aber immerhin haben wir damit eine gewisse Vorarbeit geleistet. Die Entwicklung der Fusion verdient erwähnt zu werden.

Unser Sohn urlaubte einst in den Abruzzen. Die bergige Region liegt ziemlich genau 1000 Kilometer südlich von München, östlich der ebenfalls bedeutenden Stadt Rom. Gebirgsgruppen nahe der Dreitausendergrenze hatten wir in unserer Familie den Italienern gar nicht zugetraut. Auf Mittelmeerstrände beschränkte sich unsere Vorstellung von Bella Italia.

Gleich wie, Michael fand Alessandra aus Pescara am Adriastrand, und in den folgenden Jahren verbrachte er seine Freizeit bei ihr oder auf der Autobahn zwischen München und Pescara. Sie sprachen zunächst Englisch miteinander. Die Eltern durften nichts wissen von der Liaison, weil für die jüngste d'Amico-Tochter ein Geschäftsmann aus Mailand vorgesehen war. Bei den gemeinsamen italienischen Freunden hieß der lange Dürre aus der Oktoberfest-Stadt »Michele lo Scandalo«. Doch irgendwann wurde unser Sohn offiziell akzeptiert und war der erklärte Liebling der Jüngsten und der Ältesten aus dem Haus d'Amico – der von Alessandra und der der 98-jährigen Nonna. Bald hatten auch wir eine neue große Abruzzesen-Verwandtschaft, mit der wir kein anspruchsvolles Gespräch führen können und sie mit uns auch nicht. Meine Frau und ich benützen die wilden Abruzzengebirge zum Bergsteigen, Skifahren, Radfahren und Gleitschirmfliegen. Unsere Verwandtschaft fährt mit den Autos aus der Stadt Pescara ins Landhaus am Fuße der Maiella-Berge und zurück. Wir versuchen herzliche Essenseinladungen abzuwiegeln, sooft es nur geht; denn sie beginnen frühestens um 21 Uhr. Um 21 Uhr oder kurz danach schlafen wir. Wir essen um 17 Uhr, wenn wir aus den Bergen zurück kommen. Die Abruzzesi schütteln fassungslos die Häupter über so geartete bavaresische Großeltern.

Meinem guten Freund Michel Gaukler aus Geitau bei Bayrischzell habe ich vor ein paar Tagen erzählt, was wir so in Italien machen und dass unsere Verwandtschaft meint, wir würden spinnen. Und da sagt er, der Michel, von dem ich mir eingebildet habe, dass er uns leiden kann, er sagt: »Ihr spinnt's ja auch wirklich!« Jetzt wird es Zeit, ein paar Abruzzen-Abenteuer zu erzählen, wie wir sie zu zweit oder mit etwa gleichaltrigen bayerischen Freunden dort unten erlebt haben.

Natürlich hatten wir uns auch »sehr manchmal« den Adriastrand nördlich von Pescara zum Ziel gesetzt für unsere Radltouren, aber nur meiner Frau zuliebe. Im Gegensatz zu Reinhold Messner kann ich nämlich schwimmen. Ich übe es nur nicht aus. Meine Schwiegertochter Alessandra kann überdimensional gut und gern schwimmen. Würden wir aus unserer Familie Magerer eine Schwimmstaffel bilden, wir wären dann fünf, zwei Damen und drei Herren, und gegen die Alessandra antreten, hätten wir alle zusammen gegen die Italienerin allein nicht den Hauch einer Siegeschance. Aber zum Glück kommt bei uns keiner auf eine solche Idee – ich am allerwenigsten! Soviel zum Thema Badestrand.

Als wir in den Abruzzen noch keine feste Herberge besaßen, mieteten wir uns im Landesinneren in einem herrlichen alten Castello ein. Mit Turm und Söller und Rittersaal und Freitreppe und vielen winkeligen Kammern und Kellern. Der Jackl, der Wiggerl, die Helga und ich. Wir bestiegen gemeinsam den Gran Sasso bei Schnee und Eis und einige andere, zum Glück apere Berge. Wir radelten im anspruchsvollen, immer bergigen Gelände viele Kilometer und Höhenmeter. Genossen Kulturelles, Landschaftliches, Romantisches in vollen Zügen und mit einer Nachhaltigkeit, die nur das fortgeschrittene Alter beschert. Eines Tages bauen wir um 17 Uhr unser stilvolles Abendmahl im Castello auf, genau unterm Bogen des Hauptportals oberhalb der Freitreppe. Sie fußt in einem kleinen Innenhof, von wo man zwei enge Dorfgassen erreicht. Keine Straße stört die verschachtelten alten Häuser. Zugegeben, es muss ein bescheidener Landadeliger gewesen sein, der hier seine Landarbeitskräfte um sich scharte, aber selbst nicht viel mehr war als der »Primus inter pares«.

Nudeln braucht der Rad- und Bergsportler für den kommenden schönen Tag und er bekommt sie. Seit Tagen in allen Variationen. Und dazu trinkt er selbstverständlich Montepulciano d'Abruzzo in Rot. Doch die gute Stimmung fließt nicht nur aus der Flasche oder dem Glas, sie fließt aus dem ganzen Tag und aus der ganzen Woche. Plötzlich löst sich im Dämmerlicht ein Schatten vom alten Gemäuer und landet auf Helgas Schulter. Sie sackt etwas zusammen. Es muss mehr sein als ein Schatten. Er springt weiter auf den Deckel einer Keksschachtel auf dem Tisch, wird hochkatapultiert auf Wiggerls Rücken, der aufspringt und schreit. Und schon wechselt das Ungetüm hinüber in die Wandverschneidung des Torbogens. Hätte ich die Aktion gestoppt, es wären kaum mehr als zwei Sekunden herausgekommen. Doch jetzt

Das Castello

gönnt sie uns Zeit, die liebe kleine Ratte. Die Zeit, die wir brauchen, um sie genau zu identifizieren, unseren Schreck hinunterzuschlucken und in schallendes Gelächter auszubrechen. Was für ein gelungener Tag. Nein, wir mindern nichts am Mietpreis. Wir verraten der Schlossbesitzerin nichts vom Zusatzprogramm durch Schlossgeister.

Die Schlossbesitzerin ist eine erfolgreiche italienische Malerin, die auch Spaß versteht. Wiggerl stellt das tags darauf ungewollt auf die Probe.

Die Dame bewohnt den unteren Teil des Schlosses. Der Zustieg vom Fahrrad-Einstellraum unten hinauf in unsere Gästegemächer gestaltet sich etwas kompliziert, verwickelt, steil, eng, dunkel, besonders für Wiggerl. Er ist Brillenträger, 75 Jahre jung und er hat, vom sonnigen Nachmittag hereinkommend, im Düstern des Schlosses seine Orientierungsprobleme. Wiggerl erzählt: »Ich stolpere durch dunkle Räume mit vielen Türen. Stoße mich dreimal am selben Tisch, stolpere über mehrere Schwellen, stehe in einem duftenden Raum vor einer wildfremden Badewanne, suche verzweifelt die enge, steile Treppe nach oben. Überall sind die Fensterläden zu. Plötzlich stehe ich vor dem Bett der gnädigen Frau. Sie liegt drin. Es ist Siesta. Ich hab sie gar nicht genau gesehen, aber sie hat gelacht und mir den Weg gewiesen.« Nach der Erzählung habe ich dem Wiggerl gesagt, er hätte die dunklen Sonnenbrillenaufsätze abnehmen sollen, dann hätte er die gnädige Frau genauer gesehen.

Der Burgsöller liegt etwa 300 Meter über dem Adriaspiegel. Wenn wir dort oben frühstücken, sehen wir den Monte Camicia. Er gehört zur Gran-Sasso-Gruppe. Sein Gipfel erhebt sich etwa 2600 Meter über das Meer. Als ich das erste Mal mit Helga, Michael und Alessandra oben war, waren wir alle sehr begeistert. Der Berg wächst im Süden aus einer grandiosen Hochfläche heraus, dem geschichtsträchtigen »Campo Imperatore«, 1600 Meter. Es führen aus mehreren Himmelsrichtungen Straßen dort hinauf. Noch nie habe ich das als Landschaftsbeeinträchtigung empfunden. Wahrscheinlich der ungeheuren Weite wegen und weil dort oben so wenig los ist. Nordwärts fällt der Blick von der Camicia über 2000 Meter hinunter ins grüne Hügelland. Viele ebenmäßige Buckel, 100 bis 300 Meter hoch, vielfach gekrönt von zusammengepferchten Siedlungen. Hier, vom Monte Camicia, müsste man hinausfliegen in diese für uns weitgehend unbekannte Traumlandschaft. Nicht müsste, man muss hinausfliegen, das steht seit dem ersten Anblick bei mir fest. Spielt Helga mit? Geteilte Freude ist doppelte, das stimmt bei unserer Fliegerei immer wieder. Es muss, um nicht völlig Unvernünftiges zu tun, einiges organisiert, geplant, ins

Kalkül gezogen werden. Zuerst einmal bastelt Wiggerl an seinem Handy herum, bis wir uns gegenseitig anrufen können. Helga und ich werden morgen sehr früh zum Campo Imperatore hinauffahren. Sehr früh deshalb, weil schon gegen Mittag die Thermik und die Wolkenentwicklung für unser Fliegen zu stark sein wird. Der Temperaturunterschied von unten nach oben ist jetzt im Frühsommer bei einer Höhendifferenz von 2300 Metern so gewaltig, dass die entstehenden Aufwinde des Guten viel zu viel sein werden, vor allem für Helgas Leichtgewicht. Jackl und Wiggerl werden im »Ratten«-Castello warten, bis wir von oben anrufen, ob wir fliegen können. Irgendwo glücklich gelandet, werden wir wiederum melden, wo wir uns befinden. Mit Hilfe von Landkarte und Auto werden sie uns dann einsammeln.

Helga und ich sind schon eine Stunde unterwegs vom Campo zum Gipfel, als ein klarer, kühler, windiger Tag anbricht. Weniger windig wäre uns lieber. Nach zwei Stunden am Gipfelgrat weht der Wind geradezu unsympathisch und er tut sich aufs Unangenehmste mit der Kälte zusammen. Was man akzeptieren könnte ist die Windrichtung und eine umwerfende Sicht hinaus ins weite Land. Wären wir cool genug, könnten wir sie genießen, aber wir sind nur kalt und nervös. Ich verstaue Helga und die Fluggeräte hinter einem Felsen im Windschatten. Dann rufe ich die Freunde an, dass wir jetzt eigentlich am Startplatz wären, aber zu viel Wind und zu wenig Mut haben. Lasst uns etwas warten, vielleicht wird der eine weniger und der andere mehr.

Ziemlich lange halte ich die Nase in den kalten Wind und registriere die ersten kleinen Wolkengebilde. Eine Entscheidung tut Not. Etwas später gehe ich zu meiner Frau hinter den Felsen und behaupte frech, der Wind wäre schwächer geworden. Sie ist anderer Meinung. Meine Ehegattin ist oft anderer Meinung, aber vor Gleitschirmflügen verstärkt. Und angenommen, sie würde wirklich starten, ob sie dann bei dem Wind vorwärts käme und wo sie, wenn sie vorwärts käme, hinfliegen sollte, aber vor allem, wo sie jemals landen sollte und überhaupts?

Dann legen wir unsere Schirme aus und beschweren sie an der Unterkante mit Steinen. Es weht mehr und mehr Gewölk oder Nebelfetzen aus dem Tal herauf. Bald werden die Fenster zu sein. Helga sagt nichts mehr. Ich rufe die Freunde an, sie melden mir, am Camicia wären Wolken. Hochinteressant, als wenn wir das nicht selber wüssten.

Dann helfe ich Helga, den Schirm hochzuziehen. Sekunden später verschwindet sie in einer Wolke. Ich beeile mich, stehe startbereit da und starre ins grelle, dahinfetzende Weiß. Suche ein Wolkenloch. Schon beim ersten Anschein reiße ich die Leinen hoch, denn besser wird's nicht mehr. Meine gespannte Aufmerksamkeit gehört zunächst dem Durchflug durch die Thermikwolke. Als ich draußen bin im Blau, gehört sie meiner Frau. Ich sichte den orangen Schirm nicht sofort, weil ich zu weit unten suche. Erleichtert orte ich ihn endlich und die Entfernung sagt mir, dass sie sich vorwärts bewegt. Bald werde ich sie durch meine gewichtsbedingt höhere Fluggeschwindigkeit eingeholt haben. Erst jetzt löst sich die Anspannung und gönnt uns das Schauspiel. Wir hängen 2000 Meter hoch über der grünen abruzzesischen Geografie. Noch wirkt sie wie eine Landkarte. Hinter uns brodeln die Wolken um das unsichtbar gewordene Gebirge herum.

Diese primitivste aller Flugmöglichkeiten ist unbeschreiblich verrückt und macht uns glücklich. Ich kreise, um Helga nicht zu überholen und kann mich etwa 100 Meter über ihr halten. Wo sie landen will, muss sie selber aussuchen. Die Landschaft unter uns bekommt allmählich Profil. Hügel,

Wälder, Wiesen, Wasserläufe, Straßen, Wege, kleine und größere Siedlungen. Sie muss ein Dorf ansteuern, haben wir ausgemacht, damit wir den Freunden sagen können, wo wir sind. Da draußen wäre ein größerer Ort, ob sie dort hinfliegt, ob sie noch genügend Höhe dazu hat? Ein Tal, eine Schlucht, eine Straße sind zu sehen, wenig vernünftige Landemöglichkeiten. Ich kenne meine Sicherheitspilotin. Sie wird nicht hinausfliegen zur Ortschaft; sie wird sich an die landwirtschaftlichen Lichtungen direkt unter uns halten. Ständige leichte Thermiken machen den Landeanflug gemütlich und langwierig. Ein paar Stallungen, Federvieh, zwei Esel, viele Bäume, dazwischen eine einigermaßen ebene Fläche, das reicht der guten Fliegerin und mir auch.

Als wir uns umarmen, riecht es ziemlich stark nach Schweinestall. Das bringt Glück, aber wir brauchen es nicht, denn wir haben es schon.

Wir verstauen die braven Fluggeräte, inzwischen vor uns hinschwitzend, im Rucksack und trotten hinunter zu einer größeren Straße. Menschen haben wir noch nicht gesehen. Die Esel konnten mir keine Ortsbestimmung anbieten. Ein Bauer auf dem Traktor schüttelt den Kopf über die beiden alten Tedesci mit den großen Rucksäcken, aber er verrät uns, dass der Ort fünf Kilometer nördlich Arsito heißt. Und schon erfahren unsere Freunde Jackl und Wiggerl durch mich, wie durstig und erwartungsvoll wir fünf Kilometer südlich von Arsito an der Straße im Schatten hocken.

Inzwischen kennen wir uns schon sehr viel besser aus in den Abruzzen, auf den Gipfeln, in der Luft und auf den ruhigen, bergigen Radlstraßen.

Wir wissen, dass es uns eigentlich viel zu gut geht, aber wir genießen es dankbar. Eine eigene Wohnung und ein eigener VW-Bus machen uns sehr unabhängig und mobil im geliebten Gastland Italien.

Ein Negativerlebnis, das aber eindeutig positiv endete, sollte nicht verschwiegen werden.

Heute radeln wir schon seit Stunden, erst durch romantische Dörfer, später eine einsame Asphaltstraße endlos aufwärts, über 1000 Höhenmeter aufwärts. Die schöne Straße führt nach nirgendwo, sie endet auf 1300 Metern Höhe an einer großen Lichtung im Buchenwald. Eine zerfallene kleine Hütte könnte einmal eine Alm gewesen sein oder ein Unterstand für Schwammerlsucher – keine Ahnung. Immerhin sind wir freundlichen Pilz- oder Trüffelsuchern mit ihrem Fiat dort oben schon begegnet. Nachdem wir das Tagesziel Waldlichtung genügend genossen haben, ziehen wir uns wärmer an und freuen uns auf die viele Kilometer lange Abfahrt. Wir besitzen gute Räder, leichte, so genannte Trekkingräder für fast jedes Gelände. Mit einer ausgezeichneten Schaltung zum Bergauf- und giftigen Bremsen zum Bergabfahren. Manchmal sage ich meiner Frau, dass ihr Abfahrtsstil in seiner jugendlichen Rasanz nicht ganz unserer Altersstufe entspräche – eventuell, gegebenenfalls. Ich hüte mich, von Osteoporose, nachlassender Reaktionsschnelligkeit oder Sehschärfe oder gar verminderter Sturzgeschicklichkeit zu sprechen und ich bin unsicher, ob man meinem senilen Gerede überhaupt zugehört hätte.

Wir fahren schließlich, der Karte nach, auf einer anderen Straße ab, um möglichst viel neue Landschaft kennen zu lernen. Was sie nicht verraten hat, die Karte, ist der Zustand der Straße. Er ist schlecht. Wetter- und erosionsgeschädigt windet sie sich verlassen abwärts durch Wald und Macchia. Die Bremsen quietschen bei mir und hinter mir. Plötzlich ein Geräusch, das ich hasse, ein Sturzgeräusch. Ich halte, lege das Rad hin und renne zurück. Sie liegt in der steilen Kurve. Blut läuft mir entgegen. Sie wimmert. Hände aufgeschürft, Kopfwunde. Ein Fahrradhelm wäre ein Segen gewesen. Sie will keinen. Ich auch nicht. Noch schlimmer, wir haben kein Verbandsmaterial, kein Handy, keinen Ausweis, kein Geld – nichts. Als ich noch überlege, mit welchen meiner Kleidungsstücke ich das Blut aus der Kopfwunde stillen soll, stehen plötzlich zwei Männer und eine Frau bei mir. Im Wald gibt es ein kleines Wochenendhäuschen – unsichtbar von der Straße aus. Während die Frau schnell zwei saubere Küchenhandtücher parat hat, telefoniert einer der Italiener bereits auf seinem Handy. Welch ein Segen, dass handylose Italiener praktisch ausgestorben sind. Er telefoniert ruhig, präzise mit der richtigen Stelle und den exakten Ortsangaben. Es dauert keine halbe Stunde, dann liegt meine liebe Frau erstversorgt im Sanitätsauto und wir fahren ins Krankenhaus der Kreisstadt Penne.

Ich habe selten eine so freundliche und gut ausgerüstete Unfallambulanz erlebt wie im Krankenhaus des Abruzzenstädtchens Penne. Ich sage jetzt nicht, da macht es fast Spaß, vom Fahrrad zu stürzen. Meine Frau wäre sonst vielleicht irritiert. Aber ein Pfleger reinigt und verpflastert die Hände. Eine Schwester streichelt sie. Ein Chefarzt näht die Kopfwunde. Ein junger Assistenzarzt legt den Verband an und impft gegen Tetanus. Man schiebt sie vorsichtshalber in eine nagelneu angeschaffte tomographische Röhre. Als ich beim Nachgespräch mit dem Chefarzt an die Grenzen meiner Italienischkenntnisse stoße und es mit Englisch versuche, hapert's beim Chefarzt mit dem Englisch und der Assistent bekommt verständigungsmäßig leichtes Oberwasser. Das mag der Häuptling gar nicht. Ich überbrücke irgendwie mit Deutsch-Italienisch und wir kommen uns wieder näher.

Beim Abschied gibt mir der Chefarzt den Rat mit auf den Weg, in den nächsten Tagen ganz besonders lieb und schonend mit meiner Gemahlin umzugehen, um ihr den erlittenen Sturzschock überwinden zu helfen. Das war eine überflüssige Bemerkung, wenn auch eine gut gemeinte.

Am Haupteingang warten seit langer Zeit unsere drei Retter vom Sturzort, um sich nach Helgas Befinden zu erkundigen. Das einzige, was wir im Krankenhaus Penne hinterlassen, ist unsere genaue Heimatanschrift. Wir harren lange der Rechnung, aber es kommt keine.

Übrigens, in Kürze wird unser Enkel Leonardo in den Abruzzen getauft. Falls wir uns bei diesen Feierlichkeiten den Magen verderben, lassen wir uns ins Krankenhaus von Penne einliefern. Basta!

Abfuhren

Seit über 50 Jahren bergsteige ich. Trotzdem bringe ich nur fünf Gipfel zusammen, die mich grob abgewiesen haben. Wenn ich davon ausgehe, pro Jahr 50 Gipfel bestiegen zu haben, das wird ziemlich genau hinkommen, dann ergeben fünf Abfuhren in 50 Jahren eine Erfolgsquote von 99,8 Prozent.

»So ein Blödsinn« oder »der arme Irre« werden Sie wahrscheinlich sagen und damit Recht haben. Trotzdem macht mir diese statistische Erkenntnis momentan Spaß. Sie können mich schon deshalb nicht als Angeber brandmarken, weil da viel zu viele harmlose Erhebungen dabei waren, aber das Alpenvereinsmaß von über 1500 Metern Meereshöhe erreichen sie samt und sonders. (Auf dem Nockerberg war ich nie.) Ich habe keine Gipfelbuchführung betrieben. Eine Alpinneurose kann man mir also nicht nachweisen. Konzentrieren wir uns auf die 0,2 Prozent Abfuhren (schlechtes Wetter, umkehren, auf Besserung warten gehören natürlich nicht dazu, das ist Bergsteigeralltag).

Es ist schon eine eigenartige Reihe von fünf Gipfeln, die mich da abgewiesen haben. Lage, Höhen, Namen und Gründe sind erwähnenswert. Es waren chronologisch geordnet der Hochferner im Zillertal, 3463 Meter, die Hekla in Island, 1491 Meter, der Sangay in Ecuador, 5230 Meter, der Ojos del Salado in Argentinien, 6908 Meter, und der Piz Kesch im Oberengadin, 3418 Meter.

Es gelingt mir auch nach ausgiebigem Grübeln nicht, irgendetwas Gemeinsames als Grund für diese Misserfolge zu finden. Es bleibt also nur der natürliche statistische

Schwund, der bei 0,2 Prozent überhaupt nicht als solcher bezeichnet werden kann. Jedenfalls kann ich jeden der fünf Besteigungsversuche mit einer Überschrift versehen.

1. Das Pech

Wir sind noch sehr jung, der Franz, der Hans, sein Bruder Berni und ich. Auf den Hochferner im westlichen Zillertal wollen wir über die Nordwand. Treffpunkt für den Samstagnachmittag ist die letzte Kehre auf der schlechten Straße zum Pfitscher Joch. Sie reicht ziemlich nahe an den Einstieg zur Hochferner-Nordwand heran. Die Freunde kommen mit dem VW-Käfer vom Franz. Ich bin stolzer Besitzer einer ziemlich neuen Vespa. Nach St. Jakob im Pfitsch, wo dann die Serpentinen zum Joch hinauf beginnen, komme ich auf der schottrigen Straße ins Schleudern. Ich tue genau das, was man bei einem Motorroller nicht tun soll, ich strecke die Beine seitlich vom Bodenblech und bringe das linke Bein beim Sturz zwischen Hang und Blech. Der Roller hat einige Kratzer, nichts Schwerwiegendes; der Sturzbügel hat seinem Namen Ehre gemacht. Man trug damals Wadlstrümpfe. Der Linke ist zerrissen, der Unterschenkel blutet mäßig. Ich ignoriere es, der Roller ist wichtiger.

Der Käfer parkt schon in der Kehre. Die drei Freunde brotzeiteln in der warmen Nachmittagssonne. Bald schultern wir unsere Rucksäcke und steigen steil hinunter zum Bach. Wir lagern in einem Unterstand, von dem man nicht weiß, ob man ihn als dreckigen Heustadl oder sauberen Schafstall einordnen soll. Weil wir sehr früh aufstehen wollen, versuchen wir, nach dem Teekochen zu schlafen. Mein linker Unterschenkel ist sehr stämmig, fast dick geworden. Er hindert mich etwas am Einschlafen, aber nicht lange. Irgendwann beim Umdrehen weckt mich der Schmerz. Ich sehe die Sonne und denk sofort, wir haben verschlafen. Wir wollten doch nachts losgehen. Wecker-Armbanduhren gab's damals nicht. Sofort mach ich Radau. Wir fangen alle an, unsere Rucksäcke zu packen. Es war nicht der Blick auf eine Uhr, es war der auf die Sonne, der mich plötzlich erkennen ließ, sie leuchtet auf der falschen Seite. Von dort, wo wir herkamen, von Westen. Die Freunde fragen mich, ob ich bei meinem Rollersturz nicht auf den Kopf gefallen bin und setzen unverzüglich ihre Schnarcherei fort.

Das Eis in der Nordwand ist dreckig, grau, hart und steil. Manchmal kommen Steine wie Geschosse durch die Luft. Wir registrieren sie erst, wenn sie unter uns einschlagen. Irgendwo rauscht Wasser. Ein Scheiß-Sport so was! Endlich wird es weniger steil, sogar flach, mit einer Schneeauflage. Der Beschuss hat aufgehört. Fast gemütlich wäre es, stünde nicht eine nahezu senkrechte Eismauer vor uns. Vielleicht 20 Meter ist sie hoch. Weiter oben dürfte eigentlich kein größeres Problem mehr auf uns warten. Franz ist unser Bester und unser Eis-Erfahrenster. Unsere Steileisbewaffnung von damals verhält sich zur heutigen ungefähr wie eine Steinschleuder zu einem Schnellfeuergewehr.

Ich weiß nicht mehr warum, aber beim Versuch, den ersten Haken ins brüchige Eis zu schlagen, stürzt Franz. Wir stehen nur ein paar Meter unter ihm im Schnee und es hätte eigentlich nicht viel passieren können, wäre da nicht knapp über Grund eine kleine Eisspalte gewesen, in der er sich mit einem Bein verfängt. Es bricht wie ein Stück Holz – wir hören es. Der Knöchel ist zum Glück nicht offen, aber stark verformt. Franz gibt keinen Laut von sich, aber es weicht jede Farbe aus seinem Gesicht.

Unsere Hilfsaktion sieht so aus: Mit Franzens Pickel und Beil versuchen wir, das Bein zu stabilisieren. Dabei verlässt ihn vorübergehend das Bewusstsein. In der etwa 50 Grad steilen Wand lass ich mich hinuntersichern und schlage eine Sitzvertiefung für ihn. Dann lassen sie ihn zu mir herunterrutschen. Franz hilft dabei mit bewundernswerter Energie mit. Die Methode bewährt sich Seillänge für Seillänge.

Zwei Begleitumstände bereiten uns Sorgen. Durch das Abrutschen wird unser Patient immer nässer. Schock und Kälte schütteln ihn. Je höher die Sonne kommt, umso mehr bedroht uns der Steinschlag. Franz kann sich nicht wie wir wegducken oder nach oben schauen, er muss hinnehmen, was kommt. Ein paar gnädige Treffer haben wir bereits eingesteckt. Nach angstvollen Stunden sind wir fast unten. Im Schutz eines Eisturms ziehen wir Franz möglichst viele trockene Kleidungsstücke an. Bevor wir friedliches Gelände erreichen, müssen wir noch ein Couloir queren, durch das es in Intervallen bösartig herunterpfeift. Es riecht, nein, es stinkt nach Mineralien. Sie heben mir den Gepeinigten auf den Rücken und ich versuche, möglichst ohne Beschuss hinüber zu kommen. Noch heute meine ich, das Stöhnen vom Franz im Ohr zu haben. Endlich bleibt nur noch der gefahrlose, aber steile Gegenanstieg hinauf zur Kehre und zu unseren Fahrzeugen. Hans und ich wechseln uns als Träger ab. Berni schleppt unsere gesamte Ausrüstung. Es ist heiß und das erste Gewitter schiebt sich schon kurz nach Mittag von Sterzing herein.

Franz will in ein Münchner Krankenhaus gefahren werden mit seinem VW. Ich werde ihn monatelang in der Orthopädischen Klinik besuchen. Der Fuß wird nie mehr so, wie er war.

(Irgendwann schickt uns der Wirt vom Gasthof in St. Jakob im Pfitsch die Südtiroler Zeitung mit einer ausführlichen Belobigung an die deutschen Bergsteiger für eine gediegene Selbstrettung. Es gab damals sowieso kein Handy und keinen Hubschrauber.)

Eigenbergung am Hochferner

Bei strömendem Regen fahre ich todmüde mit der Vespa über den Brenner zurück. Bei der Abfahrt zwingt mich ein plötzlich platter Reifen, einen Splitthaufen als Notbremse zu

Hilfe zu nehmen. Ich will flicken, bring aber die Ventilschraube ohne Flachzange nicht auf. Bei dem Wetter dauert es eine Weile, bis ich einen barmherzigen Tiroler mit Zange finde.

Ich bin nie wieder zur Hochferner-Nordwand gefahren.

Die folgenden drei Berge waren dienstliche und ich habe sie in den gesendeten »bergauf – bergab«-Beiträgen und in meinem ersten Erzählband bereits geschildert. Hier also eine Kurzbeschreibung.

2. Orientierungslosigkeit an der Hekla in Island

»Unterwegs mit einem Islandtief« hieß der Film. Trotz Karte und Kompass haben wir den mit 1491 Metern Höhe lächerlich kleinen Berg (vielleicht ist er zu klein?) einfach nicht gefunden. So hoch im Norden müsste doch die Kompassnadel geradezu stramm stehen, könnte man meinen – ganz im Gegenteil. Abgelenkt durch viele Magnetfelder tanzt sie munter im Kreis. Uns erging es ähnlich, nur alles andere als munter, bei Regen, Nebel und Sturm. Wir kehrten um, solange wir noch wussten wohin.

3. Höhere Gewalt

kann man unser Scheitern am Vulkan Sangay, 5230 Meter, in Ecuador nennen.

Eine Woche schwieriger Anmarsch lag hinter uns. Knapp an der 5000-Meter-Grenze war es aus. Im Nebel flogen uns heiße Trümmer um die Ohren. Es blieb wenig Zeit zum Überlegen. Wir flüchteten. Ein paar Stunden später, unten im Lager, sahen wir den Krater grandios explodieren. Wir waren dankbar für den Abstand. Der Sangay ist einer der aktivsten Vulkane der Erde.

Unser Film hieß »Sangay – das Restrisiko«.

Am Anmarschweg zum Ojos del Salado

4. Krankheit

Fast 7000 Meter (6908 Meter) ist der Ojos del Salado hoch. Er liegt an der argentinisch-chilenischen Grenze in einem schaurig kalten Wüstengebiet. Ich wäre gerne hinaufgekommen. Die Freunde waren oben und bis dahin gelang uns immer alles gemeinsam. Unsere Gesamttour führte uns von La Paz in Bolivien nach Santiago de Chile. Wir hatten die Atacama-Wüste durchquert, schon einige hohe Berge bestiegen. Von einem waren Hermann Wolf und ich sogar mit dem Gleitschirm geflogen.

Weil ich in einer heißen Quelle gebadet hatte und im eisigen Wind nicht schnell genug wieder in die Kleidung gekommen war, überfiel mich eine widerliche Blasenentzündung. Ständig große Höhe, Antibiotika, kaum essen, wenig schlafen machen aus einem Bergsteiger eine halbe Portion. Ich musste bei etwa 6300 Meter umkehren, weil ich neben der Allgemeinschwäche meine Hände und Füße nicht mehr spürte. Sturheit hätte mir an diesem Tag ein paar Extremitäten gekostet.

Ich habe mich gefreut, als die Freunde gesund, und auch noch mit Filmbildern, wieder bei mir im Hochlager waren.

Der Film hieß »Hohe Wüsten, wüste Höhen«.

5. Euphorie am Piz Kesch, 3418 Meter, im Oberengadin

Dieser Gipfel fällt aus dem Rahmen der fünf gescheiterten Versuche, weil ich auf dem Gipfel war, aber wegen des »Wie« möchte ich ihn hier einreihen. Ich könnte mich jetzt krampfhaft bemühen, Superlative zu finden, um die Schönheit des Oberengadins zu beschreiben. Aber das macht ja schon der Fremdenverkehrsverband von St. Moritz. Das heißt, ich weiß gar nicht, ob die Oberengadiner eine Werbung überhaupt notwendig haben bei ihrem Selbstbewusstsein.

Man hält es gar nicht für möglich, dass wir dreimal in diese edle, angeblich nur sonnige Region gefahren sind, um einen Film über eine Skitour auf den Piz Kesch zu drehen. Wir haben auch beim dritten Mal nicht das zustande gebracht, was wir wollten. Wäre die Arbeit in anderen Gebirgsregionen nur annähernd so mühsam und kostspielig gewesen, dann wäre die Sendung wegen Unrentabilität längst aus dem Programm genommen worden. Spätestens sobald wir von Madulein aus die Chamanna d'Es-cha des SAC erreicht hatten, pflegte sich das Wetter schlagartig zu verschlechtern und die Sicht auf maximal zehn Meter zu beschränken. Ich sendete einen Beitrag als Beispiel für die Unbilden der Wetterentwicklung mit netten Hüttengesprächen und weißer

Finsternis um die Hütte herum. Ich führte die geduldigen Zuschauer durch die verbauten Straßen von St. Moritz nicht ins Café »Hanselmann«, sondern ins Segantini-Museum. Ich hatte es zumindest vor, aber sie haben uns nicht hineingelassen mit unserer unaufwändigen Kameraausrüstung. Ein herablassendes Lächeln erntete ich und die Empfehlung, mich Monate vor Drehbeginn anzumelden und entsprechende Gebühren zu kalkulieren. »Werden, Sein, Vergehen«: Mit Giovanni Segantinis berühmtem Triptychon hätte ich die Fernsehzuschauer gerne für die fehlende Sicht aufs Licht im Oberengadin entschädigt. Ich war sauer, erstand einen Bildband im Entree des Museums und versprach, nie wieder zu kommen.

Der künstlerisch interessierte »bergauf – bergab«-Zuschauer genoss die drei Segantini-Gemälde aus dem Bildband wahrscheinlich nicht weniger als wenn wir ihn ins Museum hineingeführt hätten.

Giovanni Segantini konnte das Extrabesondere am Licht, den Farben und der Weite der Oberengadiner Berglandschaft ins Bild rücken. Unser Kameramann Sepp Wörmann hätte es vielleicht auch gekonnt, wenn ihm das Wetter die Möglichkeit gelassen hätte.

Wir haben das Oberengadin und seinen Piz Kesch zunächst vergessen. Uns reichte es. Dann aber filmten wir den Biancograt am Piz Bernina und das Puschlav drüberhalb des Passes. Als wir damit fertig waren, setzte die anhaltende Sonne immer noch die alpinistischen Feinheiten der Region ins rechte Licht. Kein Wunder, dass uns bei dieser Gelegenheit der Piz Kesch wieder einfiel. Der liegt ja direkt auf dem Weg, der ist ja praktisch überhaupt kein Umweg! Jetzt reißen wir ihn nieder, als Sommergipfel halt dann, wenn er sich im Winter schon so ziert!

Wir sind eine zusammengespielte Filmarbeiterfamilie, der Sepp, der Raki, der Hannes hinter der Kamera, meine Frau und ich im Bild, wenn es sein muss. Unser Motto heißt wieder einmal: »Wer ko uns scho was doa?« Wer kann uns schon etwas tun – das heißt, wie fühlen uns stark, motiviert, wohl. In Worte fassen kann man so was nicht, spüren muss man es. Die Sonne streift die weiten Südosthänge von Madulein zur Es-cha-Hütte hinauf. Nur noch ganz sanft, es wird Abend. Immer wieder baut Sepp die Kamera auf und spielt mit dem Licht. Wie macht das eigentlich ein Maler, wenn sich in der Zeit, die er zum Malen braucht, sein Landschaftsmodell stets verändert?

In Segantinis Dreier-Gemälde »Werden, Sein, Vergehen« wären wir momentan beim »Sein«. Drüben überm Inn scheint die letzte Sonne auf die Gipfel, im Vordergrund führen Bauer und Bäuerin ihre Viecher in den Stall. Unser Stall ist die Es-cha-Hütte. Es brennt schon Licht.

Wir denken wieder an den Maler, als wir am frühesten Morgen das »Werden« des Tages mit der Kamera festhalten. Segantinis »Werden« zeigt die wilden Bergellgipfel im ersten Morgenlicht. Bergellberge sehen wir von des Es-cha-Scharte aus noch nicht, aber den Gletscher und den Gipfelaufbau des Piz Kesch. Gemütlich und gut gelaunt arbeiten wir uns hinauf. Die Gipfelfelsen sind steil, aber ohne technische Schwierigkeiten – für uns doch nicht! Wer ko uns scho was doa? Seilfrei klettern wir hinauf. Meine Frau knapp hinter mir. Das Kamerateam filmt uns von oben. »Klettere ein bisserl weiter nach links«, sagt der Sepp, »dann habe ich einen schöneren Hintergrund.« Im sehr griffigen, aber fast senkrechten Gelände queren wir nach links. Ich habe die linke Hand seitlich am linken Griff. Er bricht aus. Es dreht mich sofort mit dem Gesicht nach außen und ich stürze. Helga duckt sich instinktiv an die Wand. Ich streife sie noch. Es geschieht ein kleines Wunder. Nach etwa fünf Metern bleibe ich mit meinem ziemlich großen Rucksack, Gesicht nach außen, in einem Kamin stecken – etwas brutal, mit einigen Abschürfungen, aber unbeschadet. Helga ist tief beeindruckt. Um Haaresbreite hätte ich sie mitgerissen. Was sein hätte können, darf man jetzt gar nicht bedenken. Es *ist* nicht. Die Freunde klettern herunter. Sie sind ziemlich blass. »Ich habe dich fliegen sehen, dann warst du weg«, meint der Sepp. Ich glaub, der Piz Kesch mag uns nicht besonders gern. Trotzdem steigen wir natürlich auf den Gipfel hinauf und tun unsere Arbeit. Die Euphorie über die Aussicht in die Bernina, den »Festsaal der Alpen«, ist etwas durch Nachdenklichkeit gedämpft. Das Triptychon Segantinis hat bekanntlich einen dritten Teil mit dem Titel »Vergehen«. Manchmal werden wir halt darauf hingewiesen, wie nahe wir tagtäglich dran sind.

Drunten auf der Hütte ist der Vorfall dann schon wieder ein Grund für eine verstärkte Lebensfreude. Die Sonne scheint warm, das Essen ist gut, der Wein auch. Schließlich sind wir so aufgekratzt, dass meine Handschuhe und meine lange Lieblingsunterhose oben liegen bleiben.

Ausrüstungsdruck

In meinem Schrank im Keller habe ich heute noch eine Bergsteigerhose, die ich mir 1957 bei unserer ersten Mont-Blanc-Besteigung in Chamonix gekauft habe. Die Hose wurde kaum getragen, ich habe sie immer geschont. Sie ist einfach zu schön. Vielleicht ist sie auch zu farbig für einen Typen wie mich und sie passt vielleicht auch nicht so gut zu dem Zeug, das ich sonst noch habe. Ich habe sonst noch sehr viel. Meine liebe Ehefrau wird mindestens einmal im Jahr saugrob zu mir und meint, ich müsse einiges, am besten alles abstoßen. Es ist so gesehen kein Segen, Besitzer eines großen Kellers zu sein. Ich bin eigentlich einig mit ihr, dass Besitzstand belastet, aber ich werfe trotzdem nichts weg.

Um wenigstens gedanklich eine Ordnung oder Gliederung zu schaffen, könnten wir bei der Ausrüstung des bergsteigenden Menschen unten anfangen, bei den Schuhen. Wanderschuhe braucht man mit Gore-Tex-Futter, wenn es feucht ist, mit Lederfutter für heiße Regionen. Ich besitze auch welche mit Leder und Gore-Tex. Ich weiß nicht wozu. Hochtourenstiefel müssen warm sein, eventuell aus Plastik, wenn Steileis ansteht. Oder ist es vielleicht doch besser, vollledernе Hochtourenstiefel zu benützen, um am Matterhorn nicht unterwegs zu sein wie der Storch im Salat?

Skistiefel für einen Bergsteiger waren schon immer ein Problem. Es gibt Skistiefel, mit denen man skifahren kann und es gibt welche, mit denen man gehen kann. Skistiefel, mit denen man skifahren und gehen kann, hat es noch nie gegeben.

Der Vers passt auch auf Extremkletterschuhe. Kletterschuhe für den IV. bis V. Schwierigkeitsgrad sind ein tragbarer Kompromiss. Der Piz Badile zum Beispiel lässt sich über die Badilekante mit gemäßigten Kletterschuhen einigermaßen bequem überschreiten. Sehr hilfreich wäre es, wüsste man immer genau, was auf einen zukommt. Man könnte aber auch tricksen, wie Hans Kammerlander, der uns über den Turnerkamp-Südgrat führte. Eine steile, grifflose Platte ist nur mit Reibungskletterschuhen begehbar. Hans, der Bergführer, hat irgendwann ein kleines Loch ins obere Ende der Platte gebohrt und einen Eisenstift hineingesetzt. Diesen Stift hat er mit dem Seil wie mit einem Lasso eingefangen und schon waren wir alle droben, ohne Spezialausrüstung für die kleine Stelle.

Sehr angegriffen wird man, wenn man mit Joggingschuhen zum Einstieg einer Klettertour geht. Mit dem Politiker und Bergsteiger Heiner Geißler hatten wir die lange und sehr alpine Wetterkante auf das Zugspitz-Massiv beklettert. Und nachdem wir uns alle nach der Kletterei auf den Schneeferner abgeseilt hatten, zogen wir unsere Joggingschuhe aus dem Rucksack und wanderten über die flachen Schneefelder zur Bergbahn.

Der Film wurde gezeigt und ekelhaft viele echte Bergsteiger haben sich daraufhin über den bodenlosen Leichtsinn aufgeregt. Trotzdem würde ich es sofort wieder so machen. Bergsteigen kennt keine verbindlichen Spielregeln, sonst würden wir es längst nicht mehr spielen.

Wir sind erst bei den Füßen. Was Bergsteigergamaschen angeht, bin ich total unterausgerüstet. Bei tiefem Schnee binde ich meine Hosenenden mit den Schuhbändern über die Stiefel. Das hat immer funktioniert.

»Winterstrümpfe riechen im Sommer noch«, hieße es, wären wir nicht großzügig mit Bergsteigerstrumpfwerk eingedeckt. Zugegeben, ich habe die Socken- oder Wadlstrumpfsituation früher oft etwas gestreckt, indem ich die Strümpfe nach einigen Bergurlaubstagen von außen nach innen kehrte. Auch Unterhosen funktionieren so variabel.

Auf dem Hosensektor treten von Fall zu Fall Fragen auf, die sich stichwortartig skizzieren lassen: Sommerhose, Winterhose, mit Latz oder ohne Latz, lange Unterhose, fein oder aufgeraut, Überhose mit oder ohne Seitenreißverschluss, kurze Hose, Zipphose, Leggins mit Turnhose. Die härtesten Typen in Sachen Hosen traf ich in den Südalpen Neuseelands. Bei dichtem Schneefall, der dort gerne schlagartig einsetzt, zieht man sich zwar Pullover und Anorak, aber keine lange Hose über. Blaugefrorene Knie scheinen dort so zünftig zu sein wie bei uns rote Wadlstrümpfe.

In unserem Keller zeichnen sich auch die Tendenzen, vom Naturprodukt Wolle zum flauschigen Kunststoff-Fleece und zurück, deutlich ab. Gegen Gore-Tex-Anoraks aller Gewichtsklassen und Armierungen ist seit Jahren kein Kraut mehr gewachsen. Dass man in solchen Hightech-Produkten überhaupt nicht schwitzt, ist und bleibt ein unauslöschlicher Werbegag, wird aber längst von niemandem mehr geglaubt. Immerhin zugegeben, »Ostfriesennerze« sind unangenehmer und die regenschützenden Naturprodukte sind alle viel schwerer. Wie oft schon wollte ich eines meiner mannigfachen Walkbekleidungsstücke zum Einsatz bringen und bin dann doch wieder mit Fleece und Gore-Tex losgezogen.

Jahrelang habe ich mich in der fernsehenden Öffentlichkeit durch das Tragen eines Filzhutes lächerlich gemacht.

Ob das der richtige Wetterschutz, die richtige Ummantelung für die grauen Zellen war? Jedenfalls war es ein naturnaher Ersatz für fehlenden Haarschmuck. Vor dem Tragen von Helmen haben wir uns so oft wie möglich gedrückt. Vernünftigerweise trägt man Steinschlaghelme, Radlhelme, Skifahrerhelme, Gleitschirmhelme und deshalb besitzt man sie auch und darf sie nicht verstauben lassen.

Ich finde es übrigens eine herrliche Idee dieser schlimmen Kriegstage, dass britische Soldaten im Umgang mit der irakischen Zivilbevölkerung ihre Stahlhelme abnehmen. Diese menschliche Geste hat Sinn! Sinnvolles und Vernünftiges ist nicht immer dasselbe. Zur Zeit sammle ich Schirmmützen. Sie erhöhen die Beobachtungsgabe, weil man nicht geblendet ist.

Was ich sonst noch in meinem Ausrüstungskeller beobachte, ist sowohl ein Vorwurf an unser übertriebenes Konsumverhalten als auch eine stolze Erinnerung an Jahrzehnte bergsportlicher Aktivität.

Gleich unten links, neben der Heizung, gibt es eine Stellage mit zur Zeit fünf Gleitschirmen sowie etlichen Gurtzeugen und Gleitschirmrucksäcken für Helga und mich. Würden wir alle gehabten Schirme zusammenzählen, kämen wir bestimmt auf 20 seit 1987, als dieser Flugsport begann. Ich rechne nicht nach, was uns dieser Sport gekostet hat. Jede Flugminute ist ihr Geld wert. Die Schirme sind verschenkt worden für Flugprobanden oder für Kindergärten zum Spielen. Etliche wurden von Familienmitgliedern entführt. Einmal hab ich zwei Stück für einen Scheinpreis hergegeben und mein allererstes Fluggerät namens Maxi wird immer noch Stück für Stück als Windfähnchen geehrt. Der Stoff reicht noch etwa 87 Jahre lang.

Ein Schubladenschrank birgt museales und modernes Kletterwerkzeug. Man hängt doch an den Gramminger-Karabinern, die man sich in den höchst gefährlichen Anfangsjahren seiner Kletterleidenschaft von der Mutter zum Geburtstag gewünscht hat. Die arme Frau wusste nicht, wozu sie beitrug. Das wirklich zeitgemäße Klettermaterial dünnte nach und nach deutlich aus mit dem Heranwachsen kletternder Söhne. Aber einen »Friend« haben mir die Kerle tatsächlich noch gelassen. Ich muss mir überlegen, ob ich mich noch jung genug fühle, ihn zum Einsatz zu bringen.

Gut gelagerte Seile wären laut Pit Schubert (DAV-Sicherheitsexperte) noch verwendbar.

Wenn ich in der Kiste »Hardware für Eisanstiege« nachforsche, könnte ich leicht meine beiden Söhne und mich ausrüsten, um mit ihnen einen klassischen alpinen Eisanstieg zu begehen, falls dieser durch den fortschreitenden Gletscherrückgang nicht bereits abgetaut sein sollte.

Lawinen gibt es noch. Sonden, Schaufeln und Verschüttetensuchgeräte bei mir im Keller auch.

Wem, bitte schön, nützen die vorhandenen Paare an Tourenskiern aus fünf Jahrzehnten und die Seehundfelle aus dem Alpinfundus meines Schwiegervaters (1935) jetzt im 21. Jahrhundert noch etwas? Oder wie sollte man die Schätze recyceln? Unser Keller birgt also unter anderem aktuelle Zeitprobleme.

Noch nicht erwähnt wurden zum Beispiel Langlaufskier oder die Vielfalt einzeln oder paarweise auftretender Skistöcke, die an der Kellerwand hängen. Mit den vorhandenen Handschuhen, Mützen und Sturmhauben ließe sich die Mitgliedschaft einer kleinen Alpenvereinssektion ausrüsten. Diese Tatsache zeugt nur davon, dass wir fast nie etwas verloren haben.

Eine Thema für sich – behauptet meine Frau – seien bei mir schon immer die Erscheinungsformen von Rucksäcken gewesen. Ich erinnere mich an ihre bösartige Behauptung, es würden mindestens 25 Stück im Keller lagern! Tatsache ist: Unsere große Familie und der allgemeine Trend von der Tragetasche hin zur Rückentasche hat die Rucksacksituation entspannt.

Fahrräder stehen bei uns nicht im Keller, sondern in der Garage. Allerdings hat dort, aus diesem Grund, kein Auto mehr Platz. Eigentlich hätte das Auto eine bessere Behandlung verdient – es bringt uns schließlich ins Gebirg!

Der Wettstreit der Lüste

Wenn wir älter werden, zählen wir zusammen: Ich habe bisher vier Päpste, fünf Rundfunkintendanten, sechs Bundeskanzler, jedoch nur eine einzige Ehefrau erlebt. Bleiben wir bei den Päpsten. Im Jahre 1950 handelte es sich um Papst Pius XII. und aus Anlass des »Heiligen Jahres« durfte ich in den Reihen der Katholischen Jugend unserer Pfarrei an einer Massenaudienz im Petersdom teilnehmen. Es war der Anfang einer unstillbaren Italiensehnsucht.

Nach dem »Heiligen Jahr 2000« nimmt mich keine Jugendgruppe mehr auf – und auch der Papst hat, zumindest abstammungsmäßig, nichts mehr mit Italien zu tun. Bestand hat nur das Ziel unserer Sehnsucht. Wir, die »Vecchietti« (die Alten), waren zwischen 1950 und 2000 grob geschätzt hundertmal in Italien. Und wenn wir die Dolomiten-Touren dazurechnen, kommen noch einmal gut 50, ziemlich vertikale Urlaubserlebnisse dazu. Vereinfacht betrachtet, lebt der italienische Fremdenverkehr vom Andrang der Kulturbeflissenen in Rom, Florenz, Venedig und anderen Kulturstätten sowie von der alljährlich zuverlässig anrollenden Flut von Sonnenhungrigen an den Badestränden. Doch wer kennt schon italienische Landschaften, von den Dolomiten abgesehen?

Neulich boten uns die Fremdenverkehrsverbände der Regionen Emilia Romagna und Toskana einen »assaggio«, eine Kostprobe für Journalisten. Dabei konnten wir die Worte »assaggiare« (probieren) und »bis!« (noch einmal!) ungeheuer wörtlich nehmen, denn die Emilia präsentierte sich als eine blühende, üppige, fette Landschaft in nahezu jeder Beziehung. (Beleibte Menschen trifft man trotzdem kaum!) Eine geografische Diagonale, markiert durch die Städte Piacenza, Parma, Reggio, Modena, Bologna, Rimini sowie Ferrara und Ravenna etwas weiter nördlich, erklärt das »Wo«.

Sehnsüchtig nach Landschaft haben wir nur die Stadt Modena gesehen – und dabei gelernt: Das O in Modena spricht sich wie das A im bayerischen »Schwager« oder im englischen »law«. Dieselbe Lautfarbe sollte man beim Fluss Po tönen lassen. Man liebt und pflegt den guten Ton in dieser Gegend. Und man hat in der Emilia Romagna Grund genug, stolz zu sein und sich etwas einzubilden auf so manches Tüpfelchen auf dem i – wie bei Armani, Fellini, Ferrari, Guareschi, Pavarotti, Pantani, auf den Verdi und die Uni (beispielsweise in Bologna), aber auch auf die Tortellini, den Lambrusco, den Aceto Balsamico, den Parmigiano Reggiano und den Parma-Schinken. Die hohe Esskultur hat dort seit Jahrhunderten Bestand. Ein Unmensch, der sich davon nicht überzeugen würde! Zumal der Besuch der bergigen Landschaft Kraft braucht. Modena liegt 30 Meter hoch, doch bereits am südlichen Stadtrand beginnt es zu »hügeln«. Tausend gut ausgebaute Kurven schlängeln sich zum Passo Radici hinauf. Der Tag endet gut 1500 Meter hoch in San Pellegrino in Alpe. Im Hospiz riecht es nach Geschichte und nach einem Abendessen der Sonderklasse. Beides wird uns mit Charme und Herzlichkeit serviert. Am Tag darauf entpuppt sich für uns der Apennin als echtes Gebirge. Wir entdecken und spüren es – stundenlang. Die Wanderung gipfelt, gut 2000 Meter hoch, auf dem Blumenberg Monte Prato. Wir grüßen respektvoll hinüber zum höchsten Gipfel dieses Gebirgszugs, zum Monte Cusna, der es immerhin auf 2120 Meter bringt. Würden wir auf die mehrsternige Bewirtung im Rifugio Battisti verzichten, hätten wir noch Zeit ihn zu besteigen. Doch im Wettstreit der Lüste gewinnt das Essen. Außerdem bestärkt eine Wetterverschlechterung unseren Entschluss. Der üppigen Flora fehlt dadurch ein wenig der Glanz, aber keinesfalls der Reiz. Bergdörfer, Buchenwälder und Blumenwiesen werden letztendlich länger haften als Rotwein, Parma-Schinken, Tortellini und Tiramisu.

Unsere Wanderführerin denkt in Landschaftsbildern, nicht in Regionalgrenzen. Ob wir uns noch in der Emilia Romagna oder bereits in der Toskana wohl fühlen, macht keinen Unterschied. Die nächsten Tage werden von der toskanischen »Alta Garfagnana« geprägt – und von den Apuanischen Alpen.

Wem es auf der Autofahrt zwischen La Spezia und Viareggio gelingt, den Blick von der Straße zu nehmen und nach links zu schauen, der wird schneeweiße Felsberge erblicken wie eine Fata Morgana. Oder er wird einen persönlichen Hitzekoller vermuten, es sei denn, er hat sich geschichtlich und geografisch auf seine Reise vorbereitet, kennt die Bedeutung von Carrara und Massa und beabsichtigt vielleicht, die dortigen Steinbrüche zu besuchen. Die Meer- und Schauseite der Apuanischen Alpen mit ihrer tausendjährigen Marmor-Abbaugeschichte wurde längst zur Tourismusattraktion. Hier ruhen Michelangelos Träume in ihrer Urform.

Dass man diese Berge zu einem »Parco Naturale« gemacht hat, könnte man auf Anhieb für einen Treppenwitz halten. Jedoch an der Hinter-, der Landseite des Gebirges wird die Paradoxie dieser Naturparkidee zum eindrucksvollen Bergsteigererlebnis. Insgesamt vereinen die Apuanischen Alpen geschichtlich-existenzielle Bedeutung, kunsthistorische Reminiszenzen und Naturschönheit so überzeugend, dass der Kritikwillige staunend verstummt.

Die schmale, kurvige Straße endet im Bergdorf Vinca. Irgendwo steht geschrieben, Leonardo da Vinci habe hier seine Wurzeln. Ein Wald von Kastanienbäumen, Nahrungsgrundlage einst und Schattenspender noch heute, wird zur Ouvertüre einer völlig neuen Stimmungskomposition. Wald – Wasser – Moos – Flechten – Farne. Ein steiler Steig führt kaum erkennbar durch die dichte Botanik. Findlinge und Felsstufen schüren eine romantische Spannung. Sie setzt sich nach oben fort, in den Schrofen und Kalkwänden des Pizzo d'Uccello. Schon heute früh erregte er unsere Neugier, als die ersten Sonnenstrahlen seine Nordostwand zum Hauptblickfang des ganzen Gebirges erleuchteten. 800 Meter hoch sei diese Wand, hört man; wer würde den heimischen Kletterern nicht etwa 200 Meter Übertreibung – aus Begeisterung – verzeihen? Jedenfalls tönen am heutigen Samstag frisch-fröhliche Seilkommandos aus allen Rampen, Rinnen, Rissen, Kaminen und Wänden. Ein knapp 1800 Meter hoher »Kaiser-Kletterberg« mit Nahsicht auf La Spezia und die italienische Riviera!

Der Zeitplan unserer Informationstour vergönnt uns diesen Gipfel nicht. Nach der Überwanderung des Bergrückens Foce di Giovo stehen wir plötzlich im Marmor-Steinbruch. Es ist still – die Arbeit ruht. Die Mittagssonne wird blendend reflektiert vom weißen Kalkstaub, von den glatten Schnittflächen der Wände und zubereiteten Quadern. Ein Einheimischer erzählt von der Arbeit am Berg. Er redet von einst und jetzt. Liebe, Leidenschaft, Stolz, Heroismus klingen an, dazwischen Daten und Fakten. Mit der Entwicklung von der menschlichen Arbeitskraft zur maschinellen starb ein Mythos. Einige kopfgesteuerte Fachleute bewegen heute ein Vielfaches – nahezu ohne Hand an den Berg zu legen. Die Zeiten ändern sich unaufhaltsam. An der Landseite der Apuanischen Alpen tun sie es aber langsamer als an der verkehrsreichen Meerseite, in Massa, Carrara, Viareggio. Der kleine Gebirgszug behindert eine Entwicklung – und zugleich bewahrt er einen ruhigen Lebensrhythmus in der Region Garfagnana. Die Realität hört sich allerdings so an: Die Jugend wandert ab. Wer bleibt, bemüht sich um Anteile am modernen Leben. Die Alten genießen oder resignieren. Armut leidet keiner. Wir Touristen sind herzlich willkommen.

Wir vertiefen unsere Eindrücke vom Gebirge am nächsten Tag durch eine Besteigung des Monte Tambura (1889 m). Der Stausee »da Vagli« und stillgelegte Steinbrüche, die sich die Natur zurückerobert, liegen am Weg mit dem Namen »Via Vandelli«. Wir begehen diesen uralten Handelspfad voller Respekt und Bewunderung für die, die ihn schufen und benutzten. An einer besonders schönen Stelle der Passage steht in großen Lettern zu lesen (übersetzt): »Die Welt ist kaputt – aber wir leben trotzdem« und dahinter »Susi, ich liebe Dich«. Der Mann muss blind gewesen sein. Vielleicht liebt ihn Susi nicht zurück. Nur das könnte so viel Pessimismus an diesem Ort erklären. Wir wünschen dem Philosophen eine andere Susi!

Zurück von der Toskana in die Emilia Romagna. Zurück in den Apennin. Was blieb hängen aus der Vielfalt der Erlebnisse? Die Mischung von Bewegung und Besinnung war's, auf den historischen Wanderwegen »Via Bibulca« oder »Sentiero Matilde«. Oder die Geschichte eben dieser Matilde, Markgräfin von Canossa, erfolgreiche Moderatorin zwischen kirchlichen und weltlichen Mächten und anno 1077 Veranstalterin des Gipfeltreffens zwischen Papst Gregor VII. und Heinrich IV. Als Bußgang des letzteren ging es in die Geschichte ein – war jedoch nicht weniger scheinheilig als nahezu jede hochpolitische Geste zu allen Zeiten. Diese Erkenntnis hindert uns freilich nicht, uns heute an den steinernen Zeugen der Macht zu erfreuen: an Burgen und Schlössern einerseits, Klöstern und Kirchen andererseits. (Und in diese Gedankenverbindung passen auch die wolkenkratzenden Wahrzeichen der Wirtschaftsmächte unserer Tage – mit ihrer fragwürdigen Beständigkeit!)

Wie ein gewaltiger Dom erhebt sich die »Pietra Bismantova« in der hügeligen Grünlandschaft. Der Tafelberg aus Sandsteinfelsen ist ein Naturdenkmal und zugleich ein Eldorado für Sportkletterer – und beides verträgt sich wunderbarerweise! Nichts bröckelt ab von der Mystik des Ortes. Schon Dante empfand und beschrieb sie in seiner »Göttlichen Komödie«. Zu unausgerüstet und sowieso zu alt sind wir für den Tanz in der Vertikalen. Doch man scheint auch an unseresgleichen gedacht zu haben: Ein Klettersteig vergönnt uns das junge »Feeling« des senkrechten Aufstiegs. Oben hat man es nicht mit einem Gipfel zu tun, sondern mit einer Waldwiese – im vierten Stock quasi. Es besticht weniger der Tief- als der Weitblick, aber der wiederum ziemlich stark. Landwirtschaftlich, unverbaut, hindernislos reicht das Land bis zu den höchsten Erhebungen des Apennin.

Unsere Zeit ist um. Die Aussicht von der Pietra Bismantova wird leider auch zur Abschiedsperspektive – zur Schlussbetrachtung unserer neu erfahrenen italienischen Landschaften. Es war »un assaggio« – eine kleine Kostprobe, und jeder Genießer wünscht sich »bis« – mehr davon.

Wer fragt schon danach?

Die ewige Frage nach dem »Warum« weicht in der Bergsteigerei mehr und mehr der Frage nach dem »Wie« (auch wenn die Kernfrage »Warum« noch nicht geklärt ist).

Vor 50 Jahren wurde der Mount Everest erstbestiegen – mit Hilfe von künstlichem Sauerstoff – wie wir alle wissen. Ein paar Wochen später wurde der Nanga Parbat erstbestiegen – mit Hilfe von Pervitin – wie wir nicht alle wissen. Ich halte es auch nicht für wissenswert; denn Hermann Buhls Leistung an diesem 3. Juli 1953 kann durch nichts geschmälert werden.

Treiben wir das Spiel ein wenig weiter: Reinhold Messner und Peter Habeler bestiegen am 8.5.1978 den Mount Everest völlig hilfsmittellos. Hans Engl bestieg am 14.10.1978 den Mount Everest ebenfalls ohne Sauerstoffmaske, jedoch unter Benützung der Fußstapfen von maskierten Freunden (notiert Reinhold Messner in seinem Buch »Mount Everest«, Auflage 1978). Reinhold Messner und Michl Dacher bestiegen am 12.7.1979 den K2 mit Hilfe einiger Japaner-Fixseile. Reinhold Messner und Hans Kammerlander bestiegen am 16.10.1986 den Lhotse mit Hilfe von Rückenwind. Die meisten Teilnehmer der insgesamt 35 Everest-Jubiläums-Expeditionen des Jahres 2003 (20 auf der Süd- und 15 auf der Nordseite) nahmen alles zu Hilfe, was aufzutreiben war, um sich ihren Traum zu erfüllen und damit sich die Riesensumme, die jeder einzelne von ihnen investiert hat, auszahlt.

Die Führung und Betreuung auf einer Trekkingtour des DAV Summit Clubs zum Ruwenzori war so perfekt, dass sie einer »bergsteigerischen Entmündigung« gleichkam. Diese boshaft selbstkritische Feststellung haben mir einige Teilnehmer bei einem Gespräch am Ende der Reise einigermaßen übel genommen. Aber sie haben auch zugegeben, sie wären ohne dieses Management nie auch nur in die Nähe des Urwald-Fünftausenders gekommen.

Die »Wie«-Frage beim Bergsteigen fordert viel Toleranz. Kann oder soll man irgendwo einen Maßstab anlegen? Bergstraßen oder Bergbahnen sind aus unserer Wie-Frage natürlich ausgeklammert. Wie wir einen Berg mit eigener Kraft besteigen, allein diese simple Frage bietet Variationsmöglichkeiten reihenweise. Bei der eigenen Kraft spielt eine Rolle, ob jung oder alt, dick oder dünn, gesund oder gehandicapt, berggewöhnt oder -ungewohnt oder -verwöhnt? »Wie soll ich wissen, wie es mir geht, wenn ich nicht auf den Berg hinaufsteige«, fragte sich Reinhold Messner nach einer langen Verletzungspause. Und selten wird er auf eine Frage soviel Verständnis gefunden haben. Die Bergbesteigung der jungen Menschen wird schneller passieren, vielleicht auch eleganter. Genussvoller und inhaltsreicher sind im Allgemeinen wahrscheinlich die Alten unterwegs. Die Pluspunkte verteilen sich also ziemlich gleichmäßig zwischen Jung und Alt. Unweigerlich hat das Höherkommen mit der Erdanziehung und unserem Eigengewicht zu tun, aber die Dürren frieren dafür leichter. Und wir wissen auch, dass eine gewisse Körpersubstanz beim Höhenbergsteigen (tragisches Beispiel am K2) sogar lebensrettend sein kann.

In welchem Maß das »Wie« in den Bergen von Krankheit und Verletzung beeinträchtigt werden kann, ist ebenfalls bekannt. Es gibt viele dramatische Beispiele in der Alpingeschichte. Körperliches und seelisches Gewöhnen an die

Höhe, die abschreckende Dimension oder Steilheit eines geplanten Anstiegs spielen eine oft verschwiegene, aber entscheidende Rolle fürs »Wie«. Jedes Mal wenn wir auf Filmreisen in Südamerika, in La Paz zum Beispiel (4000 Meter) oder Cusco (3800 Meter), aus dem Flugzeug gestiegen waren und mit unserer Arbeit begannen, waren wir von Müdigkeit und Atemnot geplagt und wir konnten uns nicht vorstellen, wie hier ein Fernsehbeitrag entstehen sollte.

Gewöhnung und Akklimatisation entscheiden über Wohl und Weh.

Mein Freund Sepp erzählt, sie seien zu Beginn einer längeren Filmarbeit in der Eiger-Nordwand aus dem Stollenloch der Eigerbahn gestiegen und wären vor Angst, Respekt, Ehrfurcht nahezu überwältigt und zunächst fast handlungsunfähig gewesen. Nach wochenlanger Filmarbeit mit Gerhard Baur durchstiegen sie die berüchtigte Nordwand zum Spaß und mit Genuss.

Wie kommt man zum Bergsteigen? Unter welcher Anleitung? Mit wessen Hilfe?

Eltern wären die am nächsten liegenden alpinen Lehrmeister. Ob sie das völlig zwanglos und unegoistisch schaffen, darüber hege ich meine Zweifel. Jedenfalls freuen wir uns über jede noch so kleine Gemeinschaftstour mit unseren erwachsenen Kindern.

Ein Alpenvereinsleben schafft einen besonders hartnäckigen, wettergegerbten, möglicherweise etwas »sektischen« Menschenschlag.

Bergerfahrene Freunde prägen eine Bergsteigerkarriere besonders effektiv und nachhaltig.

Alpine Liebesbeziehungen schüren die Leidenschaft in alle Richtungen und arten vielfach in Lebensgemeinschaften aus.

Nur mit Schafwolljanker am Mont Blanc
Rechts: Die frierende Helga – abgekühlte Begeisterung

Pragmatiker bedienen sich grundsätzlich eines Bergprofis. Diese Tatsache führte dazu, dass viele Alpenanstiege den Namen des Auftraggebers tragen und nicht den des Wegbereiters (zum Beispiel Pallavicini-Rinne am Großglockner).

Wie-Beispiele aus der eigenen Erfahrung in den Bergen veranschaulichen die Fragestellung vielleicht am deutlichsten.

Jetzt, nach über 50 Jahren, sind meine Frau und ich ein wenig stolz darauf, völlig autark das Bergsteigen gelernt zu haben. Es hat uns niemand eingewiesen. Wir bestiegen einfach zuerst die kleineren und dann allmählich die größeren Berge und haben Erfahrungen gesammelt. Sportlich waren wir und voller Vertrauen auf uns und das Glück.

Nein, nicht ganz ohne Anleitung! Meine Basisliteratur von damals besitze ich heute noch: »Klettern im Fels« von

Franz Nieberl, 2. Auflage von 1911, »Der alpine Skilauf« von Oberleutnant Georg Bilgeri, 2. Auflage von 1911, »Wie soll unsere Jugend die Alpen bereisen? Technische Anleitungen und wissenschaftliche Anregungen« von Studienprofessor Dr. E. Enzensperger von 1925. Die Empfehlungen aus diesen Schriften waren schon damals und sind verstärkt heute ein Spiegel der Entwicklung des Bergsteigens im Denken und Tun, und man wird schmunzelnd feststellen, es hat sich alles geändert und nichts. Ganz selbstverständlich bestiegen wir Ende der fünfziger Jahre erstmals den Mont Blanc mit einer Ausrüstung, in der wir uns heutzutage nicht einmal einem Dreitausender nähern würden. Alles was wir taten war unsere Idee, unsere Planung, unsere Verantwortung, unser Risiko.

An einem heißen Sommertag war ich allein und hatte es eilig. Ich bestieg das Totenkirchl im Wilden Kaiser über den Heroldweg in Turnhose und Turnhemd und Kletterschuhen – sonst nichts. Auf dem Gipfel saß ein Kitzbüheler Bergführer mit seinem Kunden in vollem alpinen Ornat – wie es sich gehört. Er hat mich, ob meines Leichtsinns und schlechten Beispiels, furchtbar abgekanzelt. Ich verteidigte meine Freiheit in den Bergen und verwies auf die wunderbar variablen Möglichkeiten des alpinen Unterwegsseins. Er war nicht zu beruhigen. Von der Prügelstrafe über Haft, Totenkirchl-Verbot bis zum Alpenvereinsausschluss bot er mir alles an. Ich schlug sein ohnmächtiges Angebot aus und ließ mir meinen Spaß nicht nehmen.

An einem dreharbeitsfreien Nachmittag auf der Düsseldorfer Hütte im Ortlergebiet vermisste ich mein Kamerateam, den Sepp, den Hannes und den Raki. Ich fragte einen Bergführer, der vom Hohen Angelus, 3536 Meter, kam, ob er in dieser Richtung nicht drei luftig bekleidete Typen mit Sandalen gesehen hätte. Er lachte und meinte, ja die seien ganz kurz auf dem Gipfel gewesen und würden jetzt wohl über die Vertainspitze wieder zur Hütte herunterkommen. Wer so schnell und so sicher unterwegs ist wie die drei, der kann bei so einem Wetter bergsteigen wie er will, stellte dieser Suldener Bergführer fest.

Wo die Gegebenheiten es gestatten, verhilft eine leichte, luftige Ausrüstung dem Erfahrenen zu einem gesteigerten Genuss. In Kalifornien zum Beispiel wird gerne oben ohne geklettert und nicht nur bei den Herren. Wir waren im High Yosemite eine Zweier- und eine Dreierseilschaft. Leider lauter Knaben. Ich trug als einziger nicht nur ein T-Shirt, sondern auch einen Rucksack mit Kamera drin, weil wieder

Mit Reinhard Karl im Yosemite

einmal ein Film entstehen musste. Bei dieser Gelegenheit machte ich zum ersten Mal mit einem für mich neuen »Gewusst-wie« Bekanntschaft. Die kleinen Quarzwarzen in den steilen Granitaufschwüngen helfen nur weiter nach einem Griff in den »Chalk-Bag« (Magnesia-Beutel). Ich bediente mich also regelmäßig beim Kletterathleten Reinhard Karl, der das »Wie« unserer Kletterei an diesem Tag auch noch durch seine besondere Fröhlichkeit bereicherte.

Einen recht bedeutenden Unterschied in der Bewertung einer alpinen Tour macht es aus, ob ich sie mitgehe oder sie führe.

Zu Beginn unseres Bergsteigerlebens war fast jedes Unternehmen für uns eine Neutour. Die vagen Routenbeschreibungen aus alten Führerwerken ließen dem eigenen Orientierungssinn oft genug viel Spielraum. Lange Zeit war ich bei meiner Frau, meinen Kindern oder auch bei Freunden voraus gestiegen. Dann lernte ich Könner kennen, wurde älter und band mich hie und da auch gerne ans gemütlichere Ende des Seils. Aber »Tira-mi-su« (zieh mich hoch!) war für mich immer nur ein gutes Dessert und nicht die Möglichkeit, irgendwo geliftet zu werden. Zugegeben, bei einigen Touren bin ich ordentlich nachgeklettert, aber ich bezweifle, dass ich sie auch ordentlich oder überhaupt hätte voraus klettern können. Nur Bergsteiger wissen von der entscheidenden Rolle der bergsportlichen Moral. Sicher war es ausschließlich Reinhold Messners Verdienst, dass ich Seilpartner einer Erstbegehung am Südwestpfeiler des Ortler sein konnte. Aber meins war es, dass ein Film darüber entstanden ist und ich musste mich und meine Filmwerkzeuge schon selbsttätig zum Gipfel bringen. Außerdem halte ich alle größeren unserer Familienbergtouren mindestens für ebenso ehrenwert, sowohl für den Vorsteiger als auch für die Nachsteigerin. Ziemlich sicher liegt der Wert unserer Bergerlebnisse nicht im »Wie«, »Was«, »Wann«, »Wo« oder »Warum«, sondern ausschließlich in der Lebensqualität, die wir daraus schöpfen konnten.

Heute lassen sich »Wie« und »Warum« kaum trennen. Oft werde ich von bergsteigerisch Interessierten gefragt, wie die alpine Leistungsexplosion, nicht nur an der Spitze, sondern auch in der Breite, also bei den Freizeitbergsportlern möglich ist? Das Fazit könnte so aussehen:

Es bedroht uns kein Krieg, wir sind bis ins hohe Alter erstaunlich gesund. Breite Gesellschaftsschichten sind immer noch frei von existenziellen Sorgen. Daraus resultiert ein gesteigerter Erlebnis- und Profilierungstrieb. Die Vorbereitungs- und Trainingsmöglichkeiten haben sich perfektioniert. Die angebotene Ausrüstung lässt keinen Wunsch offen und schafft ständig neue Aktivitäten. Das moderne Risikomanagement in Bezug auf Rettung, Ortung, Versicherung beseitigt die Reste von Bedenken und Ängsten. Wenn auch nicht jeder von uns in alle Punkte dieser Selbsterkenntnis passt, irgendwo finden wir uns alle wieder.

Herzliche Grüße vom Nanga Parbat

Ein aktives Bergsteigerleben dauert etwa 50 Jahre, wenn alles gut geht. Ich weiß es von meinen Knien.

Vor 50 Jahren wurde der Berg der Berge erstmals erstiegen, der Mount Everest, und der »Berg der Deutschen«, der Nanga Parbat. Nicht dass diese Großtaten mich seinerzeit angeregt hätten, mit dem Bergsteigen anzufangen. Hillary und der Mount Everest oder Buhl und der Nanga Parbat waren meiner Gedankenwelt so fern wie Einstein und die Relativitätstheorie. Aber ein paar Jahrzehnte später hatte ich das Glück, in der Everest-Region und am Nanga Parbat Fernsehbeiträge erarbeiten zu können – als Trekker, bergsteigerischem Zeitgeist entsprechend. Die Gipfel, die wir dabei bestiegen, schrumpfen in der Achttausender-Umgebung zu erhöhten Kamerastandpunkten zusammen.

1983 stehen wir im Schatten des mächtigen Nanga Parbat auf dem Gipfel eines unbedeutenden Fünftausenders. Man unterliegt leicht der optischen Täuschung, ihn gering zu schätzen. Doch der Kräftehaushalt macht uns die Realität bewusst: Unser Gipfel würde die höchsten Gipfel der Alpen deutlich überragen. Hier beherrscht wechselweise der Körper den Geist oder der Geist den Körper. Eine Gipfelbesteigung ist also bereits in der Fünftausender-Region eine Frage des Wollens und des Könnens. Etwa zehn von unserer 18-köpfigen Bergsteigergruppe stehen auf dem Gipfel. Und weil sich alles Höhere um uns herum in Wolken verbirgt, genießen wir das Gefühl, oben zu sein.

Martin, Sepp und Toni halten in Bild und Ton fest, wie wir den Karl Simon beglückwünschen. Der 75-jährige Partenkirchner war vor Jahren ein extremer Wettersteinkletterer. Der Toni nimmt unser Gipfelgespräch auf Band auf. Er, der Toni, war nie auf einem annähernd so hohen Berg. Der Engl Hans hat ihn heraufbetreut. Der Hans ist Bergführer und er weiß seit dem vergangenen Jahr, wie es am Gipfel des Nanga Parbat aussieht und wie man hinaufkommt.

Mitten unter uns steht stolz ein schöner, langer, dürrer Pakistani im Pullunder und weiß-blau-kariertem Hemd mit hochgekrempelten Ärmeln. Es ist der Bürgermeister von Tato, dem einzigen Dorf an der Nordseite des Nanga Parbat. Er gewährte uns nicht nur die Ehre seiner Begleitung, er trug der Bergsteigerin Helga aus München auf dem letzten Teil des Weges auch noch den Rucksack, was auf fast sensationelle Art und Weise pakistanischen Gepflogenheiten widerspricht. Er hat Helga anschließend nicht geheiratet, sie war schon mit mir verehelicht. Wir feierten 1983 Silberhochzeit bei dieser Gelegenheit.

Beim Thema Ehefrau muss auf dieser Pakistanreise vor allem von Eugenie die Rede sein. Sie bewandert diese Nanga-Parbat-Regionen in einer ganz besonderen Gemütsverfassung. Ihr Mann war jener Hermann Buhl, dessen legendäres Können und Wollen 1953 im Alleingang den Gipfelerfolg an diesem schicksalhaften Achttausender brachte. Das »Generl« glaubte, es ihrem Hermann schuldig zu sein, hier irgendwo möglichst hoch hinauf zu kommen. Verträglichkeitsprobleme haben ihr das, zu unser aller Bedauern, nicht vergönnt. Es erschien mir damals sehr nahe liegend, dass in Hermann Buhls Witwe an diesem Ort Gemütswallungen und körperliche Leistungsfähigkeit vergeblich um die notwendige Balance kämpften. Ihr bergsportlicher Ehrgeiz, in sechs Ehejahren geteilt und mitempfunden, ließ diese Erfahrung nicht schmerzlos abgehen. Auch 26 Jahre nach Hermann Buhls Tod nicht. Aber der bergsteigende Pakistanreisende muss sich ja nicht ausschließlich von den Eisriesen des Karakorum und von dramatischen Erinnerungen beeindrucken lassen.

Der Staat Pakistan existiert erst seit 1947. Früher gehörte das Land zu British Indien. Wie ein etwa 1600 Kilometer langes und 400 Kilometer breites Handtuch kann man sich die Flächenausdehnung Pakistans vorstellen. Vom Arabischen Meer im Süden bis hinauf zu den Achttausendern an der chinesischen Grenze reichend, eingezwängt zwischen Afghanistan im Westen und Indien im Osten. Die bevölkerungsreichste, für uns fast unerträglich feucht-heiße Stadt Karatschi brodelt am Meer. 1500 Kilometer indusaufwärts, am Rand der großen Gebirge in der trockenen Hitze des 34. Breitengrads, versammeln wir unsere Interessen und unsere Energien für die Besichtigung der Städte mit den klingenden Namen Peshawar, Rawalpindi, Lahore. Und um die neue Hauptstadt Islamabad kommen wir schon deshalb nicht herum, weil uns die PIA (Pakistan International Airlines) dort absetzt.

Wir, das bayerische Fernsehteam, haben beim Touristenminister vorstellig zu werden, um eine längst beantragte Filmdrehgenehmigung in Empfang zu nehmen. Wir zwängen uns also in ein ordentliches Sakko, genießen die Temperaturstürze von der Aircondition des Hotels ins bratrohrheiße Taxi bis in die wiederum klimatisierten Wartesessel des Ministeriums. Der freundliche Staatsbeamte höchstpersönlich überreicht uns letztendlich das Dokument mit der Randbemerkung: die Wirkung des Schreibens reiche nie und nimmer bis hinein in die autarken Hochgebirgstäler des Karakorum. Er bitte dafür um Verständnis!

»Eben sowo würden wir besonders gerne filmen«, gestehe ich. Er zuckt hilflos lächelnd mit den Schultern und verabschiedet sich recht leutselig. Wenigstens kurzfristig ist unser Tun damit offiziell abgesichert; später wird vielleicht einmal mehr das Problem auftreten: Wie verharmlose ich eine professionelle Kameraausrüstung ins Hobbyhafte?

An den Ausgrabungsstätten von Taxila beginnt unser 20-Tage-Aufenthalt in Pakistan ausgesprochen besinnlich. Nicht der Körper möge den Geist, vielmehr der Geist den Körper beherrschen. Der Basisgedanke aller Religionen prägt sich im Buddhismus besonders stark aus. Einige Jahrhunderte vor der christlichen Zeitrechnung erfuhr das Land am Indus eine buddhistische Blütezeit. Hier ausgegrabene Städte und Klöster sind ein stolz gepflegtes Zeugnis dafür. Diese Kulturepoche wurde 326 v. Chr. durch den Eroberungsfeldzug Alexanders des Großen noch hellenistisch beeinflusst und als Gandhara-Zivilisation bekannt.

Das heutige geistige und islamische religiöse Zentrum des Landes ist Lahore. Die gut Drei-Millionen-Einwohner-Stadt birgt Bauwerke und Anlagen aus der Glanzzeit der Mogulkaiser im 16. und 17. Jahrhundert. Die berühmten kaiserlichen Lustgärten von Shalimar müssten in unserer Phantasie eigentlich Märchenerinnerungen aus Tausendundeiner Nacht wach werden lassen, aber das Thermometer zeigt zu dieser Stunde 48 Grad im Schatten an. Das barfüßige Betreten der Badshahi-Moschee ist ohne Verbrennungsgefahr nur auf einem schmalen Läufer möglich. Das grandiose Bauwerk – vollendet 1674 – bietet 60.000 Gläubigen Platz zum Gebet und ist damit die größte islamische Kultstätte der Welt. Aber nicht mehr lange, denn König Faisal finanzierte in der neuen Hauptstadt Islamabad ein noch wesentlich größeres Projekt. Im Übrigen legt der islamische Staat Pakistan besonderen Wert auf religiöse Toleranz. Die bedeutendste architektonische Leistung der Mogul-Zeit bewundern wir in der Palastburg, dem Fort von Lahore. Marmorgitter, Säulen und prunkvolle Steinintarsien schmücken die Residenz der Kaiserin, den Shich Mahal. Und die Halle der 40 Säulen, für Massenaudienzen gedacht, kündet von der Volksnähe dieser Märchenkaiser.

Das bergsteigerische Hauptthema unserer Filmarbeit zwingt uns zu Szenenwechseln, die wir sonst nur von japanischen Touristen kennen. Sehenswürdigkeit ist ein schwacher Ausdruck für das, was man zum Beispiel im Bazar von Peshawar sieht, hört, riecht und spürt. Hier pulsiert orientalisches Leben seit über 2500 Jahren nahezu unverändert. Durch Peshawar, die Grenzstadt am Kaiba-Pass, zogen die Armeen der Perser, Griechen, Hunnen und Mongolen. Der berühmte Bazar kennt Eroberer, Händler, Forscher, Abenteurer und Touristen. Zogen sie einst mit den Karawanen, heute tun sie es und tun wir es mit dem Bus. In unserem Fall nach Norden ins Gebiet des Nanga Parbat auf dem Karakorum-Highway.

Die busähnliche, lärmende Schmuckkiste wird vortrefflich gesteuert von einem nimmermüden Kettenraucher. Er trägt das Selbstbewusstsein eines Flugkapitäns zur Schau und tut und lässt mit uns, was er will. In der Nähe eines Dorfes beschließt er, das Fahrzeug in der heißen Mittagshitze zu parken und verschwindet kommentarlos. Der Grund dafür bleibt ein spannendes Geheimnis, das von unserer Gruppe einige Stunden lebhaft diskutiert wird. Nach dem Ablauf der nervigen Wartezeit erinnert sich der Vielbesprochene offenbar an die Zielstrebigkeit seiner Fahrgäste, aber wir sind uns alle nicht ganz sicher, ob es sich um denselben Mann handelt, der uns wortlos weiterchauffiert, oder nur um einen

Die lärmende Schmuckkiste

ähnlichen. Jedenfalls bereichert diese Fahrt unsere Phantasie um eine drastische Vorstellung vom Fegefeuer. Der Alte oder Neue bevorzugt jetzt laute arabische Musik, dazu ständig glimmende Räucherstäbchen und erscheint dann und wann etwas einzunicken – der Arme. Indus-Highway muss hier wörtlich mit Hochweg über dem Indus übersetzt werden. Sollte der geheimnisvolle Busfahrer irgendwann nur einen Meter von diesem Weg abkommen, verschlänge uns samt und sonders ein paar hundert Meter weiter unten der braun Dahinschäumende. Die nächsten Stunden gestalten sich zu den spannendsten der Gesamtreise. Der Alptraum endet an der Rakhiot-Brücke. Um die Stelle zu erreichen, wo die Schmelzwasser des Nanga Parbat sich in knapp 1000 Metern Höhe in den braunen Indus ergießen, waren die Alpinisten zu Beginn der dreißiger Jahre schon einige Monate unterwegs, während wir noch vor drei Tagen in einem Münchner Biergarten sitzen konnten. Eine derart schnelle und krasse Ortsveränderung bringt jedoch nur einen scheinbaren Vorteil; denn weder Körper noch Geist vermögen mit den Errungenschaften moderner Technik Schritt zu halten.

Indus, Rakhiottal, Rakhiotgletscher, Nanga-Parbat-Gipfel, ein natürlicher, organischer Anmarsch- und Aufstiegsweg auf einen Achttausender, meint man. Doch der Höhenunterschied beträgt über 7000 Meter, und das gibt es sonst nirgends auf der Welt. So hoch hinaus können, wollen und dürfen wir freilich nicht. Uns geht es um Eindrücke und Erinnerungen, um Geschichte und Geschichten 30 Jahre nach der Erstersteigung. Ein Niveau zwischen 5000 und 6000 Metern Höhe wird uns dazu genügen müssen. Alles darüber braucht viel Zeit, viel Geld, viel Glück und eine staatliche Genehmigung.

Nach einem Erschöpfungsschlaf am Ufer des Indus befindet sich unsere kleine Expedition im Aufstieg. An einer Wegkehre tut sich zum ersten Mal das Gipfelmassiv des Nanga Parbat vor uns auf.

Hans Engl vom Tegernsee kennt also den Nanga Parbat. Hans stand im vergangenen Jahr allein auf dem Gipfel. Als Gast einer französischen Expedition war er als Einziger erfolgreich. Er und Eugenie Buhl tauschen fast ehrfürchtig flüsternd ihr Wissen von diesem Berg aus. In 2000 Metern Höhe erreichen wir das Dorf Tato, am unteren Ende des Vegetationsgürtels gelegen. Drunter wächst nichts. Die Siedlung und das ganz Rakhiottal bilden eine natürliche Festung. Stolz und Freiheitsliebe liest man aus den Gesichtern. Gegebenenfalls benützen diese Männer ihre Gewehre nicht nur zur Jagd. Ein Leichtes, jemandem den Zutritt zum Tal zu verwehren. Die Willkommensbedingungen sind inzwischen bekannt. Der bergsteigende Tourist hat die Führer, Träger, eben Transport und Kochdienst der Talbewohner wortwörtlich in Kauf zu nehmen. Doch das fällt niemandem schwer. Es handelt sich um ein reelles Geschäft, das mit dem Bürgermeister von Tato organisiert und ausgehandelt wird. Und weil der »Chief of the Valley«, wie er sich selbst nennt, hier absolute Autorität genießt, klappt alles vorbildlich. Das soll nicht immer so gewesen sein. Seit man jedoch verstanden hat, dass der Nanga Parbat alle Jahre wieder erfreuliche Nebenverdienste abwirft, stellt man sich darauf ein. Also auch schon hier – warum hier nicht auch schon?

Unsere Filmarbeit stört keinen. Das Schulhaus, der einzig feste Bau im Ort, wird für uns zum Gasthaus. Das verzögert den Unterrichtsbeginn am nächsten Morgen vielleicht ein wenig. Andererseits wertet man den Kontakt der Dorfjugend mit den Fremden sehr positiv, ob zu Recht, das liegt freilich an uns.

Einen gemütlichen Tagesmarsch weit haben wir das wüste, über 40 Grad heiße Industal unter uns gelassen. Hier zeigt das Rakhiottal ein vertrautes, freundliches, fast alpenländisches Gesicht. Eine Luft zum Durchatmen. Doch wir spüren bei dieser Gelegenheit, wie es ihr immer mehr an Gehalt fehlt – 3000 Meter Höhe. Wald und Wiesen täuschen darüber hinweg. Weit streckt der Rakhiotgletscher seine Zunge in die Vegetationszone hinein und signalisiert sofort einen Hauch von Bedrohung und Kälte. Uns ist es vergönnt, große und kleine Eindrücke zu genießen, ohne den Druck und den Trieb, am unbarmherzigen Berg erfolgreich sein zu müssen. Schwere Lasten von Zweifeln und Ängsten mögen es gewesen sein, die im Laufe der bergsteigerischen Pionierjahre zum Fuß dieses Achttausenders geschleppt wurden. Und das Ziel war und ist heute noch für die meisten viel zu hoch gesteckt.

Die Märchenwiese

Ganz plötzlich steht die 4000 Meter hohe Nordostmauer des Berges über den Almwiesen. Der Anblick verschlägt den restlichen Atem. Wer etwas sagt, tut es leise. Ein Erlebnis, das zu Tränen rührt. Die berühmte Märchenwiese, ohne Übertreibung einer der attraktivsten Plätze auf unserer Erde. Der Entschluss, hier ist es gut sein, ist tatsächlich so zwangsläufig, dass der erwähnte Chef des Tales stolz den Plan verkündet: »Hier werden wir in einigen Jahren ein Hotel bauen. Mit dem Bau der Fahrstraße nach Tato wurde bereits begonnen.« Der Mann spricht leidlich englisch; ein Missverständnis ist ausgeschlossen! Die Botschaft sitzt bei jedem von uns, und Chukur Ramat kann sich aus unserem Entsetzen und Kopfschütteln nicht den geringsten Reim machen. Um uns seine universelle Potenz zu beweisen, schwingt er sich auf ein prächtiges Pferd, um mit seinem Bruder den Nationalsport Polo zu üben. Polo auf der Märchenwiese in über

3000 Metern Höhe; vielleicht wird das dereinst die Zusatzattraktion des Nanga-Parbat-View-Hotels sein. Die Menschen des Rakhiottals haben nicht nur ihre eigene Ordnung, sondern auch ihre eigene Sprache. Broken China, ein tibetischer Dialekt, der nichts mit der Landessprache Urdu zu tun hat. Aber selbst wenn wir mit ihnen eine Sprache gemeinsam hätten, unsere Argumente wider die Erschließung ihres Tals müsste ihnen schwach und unlogisch erscheinen. Unser Überdruss an Zivilisation steht gegen ihren Überfluss an rauer Natur. Sie sind Teil dieser Landschaft. Sie beherrschen ihr Gelände bis hinauf zur Grenze zwischen Vegetation und ewigem Eis, so weit das Wild lebt, das sie jagen. Sie sind im hohen Maß unempfindlich gegen Hitze und Kälte. Vergleichsweise sind wir Fremdkörper in dieser Umgebung. Viele von uns vertragen weder die Höhe noch das Klima oder das Essen.

Frühstück auf der Märchenwiese im gleißenden Licht der Nanga-Parbat-Nordostwand. Vielleicht werden sich die Bergsteiger der Zukunft hier von der Hotelterrasse aus Gedanken machen über die Erstdurchsteigung dieser schaurigen Eismauer.

Wir aber bewundern immer und immer wieder den Weg, der schließlich zur Erstbesteigung des Gipfels geführt hat. Es scheint der technisch leichteste zu sein, der des geringsten Widerstandes. Aber man hat schon in den dreißiger Jahren seine unterschwelligen Gefahren, seine Länge zu wenig in Rechnung gestellt. Schnelle Rückzüge aus großen Höhen bei Wetterstürzen werden in dieser Route zum Problem. Es handelt sich um die längste Anstiegsroute auf einen der Achttausender. Höhenunterschied 4625 Meter, Horizontaldistanz 18 Kilometer.

Im Schauspiel Nanga Parbat ist die Märchenwiese zwar Loge, aber doch nur Zuschauerbereich. Wir wünschen uns aber wenigstens eine Kleindarstellerrolle.

Durch die ungewöhnliche Kulisse eines wetterzerfetzten Birkenwaldes in 3500 Metern Höhe wandern wir zu den grünen Moränenhügeln des Rakhiot- und Ganalogletschers. Unser Ziel: das traditionelle Basislager aller Expeditionen an der Nordflanke des Berges.

Zunehmend unbehaglich wirkt die Landschaft aufs Gemüt. Ein lebendiges Ungeheuer mit theatralischen Äußerungen in Form von Lawinen und Eisstürzen, die keinen Tag- oder Nachtrhythmus erkennen lassen. Auf einem großen Felsblock steht ein kleines Kreuz. Die Inschrift erinnert an Alfred Drexel, erstes Opfer einer langen Reihe. Für den, der sich damit befasst hat, wiederbelebt dieses Zeichen Ereignisse größter Dramatik und beschwört die unterschiedlichsten Emotionen herauf, von der tiefsten Verzweiflung zur höchsten Siegesfreude. Dazu Nationalstolz, Kameraderie, Vereinsmeierei, Feindschaft, Missgunst und was sonst noch.

Die Tatsachen jetzt und hier wirken weit weniger heroisch. Wir finden recht nüchterne Erinnerungsstücke, alte Bier- und Konservendosen zu hunderten. Die Sonne bringt sie an den Tag. Dazwischen wachsen die frischen Frühlingsblumen heraus. Fast wäre es für uns ein weihevoller Ort gewesen, aber so?

Heute Nachmittag überschreiten wir den gewaltigen Rakhiotgletscherstrom nach einigem Suchen an einer schwachen Stelle. Als wir vor ein paar Tagen unten am Indus aufzusteigen begannen, taten wir es über den Buldar-Kamm. Dieser Bergrücken schwingt sich in einer Länge von etwa 15 Kilometern fast 5000 Meter auf, um im Buldar Peak, gut 5600 Meter hoch, zu gipfeln. Wenn uns das Wetter lässt, wollen wir ihn morgen besteigen. Etwa 4200 Meter hoch, in einer sicheren Firnmulde, stellen wir einige Zelte auf, machen es uns so gemütlich wie möglich und hängen beim Schauen wieder unweigerlich den Erinnerungen nach an die dramatische Expeditionsgeschichte der dreißiger Jahre und davor.

1895: Der Engländer Albert Frederick Mummery unternimmt erstmals ernsthafte Besteigungsversuche. Auf der Suche nach der besten Möglichkeit verschwindet er mit seinen indischen Begleitern am Diamirgletscher. Doch er hinterlässt konkrete schriftliche Berichte und Aufzeichnungen. Der Münchner Bergsteiger und Verleger Walter Schmidkunz erwirbt die Rechte daran und gibt die Rarität Jahre später als Anregung an seine leistungsstarken Münchner Bergkameraden weiter. Die Saat geht auf.

1932: Eine deutsch-amerikanische Expedition bricht auf. Leitung: Willy Merkl. Unter anderen sind Peter Aschenbrenner und Fritz Wiessner dabei. Männer, die alpine Geschichte gemacht haben. Auf Anhieb bezwingt man den Siebentausender Rakhiot Peak. Auf dem Grat zum Silbersattel schlägt sie der Sturm zurück. Während der Heimreise verunglückt der Amerikaner Rand Herron tödlich bei der Besteigung der Chephren-Pyramide in Kairo. Er war der Hauptgeldgeber der Expedition gewesen.

1934: Peter Aschenbrenner und Erwin Schneider sitzen an einem wunderschönen Tag Zigaretten rauchend in 7850 Metern Höhe unter dem Vorgipfel und warten stundenlang, kameradschaftlich, wie das damals hieß, auf Willy Merkl, Willo Welzenbach, Uli Wieland. Die Gunst der Stunde läuft ihnen davon. Der Nanga Parbat schlägt sie diesmal nicht nur in die Flucht, er fordert grausam langsam seine Opfer. Merkl, Welzenbach, Wieland und sechs Träger sterben an Erschöpfung; Alfred Drexel war schon vorher einer Lungenentzündung erlegen.

1937: Expeditionsleitung Dr. Karl (Carlo) Wien. Bereits im Lager IV werden 16 Menschen – die gesamte Bergsteigermannschaft und neun Träger – von einer Lawine begraben. Der Schock sitzt tief, auf Jahre hinaus. Der nackte Berg, der Nanga Parbat wehrt noch weitere Versuche ab. Der Krieg bricht aus. Keiner der 14 Achttausender ist bis dahin erstiegen.

Wir besteigen am Tag darauf den Buldar Peak mit der Kamera. Sehr beeindruckt können wir dabei den langen Weg festhalten, den die damaligen Expeditionen immer wieder zu erstürmen versuchten und der den Nanga Parbat zum »Schicksalsberg der Deutschen« gemacht hat.

Hans erzählt uns vom – heute üblichen – Weg über die Diamirflanke im Westen, von den bayerischen Erstbegehern Kinshofer, Mannhardt und Löw. Ebenso wenig sparen wir mit unserer Bewunderung für Reinhold Messner, seiner schicksalhaften Ost-West-Überschreitung (Rupal-Diamir-Flanke) und seinem Erstalleingang am Nanga Parbat. Der verunglückte Alpinjournalist Toni Hiebeler hat Reinhold Messner einmal weniger wohlgemeint mit dem Beinamen »Gröbaz« versehen: »Größter Bergsteiger aller Zeiten«. Toni Hiebeler hatte Recht, er wusste nicht wie sehr.

Wohl dem, der sich wenigstens im Urlaub vom allgemeinen Leistungszwang freimachen kann. Wer seinen Blick nicht allzu starr auf ein Gipfelziel gerichtet hat, der sieht hier wirklich mehr. Erfüllte Gipfelwünsche verschaffen persönliche Genugtuung. Man könnte aber auch gestehen, sie sind meist von Ehrgeiz, Eitelkeit und Einfalt geprägt. Die Vielfalt liegt in der Landschaft und in den Menschen.

Zur völligen Entspannung gönnen wir uns auf dieser Reise auch noch das Hunza-Land. Ein traumhaft weltentrücktes Verbindungstal. Auf den noch immer sichtbaren, abenteuerlichen Hangwegen über dem Hunza-Fluss soll einst das Heer Alexanders des Großen nach Indien gezogen sein. Manch einer seiner Krieger, erzählt man sich, sei dem Reiz des Tales erlegen und habe sich hier niedergelassen. Durch ein ebenso altes wie wirksames Bewässerungssystem ringt man der Steinwüste einen paradiesisch fruchtbaren Humusteppich ab. Neben Weizen und Gerste bilden Aprikosen ein wichtiges Grundnahrungsmittel – frisch vom Baum, hauptsächlich aber getrocknet als Vitaminspender für die langen Winter. Die Leute werden hier besonders alt, sind stark und intelligent. Vielleicht also doch die Nachfahren der mazedonischen Eroberer.

Das alte Schloss Baltit überschaut den Talgrund. Aus der Ruine heraus übernimmt unsere Kamera den Herrscherblick. Von hier aus regierte sechs Jahrhunderte lang die Dynastie des Mir von Hunza über ein Volk von etwa 10.000 Menschen in rund hundert Dörfern. Es soll eine milde Herrschaft gewesen sein, mit natürlicher Autorität ausgeübt. Die Hunzakuz, wie man sie auch nennt, liebten ihre Obrigkeit. Die Mächte China und Indien an den Talenden beschenkte man bisweilen und hielt dadurch friedlich-freundschaftliche Nachbarschaft. Es war einmal – bleibt hinzuzufügen; denn die aktuellen Probleme Pakistans lassen sich längst nicht mehr in so liebenswerter Form lösen.

Der Fremde, der Gast, der Tourist freilich verspürt nirgendwo Unfrieden. Menschen aller Hautschattierungen, aller Religionsgemeinschaften, in den Millionenstädten oder in den einsamen Hochtälern begegneten uns gleichermaßen fröhlich und freundlich. In diesem neuen, alten Durchzugsland tangieren oder verändern wir mit dem, was wir bringen oder mitnehmen, keine Sozialstruktur. Im komplizierten Sprachen- und Dialektgewirr hörten wir ein Wort besonders oft. Wir behielten es deshalb und geben es gerne pauschal zurück. Es heißt »Shukria« und bedeutet danke schön.

Nach fünf Jahrzehnten Lebensqualität durch Bergsteigen scheint mir ein Dankeschön insgesamt angebracht, auch wenn ich nicht ganz genau weiß, wo ich es anbringen soll.

Man sieht heutzutage etwas schwach aus, wenn man dabei keinen Achttausender bestiegen hat. Auf- und abgeklärt weiß ich jedoch, dass ich damals nicht reif genug war, einen zu besteigen und heute zu reif dazu bin. Und zwischendrin habe ich bestimmt auch noch Wichtigeres versäumt als einen Achttausender.

Bergurlaub an der Rhone

Jetzt kann ich es ja zugeben, manches unserer Fernsehfilmobjekte wurde geplant, musste geplant werden wie ein spontaner Bergkurzurlaub. Ein paar Spezln haben eben gerade Zeit und das Wetter passt. Das Kamerateam ist parat. Mein Sohn Michl und seine Freunde Christine und Thomas haben Semesterferien. Helga, unsere Familienchefin, muss mit. Sie gestaltet jedes Projekt zum Heimspiel. Zwei VW-Busse, ein Golf, Kamera, Berg- und Zeltausrüstung, und wir sind jeder Situation gewachsen. Doch ich habe schon ein Konzept, einen Filmtraum nämlich: die Rhone vom Ursprung bis zur Mündung. Wenigstens den Ursprung könnten wir dieses Mal ins Visier, unter die Lupe, ins Objektiv nehmen.

Und wir tun das zunächst einmal südlich des Rhonegletschers vom Tälligrat aus in 2500 Metern Höhe. Wir schauen auf die Berge am Furkapass und am Grimselpass. Die Südseite des Berner Oberlandes kommt ins Bild und schließlich das Oberwallis, die Wiege der Rhone.

Das Wetter und der Wetterbericht scheinen sich uneinig zu sein. Die Launen zerren an meinen Nerven. Sieben Filmteamköpfe stehen da und fragen: Was tun wir? Sie fragen nicht direkt, aber schon durch ihre freundliche Anwesenheit fühle ich mich zu einer Entscheidung genötigt. Doch das unsichere Wetter hält uns ortsgebunden. Der Ort heißt Gletsch. Er liegt an der Kreuzung der Straßen zum Furka- und zum Grimselpass.

Der Grimselpass: Kalt, kahl, mondlandschaftlich wirkt er auf uns, technisch erschlossen und genutzt. Ein Knotenpunkt, so geschichtsträchtig wie wenig andere Alpenübergänge. Doch kaum etwas erinnert daran. Immerhin, mittendrin das Hotel »Hospiz«. Hier hält der Linienbus. Eine exponierte Komfortstation, aber auch ein Zufluchtsort, eine Herberge für jeden, so will es ein Schweizer Gesetz.

Wer vermutet sich hier im Naturschutzgebiet? Man hat schon frühzeitig ein Pflaster auf Wunden geklebt, die nie mehr heilen.

Ein auffälliges, schmales Wolkenband schlängelt sich in halber Berghöhe am Hang entlang, die Aare flussabwärts. Der Grimselwurm! Diese ortstypische Wettererscheinung muss sich auflösen, bevor wir an einen hohen Berg denken können.

Für Alpinisten ist der Grimselpass Pforte ins Berner Oberland. Für Kletterer speziell ein Felsenspielplatz gediegenster Granitqualität. Der Weg zur Lauteraarhütte führt nach eineinhalb Stunden am »Eldorado« vorbei. Bis zu 500 Meter hoch locken, südseitig ausgerichtet, ein gutes Dutzend anspruchsvoller Freikletterrouten. Sie wurden samt und sonders von den Brüdern Remy im Sommer 1981 eröffnet.

Unsere Freunde Thomas und Christine können nicht widerstehen. Sie legen Hand an, vor allem aber die Schuhsohlen. Erst die enorme Steigerung der Haftfähigkeit von Kletterschuhsohlen, freilich verbunden mit dem Anwachsen des sportlichen Könnens, hat das Begehen dieser Granitplatten ermöglicht. Die Umstellung vom Griff- und Trittklettern zum Reibungsbalanceakt braucht viel Materialvertrauen und Selbstvertrauen. Thomas ist ein Allroundalpinist, bei dem Kletterkönnen und Nerven harmonieren. Christine ist eine Katze.

Ein Grimsel-Wasserschauspiel im richtigen Licht rundet einen Klettertag ab.

Der neue Handlungsort heißt Rhone-Ursprung. Die Gletscherzunge des Rhonegletschers berührt fast die Passstraße und dient deshalb als Fremdenverkehrsattraktion. Unser Kameraauge darf sich auch diesen Tatsachen nicht verschließen.

Am Furkapass, 2431 Meter hoch, beginnt endlich ein sonniger Sommersonntag. Für heute ist eine Ost-West-Überschreitung des Galenstocks geplant. Der 3583 Meter hohe Berg bietet eine Fülle von alpinen Spielmöglichkeiten. Über einen mäßig schwierigen Felspfeiler wollen wir den Firngipfel erreichen. Wir sind gut gemischt, Alt und Jung, Weib und Mann. Nebelstimmungen steigern die Dramaturgie des Anstiegs. Ein Schleiertanz, der neugierig macht. Der Blick ins obere Rhonetal wird frei. Goms heißt dieser Bezirk. Es folgt ein festlicher Gipfelgang, ein überhöhter Sonntagsgottesdienst. Über dem Rhonegletscher versuchen wir die Gipfel des Berner Oberlandes zu identifizieren, aber unsere Blicke wandern immer wieder hinaus ins Wallis und am Weisshorn bleiben sie hängen.

Die Dreitausender Galenstock, Rhonestock und Dammastock speisen den Rhonegletscher. Der Eisstrom ist 8 Kilometer lang. Er hat eine Fließgeschwindigkeit von 27 Zentimeter pro Tag. Gletscherforschern bietet er einen leicht zugänglichen Arbeitsplatz.

Die ewige Geschichte von seinen Anfängen lassen wir den Fluss selbst erzählen. Sein Rauschen und Dröhnen stärkt unsere Phantasie. Er heißt im Wallis übrigens nicht die Rhone, sondern der Rotten. Vom Gletscher über den Gletschboden ins Obergoms stürzt und tobt der junge Rotten fast tausend Meter hinunter. Dort, wo er sich beruhigt, trifft er auf uraltes Siedlungsgebiet. Ein ebenmäßiges Hochtal, das Land der Walliser, der Walser. Es heimelt uns an. Wir nehmen uns Zeit.

Schon vor der Jahrtausendwende waren die Alemannen über den Grimselpass an die Rhone gezogen, widerstandsfähige und freiheitsliebende Leute. In der Geschichte des gesamten Wallis haben die Bewohner des oberen Rhonetals dann immer die Führungsrolle gespielt. Als zum Beispiel im Mittelalter die Hoheitsrechte der Bischöfe von Sitten durch die Herzöge von Savoyen massiv bedroht waren, da standen die Dorfgemeinschaften des Goms, die »Zänden«, ihrem herrschenden Bischof sehr tatkräftig bei und sie erwarben sich dadurch für die Zukunft eigenständige freiheitliche Rechte. Warum die Walser später zu wandern begannen, weiß niemand so recht. Bis weit in die Ostalpen hinüber errichteten sie bekanntlich ihre dunkelbraunen, eng zusammengedrängten Holzsiedlungen. Immer in einsamen rauen Hochregionen, die gerade noch Viehhaltung erlaubten. Immer von Muren, Lawinen und Brandkatastrophen bedroht.

Aus den schlichten Gomser Bauernhäusern sind bedeutende Persönlichkeiten heraus gewachsen: Künstler, Wissenschaftler, Geschäftsleute. In Unterwald zum Beispiel steht das Haus des Cäsar Ritz, Gründer der legendären Nobelhotels. In Seltingen lässt uns das freundliche Ehepaar Andereggen auf und hinter die Fassade schauen. Wärmeisolierung, aber auch Mode und Prestige waren die Gründe für die aufwändige Holzschindelverkleidung ihres Hauses. Bayerische Ohren tun sich mit dem Walliser Dialekt nicht sehr schwer. Herr Andereggen ist seit vielen Jahren Sammler handwerklicher Kunst und Gebrauchsgegenstände. Es handelt sich nicht um ein Heimatmuseum. Hier wohnt man, stilvoll und mit großem Wohlbehagen. Das Gestern lebt harmonisch mit dem Heute, und selten hat unsere Zeit etwas Stilvolleres hervorgebracht.

Doch wo immer im Goms ein Bergsteiger bei schönem Wetter nach Westen schaut, provoziert ihn die Pyramide des Walliser Weisshorns. Die Anziehungskraft wächst mit dem Näherkommen. Voller Beherrschung verlängern wir die Vorfreude.

In Fiesch hatte das Seilbahnmanagement eine ausgefallene Fremdenverkehrsidee. Sie ist so liebenswert verrückt, dass wir ihr gerne erliegen. Frühstücksbuffet in der Gondel zum Kühboden-Eggishorn. Man programmiert die Auffahrtsgeschwindigkeit auf Minimal und gewinnt für die Gäste dadurch fast eine Stunde gemütliche Frühstückszeit. Die Preisdifferenz zur Normalfahrt beträgt nicht einmal zehn Franken. Eine Parallelbahn ermöglicht dem Seilbahnbetrieb diese gelegentliche Gäste-Galanterie.

Das Eggishorn, fast 2000 Meter hoch über dem Rhonetal, bietet einen der markanten Aussichtspunkte in der Schweiz. Wir sehen im Westen noch einmal den Galenstock. Die Sicht auf den Aletschgletscher kommt einfach nicht ohne Superlative aus. Schwenkt man den Kopf, den Blick, die Kamera oder alles miteinander am größten Gletscher der Alpen entlang gen Westen, gipfelt das Bild zwangsläufig am Matterhorn und verstärkt an unserem Weisshorn. Längst sind wir jenem Viertausender verfallen.

Bei der Air Zermatt buchen wir spontan eine Stunde Film- und Informationsflug. Die Erkenntnis neben den Filmbildern: Die Schlechtwetterperiode schuf Winterbedingungen an den Viertausendern. Die Schweizer Bergführer führen die anspruchsvollen Gipfel bis auf weiteres nicht. Wir werden die einheimischen Laute in unserem Filmton vermissen müssen.

Wir campen in Randa im Mattertal. Das Zinalrothorn signalisiert den Tagesanbruch. Der Zeltplatz erwacht. Hier treffen sich die Bergsteiger und mit ihnen Zufriedenheit, Enttäuschung und Vorfreude, je nachdem. Ein Zimmer im Juli an der Pilgerstraße zum Matterhorn wird nur langfristig planenden Urlaubsgästen zuteil.

Der Anlauf zu einer großen Bergtour passiert ruhig, allmählich, nachdenklich. Wir sind besonders aufnahmefähig für das große Gebirgspanorama, das langsam in den Gesichtskreis wächst. Wir haben offene Augen und Ohren für die grobe Realität wie das Glitzern der PKWs auf riesigen Parkplätzen, aber auch für die feinen Darbietungen des langen Aufstiegs zur Weisshornhütte wie die, hier oben verspätete, Frühjahrsblüte.

Die romantische Beschaulichkeit im fast 3000 Meter hoch gelegenen Refugium täuscht ein wenig. Die Hütte ist belegt. Die Fragen, ob das Wetter schön bleiben wird, wie die Schneeverhältnisse am exponierten Grat sein werden, ob sich die Seilschaften dort gegenseitig behindern werden, ob die eigene körperliche Verfassung für eine genussvolle Besteigung ausreichen wird, all das schafft innere Spannung, macht den ohnehin zu kurzen Schlaf unruhig, aktiviert unsere Träume, formt Aufstiegsvisionen. Bilder und Gedanken fliegen immer wieder vorbei. Die Hütte, der Gletscher, der steinschlaggefährdete Steilaufschwung zum Grat hinauf. Hier müssen wir sein, wenn es Tag wird. Träume und neuzeitliche technische Vorbesichtigung sind von der Realität des Bergsteigens ungefähr gleicht weit entfernt. Auch beim Überfliegen wirkt der Grat nicht kürzer, nicht weniger exponiert und schneebedeckt. Er sieht eher noch halsbrecherischer aus als in der Phantasie, aber auch schön und herausfordernd.

Kommen, sehen und siegen klappt je schwerer, desto höher das Ziel gesteckt ist. Gut ein Dutzend Seilschaften stolpern und steigen in die finstere Nacht hinein. Die Besten sind bei Tagesanbruch am Beginn des Weisshorn-Ostgrates, wir auch. Schneeregen und zunehmender Wind setzen eine, zum Glück deutliche, Umkehrmarke für alle. Schade um den ersten Schwung, aber wir haben uns ziemlich frohgemut zurückgezogen. Die enttäuschte Bergsteigerschar empfindet die Abfuhr als so grob, dass sich die Weisshornhütte nach und nach leert. Während alle verdrossen absteigen, steigt meine Frau Helga – sie war in Randa geblieben – munter auf. Bei strömendem Regen, den Regenschirm in der Hand, den Gleitschirm – meinen Gleitschirm – auf dem Rücken. 1600 Höhenmeter, viereinhalb Stunden lang. In der nunmehr gemütlichen Hütte kommt Freude auf, über Helgas Leistung und Beharrlichkeit, über die Freundlichkeit der Hüttenbewirtschafter Luzius und Renate und über eine positive Wetterprognose vom Flugwetterdienst. Renate, Luzius und ihr Nachwuchs, der heute 3000 Meter hoch den ersten Geburtstag erlebt, verschönern uns den Belagerungszustand, und draußen vor der Hütte bemüht sich das Wetter sichtlich um eine Wiedergutmachung. Noch einmal färbt sich der Monte Rosa in der Farbe seines Namens und der Mond verspricht uns Ersatzleistungen für unsere ausgebrannten Taschenlampenbatterien.

Dann läuft die Teamarbeit planmäßig.

Wieder fallen Gratbeginn und Tagesanbruch zusammen. Es ist absolut vom Allerfeinsten, was uns heute wettermäßig zuteil wird. Ansteigende Tendenz auf der ganzen Linie. Die Sonne, die Temperatur, der Mut und wir selbst natürlich. Alle Geländeformationen, Wand, Turm, Gratschneide, Schneebrücke, die mit Abstand betrachtet schaurig bis abstoßend erscheinen, erweisen sich beim persönlichen Kon-

Das Team am Gipfel
Links: Filmarbeit am Grat

takt als gutmütig. Der majestätische Viertausender begegnet uns mit Wohlwollen und in Privataudienz; denn die anderen Seilschaften ließen sich ja vom gestrigen Wettersturz ins Tal hinunterschocken. Es ist uns vergönnt, heute einen durch den Neuschnee jungfräulich anmutenden Viertausender zu besteigen und zu filmen. In grundsätzlich respektvoller Haltung werden wir gegen 10 Uhr an höchster Stelle zugelassen, genau 4512 Meter hoch.

Wir erkennen rückblickend das vernebelte Rhonetal und den Aletschgletscher. Der Mont Blanc ist ein hochherrschaftlicher Nachbar. 3000 Meter tiefer ameist das Mattertal. Uns graut vor dem Abstieg. Oh ja, der Abstieg. Das Weisshorn ist einer der Gipfel, die keine Entspannung erlauben. Wir denken an Hans Kammerlander und seinen Buchtitel »Abstieg zum Erfolg« und auch an einen berühmten Bergsteiger der Vergangenheit denken wir. Fast auf den Tag genau vor hundert Jahren kam er an diesem Berg um. Es war der 19-jährige Münchner Georg Winkler. Am 16. August 1888 stieg er allein in diese Westflanke ein, mit zu wenig Ausrüstung und zu viel Selbstvertrauen. Erst 68 Jahre später, 1956, gab der Gletscher am Wandfuß seine sterblichen Überreste frei und die unsterblichen, wie Hut, Seil, genagelte Stiefel, Geldbörse und Tabakspfeife.

Sicher wurde das absolute Abenteuer an diesem Berg kleiner, aber noch immer ist es groß genug, um die zufrieden zu stellen, die das Leben gern gut gewürzt genießen möchten. Die Berge der Welt sind erschlossen, die Gipfel der Alpen weit übererschlossen, hört man. Und trotzdem konnte es sein, dass wir auf der Suche nach einem Erlebnisurlaub Ende Juli, am Rand des Gewühls, fündig wurden.

Helga hat unterdessen im Kreis der Hüttenwirtsfamilie ein außergewöhnliches Frühstück im Freien genossen und sie konnte dabei hoch am Grat den Fortgang unserer Arbeit im Auge behalten. Am frühen Nachmittag liegt sie auf einem Felsblock über der Hütte in der Sonne und erwartet ihre kniewackeligen Absteiger. Plötzlich steht ein gewaltiger Steinbock drei Meter vor ihr. Helga vor Angst erstarrt, der Bock wie versteinert, bis er sich endlich, endlich gelangweilt abwendet. Helga war so erschrocken und beeindruckt, dass bei ihr im Zusammenhang mit dem Weisshorn auf Lebenszeit kaum eine andere Erinnerung Platz hat.

Meine eigene Erinnerung an diesen Tag füllt sich kaum weniger phantastisch auf. Die neidischen Freunde verstauen alles in meinem Rucksack, was schwer ist. Dann starte ich dank meiner lieben Frau und des idealen Startwindes direkt neben der Hütte mit dem Gleitschirm, um nach einem grandiosen Transportflug 1600 Höhenmeter tiefer bei unserem VW-Bus zu landen. Voller Mitgefühl denke ich in den folgenden Stunden an die Kniegelenke der Freunde. Nach 1500 Höhenmetern Aufstieg müssen sie auch noch 3000 Höhenmeter Abstieg verkraften. Aber ich denke auch ziemlich lieb an meine Frau, die sich ihren teuflischen Steinbockschock aus dem Gemüt laufen muss.

Bewunderung

Reinhold Messners Erfolge als Bergsteiger, Buchautor, Unternehmer, Vortragskünstler sind weltweit bekannt. Ich habe sie immer neidlos bewundert, aber es nie gerne zugegeben. Seine Qualitäten als Freund sind umstritten. Wie er sich als Lebenspartner und Vater bewährt, geht niemanden etwas an. Seine Durchschlagskraft als EU-Politiker wäre eine Frage wert.

Während meines Berufslebens hatte ich sehr oft Gelegenheit, ihn etwas zu fragen. Reinhold Messner zu interviewen war stets ausgesprochen ergiebig. Ich bin ihm heute noch dankbar dafür, dass er sich fast nie geweigert hat, mir Rede und Antwort zu gewähren. Jetzt erwarten Sie mit Recht eine Erklärung für die Formulierung »fast nie«. Kritikfähigkeit und Kritikaufnahmefähigkeit halten sich wahrscheinlich bei keinem von uns die Waage, aber bei Reinhold Messner wiegt dieses Ungleichgewicht besonders schwer. In einer großen Everest-Pressekonferenz 1978 hatte er die Everest-Bucherscheinungen seiner Freunde beinhart als nicht authentisch erklärt, also als nicht verbürgt, echt, zuverlässig, glaubwürdig. Nur er, Messner, biete in seinem Werk die reine Wahrheit. Bei allem Verständnis für zeitgemäße Eigenproduktwerbung, das war zu viel! Aber wer von uns konnte ihm schon das Gegenteil seiner Behauptung nachweisen? Ich hielt ihm entgegen, einige Bilder seines Buches seien ganz offensichtlich übersteilt, gewollt oder ungewollt (»Everest, Expedition zum Endpunkt«, Aufl. 1978, S. 165, 205). Ich meinte und meine, ein Bilddokument hat ebenso authentisch zu sein wie das Wort. Unsere Auseinandersetzung zu diesem Thema kochte einige Zeit. Heute amüsiere ich mich über Bilder, die uns streitend zeigen. Auf dem Gang des Fernsehredaktionsgebäudes drohte er lautstark, sich nie mehr von mir interviewen zu lassen oder in Zukunft etwa 5000,– DM für ein Gespräch zu fordern. Ich versicherte ihm, eine Sendung wie »bergauf – bergab« brauche vor allem die Berge und die seien noch nie sauer auf mich gewesen. Und außerdem würde er sich mit 500,– DM bereits auf dem Honorarniveau des FC-Bayern-Trainers bewegen. Ich hatte damals das Gefühl, Reinhold Messners niedriger Hochleistungsblutdruck verlangte außerhalb der Berge einfach nach kleinen Stimulierungen.

Die Rückkehr von seiner nächsten erfolgreichen Expedition kam so zuverlässig wie das jährliche Erntedankfest. Ich war, wie viele meiner Kollegen, am Flugplatz in München-Riem und hatte mir schon vorher einen Raum für ein Exklusiv-Interview mit ihm bestellt. Er ging darauf ein, ich freute mich. Nach getaner Arbeit sagte ich ihm, sein Konto würde jetzt natürlich nicht mit 5000,– DM, sondern leider nur mit 500,– DM bereichert werden. Messner meinte, er wolle in diesem Fall gar nichts, weil nicht er zum Fernsehen, sondern das Fernsehen zu ihm gekommen sei. Ich überwies 500,– DM. Er ließ das Geld zurück überweisen.

Davon abgesehen, habe ich in 22 Jahren Fernsehen mit ihm in Bezug auf Gagenforderungen nur positive Erfahrungen gemacht. Wo, wie und wie viel dieser Mann auch immer verdienen mag, er ist sein Geld wert. Messners Ausführungen sind – wie alle wissen – rhetorisch und inhaltlich brillant. Und weil bei ihm dazu immer die Lunte zur Explosivität brennt, kann sich die Unterhaltungsindustrie nichts Besseres wünschen. Aus einer Persönlichkeit der alpinen Geschichte ist längst ein internationaler Showstar geworden.

Eigentlich wollte ich eine ganz andere Geschichte erzählen, aber mit dem Phänomen Reinhold Messner wurde jetzt die Einleitung zu lange und ich bin gezwungen, beim Thema zu bleiben. Was mir hier passiert, ist symptomatisch für die Zunft und darüber hinaus. Man kommt auf Messner und es gelingt einem nicht, das Thema so zu ignorieren, wie man es sich, aus irgendeinem triftigen Grund, vorgenommen hatte. Sowas passiert täglich – bei jedem Bergsteigergespräch!

Allora, Reinhold Messner hat nicht nur sich, sondern auch das Bergsteigen an die Rampe gebracht, in einer Zeit, in der Publikumsträchtigkeit (ein Wort, das man sofort zum Unoder Mieswort des Jahres vorschlagen könnte), also Publicity über Aufstieg oder Niedergang zu entscheiden scheint. Ich glaube, Bergsteigen war nie ein Ding für Einsamkeitssuche, für Individualisten, für Separatisten, für Eigenbrötler, sondern weit eher die Lebensform der Mitteilungs- und Geltungsbedürftigen.

Der junge Messner ist auf der ganzen Linie explodiert, sobald er über die bergige Umrahmung oder Eingeschlossenheit seines Heimattales hinausschauen konnte. Von der Möglichkeit, sich öffentlich zu äußern, machte er von Anfang an regen Gebrauch. Er dachte, redete und schrieb, und manchmal brachte er die Reihenfolge etwas durcheinander. Kein Wunder bei der Flut seiner Ideen. Aber seine Meinungsäußerungen wuchsen immer aus der eigenen Erfahrung heraus. Extremst kletternd, solo und in Seilschaft, erkannte er in den sechziger Jahren die Sinnlosigkeit der hakentechnischen Fortbewegung und ermahnte und stritt darum, den Kletterspieldrachen nicht zu töten, wenn man auch zukünftig mit ihm seinen Spaß haben wollte. Seine Mahnung zeigte Wirkung.

Auch ein Messner wird müde

1970 gelang ihm seine erste Achttausender-Besteigung und -Überschreitung. Gemeinsam mit seinem Bruder Günther. Ein Paukenschlag, der nie abzuklingen scheint. Günther stirbt. Die bergsteigerische Höchstleistung am Nanga Parbat bleibt eine solche. Ein widerrechtliches Buch erscheint. Der Krieg mit Dr. Herrligkoffer beginnt. Messner verliert einige Zehen und er gewinnt eine Frau. Dieses Nanga-Parbat-Abenteuer Messners, an Hollywood als Drehbuch verkauft, könnte man – dem Zeitgeist entsprechend – als größte Messner'sche Finanzrücklage bezeichnen. Reinhold Messner wird nie davon Gebrauch machen – oder doch? Eine tatsächlich verwirklichte Filmidee »Schrei aus Stein« war trotz eines sehr prominenten Aufgebots einer seiner wenigen Flops.

Wir müssen uns die Geschehnisse immer wieder vergegenwärtigen. Messner bestieg 18-mal einen Achttausender, den Everest und den Nanga Parbat allein. Gasherbrum II und Hidden Peak in einem Zug. Er bestieg alle Achttausender ohne künstlichen Sauerstoff. Er eroberte jeden wichtigen, exotischen, entlegenen Zapfen dieser Erde, egal wie groß oder klein, nur irgendwie spektakulär und superlativ musste er sein.

Wissen Sie eigentlich, dass ich mit Reinhold Messner auf dem Hirschberg überm Tegernsee war? (Aber meine Vorliebe für diesen Berg rührt woanders her.)

Die »Horizontalabenteuer« Messners, wie Pole (zwei Stück) und Wüsten, komplettieren sein Grenzgängerleben nahezu perfekt. Was mir fehlt, ist das Meer. Es rächt sich also irgendwie, dass es in Villnöss keinen Schwimmunterricht gab. Ich bitte an dieser Stelle um Nachsicht und Sinn für Humor. Jedenfalls um mehr Humor als Reinhold Messner ihn aufbringen konnte, als er am Matterhorn einen Andenkenladen entdeckte, in dem neben der Tageszeitung Messner-Bücher angeboten wurden. Messner hat über 40 Bücher veröffentlicht. Es sind viele sehr wichtige darunter und einige sehr gute. Ich behaupte, sie alle Wort für Wort gelesen zu haben – und nicht nur die von ihm, sondern auch die über ihn. In Bezug auf die Höhe ist Messner nicht mehr steigerungsfähig, was seine Größe angeht, wäre noch einiges drin.

Bei fast vollständiger Rückkehr zum Ernst des Themas Reinhold Messner reizt es mich, systemlos Plus- und Minus-Betrachtungen der Persönlichkeit zu notieren:

– Reinhold Messner hat den Himalaya-Tourismus verschuldet, und er ist ihm zu verdanken.
– Reinhold Messner schuf eine Lobby fürs Bergsteigen und ein weltweites Interesse dafür.
– Reinhold Messner leidet nicht unter Egomanie, er mag sie.
– Reinhold Messner gestaltet und bewahrt die Alpingeschichte.
– Reinhold Messner belebt das Bergsteigen und wühlt die alpinen Vereine auf.
– Reinhold Messner ist oft ungerechtfertigt streitsüchtig.
– Reinhold Messner verschleißt Partner und Freunde.
– Reinhold Messners Schaden und Nutzen für das Image der Zunft gleichen sich aus.
– Reinhold Messners Leistungen brachten höhenmedizinische Erkenntnisse.
– Die Südtirol-Werbung braucht Reinhold Messner.
– Reinhold Messner bietet auch ohne Yeti genug Spannendes und Unterhaltendes.
– Im Übrigen laufen Grenzgänger immer Gefahr, die Grenze dann und wann zu übertreten.
– Wiederholter »Höhenaufenthalt« kann zur »Überheblichkeit« führen.
– Reinhold Messner unterstützte mich honorarfrei bei der Gründung der Sendereihe »bergauf – bergab« im Jahre 1975.

Alles, was über Reinhold Messner gedacht, geredet, gelästert, geschrieben und kritisiert wird, war und ist mit dem herrlichen Zusatz zu versehen: »Aber a Hund is er scho!« Und eine größere Bewunderung gibt's halt bei uns in Bayern nicht.

Der Blasl-Sepp

Als die Olympischen Spiele in München überstanden waren, kam ich hie und da wieder ein bisserl zum Lesen. Durch olympische Überbeschäftigung dem Gebirge entwöhnt, schlang ich alpine Literatur in mich hinein. Es begegnete mir der Name Sepp Mayerl. Wer war der Mann, der da mit Reinhold Messner und anderen grimmige Dolomiten-Touren früh oder erstbeging, und das nicht nur zur Sommerszeit? Und der sich in den südamerikanischen Kordilleren nur allerschwierigste Erstbegehungen aussuchte? Erst etwa zehn Jahre später durfte ich ihn kennen lernen, den Osttiroler Sepp Mayerl, den sie alle den Blasl-Sepp nennen. Ich kannte viele Tiroler und Südtiroler, aber noch keinen Osttiroler. Natürlich kann man nicht sagen, die Bayern, die Preußen, die Rheinländer, die Schwaben, die Berliner, die Wiener oder eben die Nord-, Süd- oder Osttiroler, aber ich sage es doch, weil nämlich etwas dran ist. (Dieses Etwas ist eine Betrachtung wert, aber nicht an dieser Stelle.) Jedenfalls ist ein Osttiroler etwas Besonderes und der Blasl-Sepp, der ist etwas ganz Besonderes.

1984 erschien in einem bayerischen Verlag ein Buch mit dem Titel »Der Turm in mir«. Ich nehme das Buch zur Hand und in einer gestochenen Charakterschrift steht vorne drin: »Dölsach, 13. Juli 1985, gewidmet dem Hermann Magerer mit Dank für das Porträt im Bayerischen Fernsehen verbunden mit besten Wünschen für viel Gesundheit und Erfolg. In Freundschaft Sepp Mayerl – Blasl«. Dem Sepp glaube ich jedes Wort, ob er es sagt oder schreibt. Sehr glaubhaft ist auch das gedruckte Grußwort in diesem Buch. Es stammt

Sepp Wörmann – Blasl-Sepp – Schleich Sepp – Hermann Magerer – Hans Kammerlander

von Reinhold Messner. Nirgendwo sonst habe ich von ihm so nahezu herzliche Worte gelesen.

Zu Beginn des erwähnten Filmporträts über Sepp Mayerl sendeten auch wir in »bergauf – bergab« ein so genanntes Statement von Reinhold Messner zum Blasl-Sepp. Messner sagt: »Ich habe eine sehr starke persönliche Beziehung zum Sepp Mayerl. Von keinem Bergsteiger habe ich so viel gelernt wie von ihm. Ich hätte nicht diese ›Bergsteigerkarriere‹ gemacht ohne seine Schule. Vielleicht hätte ich auch nicht so überleben können oder ich hätte einen anderen Beruf ergriffen. Ich hätte jedenfalls bestimmte Sachen nicht gemacht, wenn ich nicht Sepp Mayerl kennen gelernt hätte.«

Wer war, wer ist also dieser Sepp Mayerl?

Wir fuhren zu unserer Filmarbeit nach Osttirol. Lienz, die Hauptstadt Osttirols, ist eine Bergsteigerstadt. Das bringt die geographische Lage zwischen Alpenhauptkamm und Südlichen Kalkalpen so mit sich. Ein paar Kilometer südöstlich von Lienz liegen ein Dorf und ein paar Häuser an der Glocknerstraße: Dölsach und Göriach. Hier am Südhang hat sich der Mayerl Sepp Anfang der siebziger Jahre sein Haus gebaut. Unter dem frischen Eindruck einer bergsteigerischen Großtat nannte er es »Haus Lhotse Shar«. Es ist schon einmal typisch für den Sepp, dass er sich für seine Himalaya-Expedition einen Nebengipfel des Lhotse ausgesucht hat, und der ist ja bekanntlich wiederum ein Nachbar des allseits begehrten Mount Everest. Der Lhotse Shar ragt »nur« 8398 Meter hoch aus dem Gipfelgrat des Lhotse-Gesamtmassivs heraus. Aber technisch ist er so schwierig zu besteigen wie kaum ein anderer Achttausender. Sepp und sein Freund Rolf Walter waren 1970 die Erstbegeher. Kenner ziehen auch heute noch vor dieser Tat ehrfürchtig den Hut.

Ebenfalls als Erster beging der Sepp, zum Beispiel, den äußerst schwierigen Fanggrat im Annapurna-Massiv. Seine Erfolge waren nie laut, aber sie waren immer so bedeutend, dass der eine oder andere berühmte Bergsteiger dagegen etwas blass herauskommt, im Leistungsvergleich. Es wäre zu langwierig und auch nicht im Sinn dieser Geschichte, die Tourenliste vom Blasl-Sepp vorzutragen.

Die Familie Mayerl hat ein großzügig dimensioniertes Daheim im »Haus Lhotse Shar« und seinem Drumherum. Kinder, mehrere Kinder, viele Kinder, irgendwann gelingt es, sie zu zählen. Ich komme auf fünf, die Barbara, die Hanni, die Christina, der Seppi und der Andreas. Sie fremdeln zwischen Scheu und Neugier mit dem hereingebrochenen Fernsehteam und seinem Filmkram.

Die Mutter heißt Maria – wie sonst? In einer italienisch-schweizerischen Mundart gibt es das Wort »Sciora«. Man hat mir erklärt, »Sciora« sei alles, was der Mensch zum Behütetsein, zum Zufriedensein, zum Wohlsein braucht. »Sciora« sei der Mittelpunkt der kleinsten Gemeinschaft, die Mutter schlechthin oder besser guthin. Maria ist eine »Sciora«, eine Frau und Mutter, deren Umsicht aber auch weit über den Familienradius hinaus reicht. Bevor Maria die Mayerl-Familie gründete, war sie Entwicklungshelferin in Neuguinea. Sepp, der Ernährer, braucht schon eine weitsichtige und tolerante Frau bei dem, was er tut.

Als er daher kommt, fällt mir sofort auf, dass er sich bewegt wie ein Tier – so sicher, so bewusst, so rund. Von der Statur her ist er nicht groß, nicht klein, nicht dick und nicht dünn. Seine struppigen Haare und sein Bart, vor allem aber die Augen signalisieren Unternehmungslust. Sepps Sprache sprudelt nicht, manchmal tropft sie nur, aber jeder Tropfen hat Gewicht. Fast kommt es mir vor, als würde ihn unsere Filmarbeit verlegen machen. Jedenfalls wäre ich – wie so oft irgendwo – lieber privat hier. Das Kamerateam quartiert sich im nahen Gasthaus ein. Mich selbst wollen sie unbedingt im Haus schlafen lassen. Barbaras Zimmer wird kurzfristig meines. Die Musik- oder Schauspieleridole, die von den Zimmerwänden lachen, sind mir fremd. Es fehlt mir also jede Möglichkeit, mich bei der jungen Dame einzuschleimen.

Wir fangen an, unsere Arbeit zu tun. Damit wir alle miteinander warm werden, klettern wir an einer hauseigenen Natursteinwand. Sie ist beim Hausbau bestimmt nicht unabsichtlich so hoch und breit und griffig ausgefallen. Gleich hinterm Haus kann man in nördlicher Richtung ins Debanttal hineinschauen und in die Schobergruppe. Der Sepp war der jüngste Sohn von sieben Kindern beim Blasl-Bauern in Göriach. Wir wandern auf die Göriachalm, wo er als Bub für die Schafe verantwortlich war, und er erzählt uns vom Wachsen, vom Größerwerden als junger Mensch und vom Größerwerden seiner Natur- und Bergleidenschaft, wobei das Klettern immer eine besondere Rolle gespielt hat. Über dem Almgelände in der Schobergruppe begann also die bergsteigerische Entwicklung vom Blasl-Sepp und im schon wesentlich steileren Kalk der Lienzer Dolomiten, nur ein paar Kilometer weiter südlich, schritt sie in den sechziger Jahren mit Riesenschritten voran. Die Gelegenheit war günstig. Glücklich, wer so ein Gebirge vor der Haustüre hat.

Am nächsten Tag schon wird uns die Ehre einer Klettertour in der Blasl-Variante an der Laserz-Nordwestkante zuteil. Ehre auch deshalb, weil uns der Sepp auf Anhieb so einschätzt, dass wir da hinauf kommen, Kamera, Ton und Redakteur. Im Kletterführer steht: »Nordvariante S. Mayerl, E. Steiner, 5.7.1959, Schwierigkeitsgrad V, äußerst luftig«. Der junge Extremkletterer Ponholzer sorgt dafür, dass die Teamkollegen fledermausartig im Gemäuer herumhängen und dabei arbeiten können. Der Hauptdarsteller bindet den Fernsehredakteur am Standplatz fest, wirft einen kurzen Blick auf die Halbmast-Sicherung in meiner Hand, scheint rundherum zufrieden zu sein und geht los.

Ich denke an einen regnerischen Tag am Zweiten Sellaturm, an dem ich zum ersten Mal mit Reinhold Messner klettern ging. Die Szenerie am Einstieg der »Kasnapoff« war ähnlich. Reinhold sagte: »Mit dir klettere ich gern!« Ich fragte: »Woher weißt du das, wenn wir noch nie miteinander geklettert sind?« »Ich weiß es, weil du so schnell mit den Vorbereitungen fertig bist«, meinte er.

Dann geht der Sepp also los. Er geht in der Vertikalen wie ein normaler Mensch beim Spazierengehen und er stoppt nur, wenn ihn Sepp, der Kameramann, darum bittet oder wenn die Seillänge zu Ende ist. Von Zwischensicherungen hält er offenbar in diesem Schwierigkeitsbereich nichts, so senkrecht der Weiterstieg auch sein mag. Immer wieder hör ich von ihm ein zufriedenes »so« an den allerluftigsten Kletterstellen. Ich bin vollauf beschäftigt, das Seil schnell genug nachzugeben und dann höre ich auch schon wieder »Stand« und »Hermann, nachkommen«. Die Leichtigkeit des Kletterdaseins wird uns ansteckend vom Sepp demonstriert, »so«!

Am Nachmittag sind wir schon wieder daheim. Wir sind warm geworden. Die ganze Mayerl-Familie schenkt uns dieses schöne Gefühl. Noch am Tag zuvor gab mir der Sepp zu bedenken, er fühle sich bei laufender Kamera nicht besonders wohl und hätte dabei mit Sprechhemmungen zu kämpfen. Nun können zwar Fernsehwerktätige zu diesem Thema einen ganzen Katalog an Eigen- und Fremderfahrungen aufschlagen, aber beim Persönlichkeitsgewicht vom Blasl-Sepp kommt es mir vor, als würde sich ein Steinadler vor einer Stubenfliege fürchten. Doch das Problem ist schnell überwunden. Heute sind nicht mehr Kamera und Tongerät seine Gesprächspartner, sondern die inzwischen vertrauenswürdigen Typen, die dahinter stehen. Wir suchen uns einen ruhigen Platz und reden hemmungslos über Dinge, die wichtiger sind als das Bergsteigen: über die Familie, die Religion, den Beruf.

Nur so als bergsteigerisches Vorbild reut uns der Sepp. Unsere Hochachtung gilt vielmehr dem gesunden Instinkt, mit dem er die Schwerpunkte, die Gewichte in seinem gesamten Leben setzt. Der »Turm« in seiner Persönlichkeit bleibt ewig unversehrt. Es spricht jedenfalls sehr vieles beim Blasl-Sepp für eine Protektion von höchster Stelle.

Der »Turm« im Blasl-Sepp ist nicht nur ein Gebirgsturm, sondern vor allem ein Kirchturm. Sepp ist Kirchturm-Restaurator. Er hat eine eigene Firma und einige Angestellte. Alle miteinander sind sie vielseitige Handwerker und zugleich extreme Bergsteiger; denn man arbeitet in diesem Betrieb am Seil und spart das übliche Gerüst. In Deutschland (wen wundert es?) wäre so was unvorschriftsmäßig, in Österreich und Italien ist es das nicht. Um es mit eigener Optik mitzuerleben, fahren wir zur derzeitigen Arbeitsstelle und verabschieden uns deshalb von den Mayerls im »Haus Lhotse Shar«. Als ich grad aus dem Hof hinaus fahren will, kommt ganz schüchtern die halbwüchsige Barbara noch einmal an mein Auto und sagt: »Dich hab ich gern in meinem Zimmer schlafen lassen!« Nie vorher und nie nachher habe ich ein so liebes Kompliment von einer jungen Dame erhalten.

Der »Weiße Turm« in Brixen/Südtirol ist schon ein besonderes Restaurationsobjekt. Er ist hoch und alt und kulturell wertvoll und denkmalgeschützt und drumherum brodelt die Touristenstadt. An der Kirchturmspitze werden die Seile fixiert und Sepp und seine Mitarbeiter bewegen sich um den Turm herum, als würden sie auf einem Jahrmarkt im Kettenkarussell fahren. Die Männer mauern, spenglern, zimmern, malen und streichen. Jeder beherrscht mehrere Handwerksberufe. Und dabei muss jeder Arbeitsgriff sitzen. Jeder muss sich jederzeit auf den anderen verlassen können. Nichts und vor allem niemand darf hinunterfallen. Einmal passierte es. In dem Dorf Ellbögen über Innsbruck arbeitete der Sepp allein an der Verschalung der Kirchturmspitze. Als er sich in seinem Seilfahrstuhl auf die andere Turmseite schwingt, bricht die Spitze des Helmbaums. Der Sepp stürzt über die

Kirchturmkuppel hinaus 25 Meter tief in den Friedhof hinunter. Ein Bauer spaltet Holz im Hof neben der Kirche. Er hört den Bruch und sieht den Sepp fliegen. Später erzählt der alte Draxler, er habe sich zuerst gar nicht in den Kirchhof hinein getraut, weil er fürchtete, einen Mann auf einem der vielen schmiedeeisernen Grabkreuze aufgespießt vorzufinden. Aber Sepp landete exakt mitten auf dem Blumenschmuck des Grabes der Familie Seitner. Unten, oben, links und rechts waren kaum 20 Zentimeter Raum zur Grabumrandung. Er hatte sich in die Oberlippe gebissen und im Krankenhaus in Innsbruck diagnostizierte man immerhin einen Bruch des zweiten Lendenwirbels. Schockiert war der Sepp nicht, eher glücklich und dankbar. Dankbar seinem Herrgott, auf den er und seine Familie vertrauen und nach dem sie ein christlich aktives Leben ausrichten. Die letzten Zeilen seines Berichts über den Kirchturmsturz in Ellbögen lauten: »Nach einem halben Jahr gedämpften Verhaltens, das heißt großer Zurückhaltung beim Bergsteigen, wage ich mich mit einem Freund im Wilden Kaiser in die Fleischbank-Verschneidung und sie gelingt uns.« (Die Route ist mit VI bewertet, damals der oberste Schwierigkeitsbereich.)

An der Spitze des »Weißen Turms« in Brixen tun die alpinen Handwerker ihre luftige Arbeit und das alpine Kamerateam des Bayerischen Fernsehens die seinige, nicht weniger exponiert.

So nebenbei erfahren wir vom Blasl auch, dass sie ihren letzten Betriebsausflug in die Schubert-Führe des Piz Ciavazes unternommen haben (Schwierigkeitsgrad VI), und dass auch am Expeditionserfolg der Fang-Erstbesteigung (7647 Meter) an der Annapurna Mitarbeiter dieser ganz besonderen Kirchturm-Restaurationsfirma beteiligt waren.

Plötzlich fängt der »Weiße Turm« an zu beben. Die Glocken schwingen und dann dröhnen sie. Wir spüren, wie sich der ganze Turm bewegt. Für den Sepp und seine Männer ist das nichts Neues.

Auch den feierlichen Abschluss der Restaurationsarbeiten am »Weißen Turm« lassen wir uns nicht entgehen. Abenteuerlich hängen die Freunde um die oberste Turmspitze herum zum krönenden »Kreuzstecken«. Ein fast mannsgroßes goldenes Kreuz wird auf den obersten Turmknauf gesteckt. Die Geschicklichkeit und Ruhe, mit der die Männer händisch und in der Schwindel erregenden Position ihre Arbeit tun, wird nicht nur von uns und unserer Kamera, sondern auch von ein paar hundert Zuschauern und von der Brixener Kirchengemeinde mit Recht bewundert und beklatscht. Mittendrin hat der Sepp, der heute ein weißes Hemd und einen blauen Südtiroler »Schaber« (Schurz) trägt, auf einmal auch noch eine Flasche Rotwein und vier Gläser in den geschickten Fingern und sie füllen dort oben die Gläser. Der Sepp schreit: »Die Brixener, sie sollen leben!« Und dann trinken sie aus und werfen ihre Gläser hinunter aufs Kirchendach. So gehört es sich. Und die Blaskapelle drunten setzt ihren Tusch drauf und der Pfarrer segnet und die Leute jubeln und freuen sich und ganz besonders freuen sich der Blasl-Sepp und seine Männer, und jeder von ihnen ist weit mehr als der Chef oder der Mitarbeiter in einem Kirchturm-Restaurationsbetrieb.

Als wir nach getaner Arbeit zurückfahren nach München, wissen wir, dass wir wieder einmal nicht nur die Filmausbeute mit nach Hause nehmen.

Ich habe mir natürlich die Bilder von damals, in dem Filmporträt, noch einmal angesehen und dabei auch meine

Schlussmoderation von 1985 wieder gehört. Nach fast 20 Jahren kann ich noch voll hinter dem Gesagten stehen: »Wer auch immer von dem Bergsteiger Sepp Mayerl etwas gelernt hat, dem kann man nur wünschen, dass auch menschlich ein bisserl was vom Blasl-Sepp auf ihn abfärben konnte.«

Blick zurück in den Wilden Kaiser

Der Kalender, die Ruhe in den Vorbergen, vor allem aber die still explodierende Alpenflora und natürlich das lautstarke Vogelgezwitscher, sie alle sagen es: Es ist Mai. Wir sitzen vor der Brünnsteinhütte. Erwartungsvoll stehen die Tische und Bänke auf dem Aussichtspodium, aber noch tut sich wenig. Der Sepp und die Petra bieten hier heroben ein spezielles Weißbier an. Eins mit wenig Alkoholgehalt. Unter diesen Umständen und weil die Sonne so tut, als wäre sie schon einen Monat weiter, muss man einfach eine zweite Halbe zu sich nehmen, nach der Devise: Das Wenige, was ich esse, kann ich auch trinken! Ganz »ohne« kann die flüssige Mahlzeit freilich nicht sein; denn wir werden zunehmend nostalgisch, wenn wir in den Wilden Kaiser hinüberschauen. Etwa 20 Kilometer lang, höchstens, dürfte die Luftlinie sein von hier hinüber übers Inntal bis ins Kletterparadies unserer Jugend. Und wir stellen stolz fest, es gibt eigentlich keinen Gipfel, auf dem wir nicht schon droben waren.

Weil es sich ja fast ausschließlich um Kletterberge handelt, taucht die typische Journalistenfrage auf, ob man da nicht schon fürchterlich gefahrvolle Situationen erlebt hätte? Ich muss nicht lange nachdenken, bis mir der gefährlichste Moment einfällt.

An einem Samstag anno 1957 bin ich mit einem Freund die Rittlerkante am Bauernpredigtstuhl geklettert. Mittag sind wir fertig. Der Freund bleibt auf der Gaudeamushütte. Ich laufe zur Wochenbrunneralm zu meinem Vespa-Roller. Meine Verlobte (so einen Zustand gab es damals noch und darum kann ich mich an Jahr und Tag erinnern!) kommt am frühen Nachmittag mit dem Zug nach Kufstein; denn Helga, die Siemens-Indianerin, muss samstags bis Mittag arbeiten. Ich will sie nicht am Bahnhof Kufstein warten lassen, drum pressierts ein bisserl. Aber meine Vespa ist ja ein »wilder Hobel«.

Wo sich, etwa beim Zementwerk Eiberg, die Weißache und die Straße durch eine Schlucht zwängen, gibt es eine fallende endlose Rechtskurve. Ich fahre zu schnell, es treibt mich nach links. Vor der Kurve hätte ich bremsen sollen, nicht jetzt. Gegen die Fliehkraft und meine Dummheit ist kein Kraut mehr gewachsen. Ich stürze, sehe ein Auto auf mich zukommen, denke: das war's! Alles gleichzeitig. Ich spüre das Auto aber ganz sanft, es streichelt mich. Ich habe mich vom Roller gelöst. Er schleift links ins Gebüsch, ich liege links auf der Straße. Schaue mich um nach dem barmherzigen Auto. Es ist ein dunkler Porsche. Er steht, fährt dann langsam ganz rechts an den Straßenrand. Es scheint lange zu dauern, bis der Fahrer aussteigt und bis ich aufgestanden bin und auf ihn zugehe. Der Mann ist bestimmt doppelt so alt wie ich. Er hat im entscheidenden Sekundenbruchteil seinen Porsche nach innen links gesteuert, um mir Gelegenheit zum Vorbeistürzen zu geben. Und mir ist unvergessen, was er als erstes ganz ruhig zu mir sagt, nämlich: »So, Bua, jetzt bist eigentlich tot!« Was ich gesagt habe, weiß ich nicht mehr. Vielleicht war ich auch vollständig sprachlos. Aber ich weiß sicher, dass ich der Geistesgegenwart dieses Porschefahrers ziemlich viel – wenn nicht alles – zu verdanken habe. Er hat mich weder geohrfeigt noch beschimpft, sondern mir auch noch geholfen, meine Vespa wieder auf die Räder zu stellen.

Die Helga, der Franz und ich wollten am Sonntag die Leuchsturm-Südwand klettern, aber zum Glück trommelte schon in der Nacht der Regen auf das Blechdach der Gaudeamushütte. Ich bin körperlich auf und auf verprellt, und mit soviel Nachdenklichkeit im Kopf sollte man vielleicht grundsätzlich besser wandern als klettern.

Gewandert sind wir damals nur notgedrungen. Immer waren die großen und kleinen Kaiser-Kletterklassiker unser Ziel, und später, nach 1975, ist dann eine ganze Reihe von »bergauf – bergab«-Fernsehbeiträgen in diesem Traumgebirge entstanden: am Kopftörlgrat, der Christaturm-Kante, der Fleischbank-Südostwand, der Totenkirchl-Westwand oder bei der Skiüberschreitung über den Wilden und Zahmen Kaiser und etliches mehr.

Aus unserer Brünnsteinsicht fällt das eigenartige Plattendreieck der Kleinen-Halt-Nordwestwand besonders auf. Viele andere Gipfel, Wände, Grate und Kanten überschneiden und verdecken sich und der Ost-Kaiser bleibt sowieso zum Teil hinter der Ellmauer Halt verborgen. Obwohl die Kleine Halt, was die Höhe angeht, gut 200 Meter unter dem höchsten Kaisergipfel zurückbleibt, hat sie mit ihrer 800 Meter hohen Nordwestwand den höchsten Steilabsturz des Wilden Kaisers zu bieten und vom romantischen Hinterbärenbad bis zur Spitze des gewaltigen Plattendreiecks sind es sogar 1300 Meter Höhenunterschied.

An die Filmarbeit an der Kleinen Halt und das ganze historische Ambiente dieser Kaisertour denken wir besonders gern. Eine Rolle spielt auch, dass wir hier am Brünnstein auf einer Rosenheimer Alpenvereinshütte sitzen und dass wir bei unserer Fernseh-Klettertour einen berühmten Rosenheimer Bergsteiger unweigerlich und gern historisch mit einbezogen haben.

Der ruhigeren Arbeit wegen sind wir antizyklisch unterwegs. Am Sonntagnachmittag nach einer Bergtour im »Pfandlhof« im Kaisertal einkehren, so was würde den ganz normalen Gepflogenheiten entsprechen. Weil wir aber an die Wichtigkeit des Zusammenhockens grundsätzlich glauben, drum tun wir es heute schon vor einer Kaisertour. Außerdem hat's vor ein paar Stunden noch geregnet. Dabei sind der Engl Hans, die Leneis Gitti und das Fernsehteam. Und andere schlaue Bergfreunde haben den halbverregneten Sonntag schnell zum Familientag umfunktioniert. Das Wetter befindet sich laut Radio auf dem Weg der Besserung und wir uns deshalb auf dem nach Hinterbärenbad.

Hinterbärenbad heißt also der romantische Ort. Am Kletterhimmel über dem Anton-Karg-Haus hängen die Kalkplatten der Kleinen Halt. Die Behauptung, hier habe sich seit hundert Jahren kaum etwas verändert, klingt unglaublich, aber sie stimmt. Josef Enzensperger, gebürtiger Rosenheimer, Student, seine Freunde nannten ihn »Enzian«, schrieb 1895: »Die Durchkletterung der ungeheuren, an abschreckender Großartigkeit, an Wucht des Eindruckes und an scheinbarer Unzugänglichkeit ihresgleichen suchenden Plattenwand erschien mir gar bald als das Schönste und Vornehmste aller Probleme im Kaisergebirge.«

Und er löste das Problem auf Anhieb mit seinem vornehmen Freund Siegmund Freiherr von Reuss, das war ein Preuß. Trotzdem, wilde Teufel waren sie schon, die jungen Alten oder die alten Jungen, und ziemlich akademisch. Das war seinerzeit so eine Art Sporthilfe. Also, wie gesagt, die Romantik ist hängen geblieben in Hinterbärenbad, die ewigen Zweifel an der Wetterentwicklung, die laute Begeisterung und die leise Vorfreude. Der Bach vor dem Haus schläfert uns frühzeitig ein.

Der regnerischen Nacht folgt ein wässriger Morgen. Trotzdem brechen wir zur Enzensperger-Route auf, zu sechst vor und hinter der Kamera. Sind wir zu selbstbewusst, überheblich, respektlos oder gar leichtsinnig? Der »Enzian« schrieb nämlich: »Eine Warnung darf ich nicht unterlassen: Man unternehme diese Tour nur bei völlig sicherem Wetter. Wer in den Platten vom Unwetter überrascht wird, ist so gut wie verloren. Man unternehme sie auch nur bei absolut trockenem Fels, das heißt, wenn es drei bis vier Tage lang nicht geregnet hat.« Er schrieb es – wie gesagt – 1895 und die Zeit ist halt doch nicht stehen geblieben. Das Maß der Ehrfurcht vor dem Felsengebirge hat sich reduziert mit dem Aufarbeiten der Probleme und durch sportliche und technische Weiterentwicklung. Das heißt aber nicht, dass der Kaiser unsere Achtung, oder Beachtung, verloren hätte. Die Wandlungsfähigkeit der grimmigen Felsenlandschaft geht uns jedes Mal neu unter die Haut.

Wir reißen uns also irgendwann los von den Eindrücken des Hohen Winkels und des Kopftörlgrates und klettern die steinschlagberüchtigte Totensessel-Schlucht hinauf im wechselseitigen Vertrauen auf unsere reine Gangart.

Am Standplatz der zweiten Seillänge hören wir einen eigenartigen Tierlaut. Ein Vogel? Was sonst in der Umgebung? Das Geheimnis klärt sich ebenso rasch wie überraschend: Es ist die junge Katze aus der Hinterbärenbadhütte. Eineinhalb Stunden lief sie unbemerkt hinter uns her und erst jetzt, im nahezu senkrechten Gelände, beklagt sie miauend das Abenteuerliche an ihrem Ausreißversuch. Die Gegenwart der Mieze verschafft uns ein Problem. Schließlich sind wir im Dienst und in unserem heutigen Dienstplan ist kein noch so putziges Haustierchen vorgesehen. Schließlich unternehme ich den Versuch, das Viecherl in meinem Rucksack zu etablieren. Gitti plädiert dafür, die Katze zu sichern. Aber wie bitte sichert man eine Katze in einem Rucksack? In keinem Alpin-Lehrplan findest du eine entsprechende Anleitung. Und selbst Pit Schubert dürfte in dieser Situation an seine Grenzen stoßen. Das Katzerl selber bietet uns die Lösung, die wir uns so einfach nicht vorgestellt hatten. Ungesichert und völlig ruhig steckt sie ihren Kopf interessiert und neugierig oben aus meinem Rucksack und bleibt stundenlang völlig ruhig auf meiner Ersatz- und Wärmekleidung sitzen. Erst am Gipfel nimmt sie wieder festen Boden unter die Pfoten, scheu der Umgebung und anlehnungsbedürftig uns gegenüber.

Um die Katzengeschichte vorwegzunehmen, auch im Abstieg gehört ihr mein Rucksackplatz. Lange nach den Haltplatten, bereits in Hüttennähe, geht sie dann endlich wieder ihre eigenen Wege. Dass sie meinen Rucksack nicht als Katzenklo benützte, genügt mir als Dank.

Zurück in die Totensessel-Schlucht und zurück zu Josef Enzensperger.

Es reizt einfach, den Bildern von heute den Text von gestern zu unterlegen. »Die Kletterei gestaltete sich sofort mit dem Erreichen der Schlucht außerordentlich interessant. Alles, was das Herz des viel verschmähten Kletterfexen zu erfreuen vermag, findet sich in der prächtigen Rinne: glatte und brüchige, enge und weite Kamine, Wände mit guten und schlechten Griffen wechseln sich beständig ab. Und dabei ist die Situation, in manchem Auge soll das freilich ein Nachteil sein, nirgends exponiert.« Eine optisch interessante Höhlenforschervariante haben die Erstbegeher offenbar außer Acht gelassen. Wir kosten sie mit der Kamera natürlich aus und zwingen den Hans deshalb in den Berg hinein, obwohl er viel lieber luftig um den Durchschlupf herumgeklettert wäre, wie ich, weil ich meine Rucksackkatze nicht quetschen und nicht irritieren möchte. Gleich danach endet die Schlucht in der Totensessel-Scharte. Wir sind nordöstlich aufgestiegen und haben jetzt die begrünte Nordflanke zu queren, um in die Platten der Nordwestwand zu gelangen. Erstmals fallen unsere Blicke etwa 600 Höhenmeter hinunter ins Kaisertal und nach Hinterbärenbad. Dann erreichen wir die Stelle, an der wir wiederum am besten die Sprache des jungen »Enzian« blühen lassen: »Unser Blick traf auf die eigenartigste Felsstruktur, die vielleicht jemals ein menschliches Auge im Felsengebirge erschaut hat. Auf eine so originelle Szenerie, dass wir im ersten Momente sprachlos und starr vor Staunen waren. Die Wand ist nicht eine einzige Riesenplatte, sie ist noch wunderbarer, aber für unser Vorhaben entschieden günstiger zusammengesetzt. Das Geheimnis der Durchkletterung dieser Wand liegt darin, dass man von den seitlichen Kanten und Einrissen in richtiger Weise zu den Rinnen an den unteren Abbruchrändern überwechseln kann und auf solche Art im Zickzack die Platten durchquert.«

Wir tun es! Noch heute lässt sich die Spannung nachempfinden, die auf den beiden Studenten lag, als sie als erste Menschen über die Plattenflucht hinaufkrabbelten. Eine beneidenswert abenteuerfündige Zeit muss es gewesen sein. Enzensperger fasst zusammen: »Die Tour lässt sich überhaupt nicht mit anderen Touren vergleichen. Die technischen Schwierigkeiten sind nahezu ununterbrochen nicht geringe, wenn auch nicht außergewöhnliche. Dennoch wird die Tour stets eine sehr ernste Aufgabe bleiben, die jeder vorher zweimal überlege, bevor er sich zu ihrer Lösung anschickt. Das stundenlange Verweilen in einer Lage von sinnverwirrender Exponiertheit, der oftmalige Mangel an Versicherungspunkten, die Ausdauer, welche die 900 Meter hohe und durchwegs sehr anstrengende Kletterei erfordert, all dies sind Momente, welche diese Bergfahrt nur vollkommen ausgebildeten Felskletterern angezeigt erscheinen lassen.«

Die neuzeitliche Beurteilung der Kletterei könnte lauten: Der Enzensperger-Weg ist ein romantischer Klassiker für Alpinkletterer der sanften Kategorie. Man sollte sich für den Nachmittag nichts anderes vornehmen; denn der Höhenunterschied Hinterbärenbad – Kleine-Halt-Gipfel macht – wie gesagt – 1300 Meter aus. Es empfiehlt sich, den Tag im Kaisertal nostalgisch auströdeln und ausklingen zu lassen; denn es war einer von den besonderen im Kaiser.

Überschlagsmäßig zieht es einen bayerischen Bergsteiger in seinem Leben hundertmal in den Wilden Kaiser – mindestens. Ich hab's alpinemotional nachgerechnet. Auf die Frage »Warum immer wieder in den Kaiser?«, vermag er lächelnd zu antworten: »Ja mei, hoit aa.«

Der »Enzian« äußerte sich zur Kaiserfrage vor hundert Jahren genauso, bloß anders: »Lieb und wert vor allen anderen Bergen ist mir der Wilde Kaiser. In ihm sah ich ja zum ersten Male die Majestät starrer Felsnatur in ihrer ganzen Größe. In seinem Bannkreis habe ich meine glücklichsten Stunden verlebt. Stunden friedlichen Genusses, andere harten Kampfes, Stunden wilder Aufregung, aber auch solche stolzer beseligender Freude. Und darum bin ich in treuer Anhänglichkeit immer wieder zu ihm zurückgekehrt, um an seiner Felsenbrust dem Herzschlage unverfälschter und ungezähmter Natur zu lauschen.«

Heutzutage kann man einen solchen Text nur verstehen und verzeihen, wenn man dort war.

Auch mit meiner Frau Helga war ich schon einige Male dort. Die »Enzensperger« war überhaupt eine unserer ersten gemeinsamen Klettereien (1956).

An diesem »Arbeitstag« wollte uns Helga auf dem »Normalweg« zum Gipfel der Kleinen Halt entgegengehen. Wegen Nebels übersieht sie in den Oberen Scharlinger Böden den Abzweiger zu den Haltplatten – und sie gerät über die Rote-Rinn-Scharte – bei Null-Sicht – auf den Gipfel der Ellmauer Halt. Unverdrossen steigt sie vom höchsten Kaisergipfel – über den Kaiserschützensteig – zur Gamshalt, sieht unter sich endlich den Gipfel der Kleinen Halt – und damit, wieder klar, ihr Ziel. Sie erreicht unseren Treffpunkt nach 1500 Höhenmeter Auf- und 250 Höhenmeter Abstieg in höchst anspruchsvollem Gelände wohlgemut – und immer noch so früh, dass sie auf uns warten muss. Nur wenn Sie, lieber Bergfreund, diese »Solo-Bergwanderung« meiner Frau kennen, vermögen Sie zu beurteilen, welchen Schatz ich zu Hause habe!

Wir haben nicht mehr allzu viel Zeit, uns kaiserliche Wünsche zu erfüllen. Aber zwei Pläne schmieden wir an diesem Mai-Mittag vor dem Brünnsteinhaus: 1. Wir werden endlich einmal den Kaiser durchwandern, drei bis vier Tage lang. Und zwar via Kaisertal, Stripsenjoch, Steinerne Rinne, Ellmauer Tor, Gruttenhütte, Ellmauer Halt, Kaiserschützensteig, Hinterbärenbad, Kufstein. 2. Und noch einige Jahre später werden wir einen Tag lang, bei wechselndem Licht, vom Brünnstein in den Wilden Kaiser schauen.

Rund um die Welt nach Hause

Anfang 1999 schrieb ich dem Chefredakteur einer Zeitschrift eine Ansichtskarte aus Hawaii. Ich bat ihn, mich nicht zu beneiden, empfahl ihm, glücklich darüber zu sein, dass er einer täglichen Arbeit nachgehen durfte und gestand ihm mein Heimweh nach München und sein Drumherum.

Was verstehe ich unter Heimweh oder Fernweh?

Es handelt sich um eine schwerwiegende diametrale Sehnsucht. Fernweh wurzelt in der Pubertät, in der Neugier, im Drang zum intensiven Leben, in der Flucht vor der Monotonie, dem Geborgensein, dem Sichersein. Heimweh wächst aus der Lebenserfahrung.

Rund um die Welt, das stimmt schon einmal nicht. Halbrund wäre richtiger, oder: zu den Antipoden und glücklich zurück.

Tatsache ist: Mit einer Abordnung meiner Familie besuchte ich neulich dreieinhalb Monate lang den Westen der USA, Hawaii, Neuseeland und Australien – also die Neue Welt. Es war meine erste Rentner-Individualreise. In den vergangenen Jahrzehnten waren etwa 30 Dienstreisen in die Bergregionen der Alten Welt vorausgegangen, nach Asien, Afrika und Südamerika. Offenbar hatte ich ein Leben lang den Kopf in die Berge gesteckt und die wahre Tourismusentwicklung an mir vorbeirauschen lassen.

Zunächst einmal begann es damit, dass mein Sohn lässig über Internet Ziele, Fortbewegungsarten, Herbergen, Zeitpläne und dergleichen organisierte und buchte. Wie ein

Schaf ließ ich mich auf die Weide des weltweiten Fremdenverkehrs treiben. Ein Schaf, stets bemüht, sich ein dickes Fell wachsen zu lassen und doch immer der Schur erliegend.

Schon von Haus aus trachtete ich danach, Reiseballast abzuwerfen. Die Frage, welchen meiner Fotoapparate ich mitnehmen sollte, beantwortete ich damit, dass ich sie alle daheim ließ. Endlich wollte ich meinen Horizont über ein Quer- oder Hochbildformat hinaus erweitern. Der zusätzliche Wunsch, ohne Fotoapparat nicht sofort als Tourist eingeordnet zu werden, erfüllte sich leider nicht. Wie sollte einer, der schon nördlich der Donau als Fremdling auffällt, international anonym bleiben können?

Bitte ertragen Sie – nicht einen Reisebericht – aber ein paar Erinnerungsbeispiele.

Die Nationalparks von Kalifornien, Nevada, Arizona und Utah im Winterschlaf sind ein Geheimtipp. Aber man wird die Vorstellung nie ganz los, es handele sich dabei um Filmkulissen. Besuche in Disneyland und Las Vegas verstärken diese Vision. Die Grenzen zwischen Natürlichem und Künstlichem, zwischen Natur und Kultur verwischen. Freizeitkultur heißt der Schlüsselbegriff, dem ich so nachhaltig noch nie begegnet war. Campingmobil, Indianerland und McDonalds prägen unsere Tage im Wilden Westen, und zur Läuterung Fußmärsche.

Einmal entschuldigt sich mein Sohn für eine Schwachstelle in unserer Reiselogistik. In Honolulu auf der Hawaii-Insel Oahu werden wir nach unserer Landung zu nachtschlafender Zeit obdachlos sein. Doch der vermeintliche Logistikfehler stimuliert stark. Ein paar Flugstunden versetzen uns vom Winter in die laue Sommernacht, wo wir im menschenleeren

Flugplatzgelände unter Palmen lagern, bei leiser Hawaiimusik dem uralten Inselklischee nachträumend, bis das Büro des Autoverleihs am Morgen öffnet.

Eine kleine, nicht buchbare Reisequalität wurde uns teilhaftig.

Sonstige hawaiische Impressionen: Waikiki wie erwartet. Sechs Milliarden T-Shirts (drei gehören mir!). Etwas weniger Hotels. Hohes Land und tiefes Meer. Der Vulkan Mauna Kea soll höher sein als der Mount Everest, wenn man sich das Meer wegdenkt. 4205 Meter hoch liegt er auf dem Trockenen. Wir waren droben. Regen und Sonnenschein gleichzeitig. Ruhe und Rummel ebenfalls. Walfische springen höher als man glaubt. Wo die »Queen Elizabeth« anlegt, wird stark Hula getanzt. Amerikanische Inseln unter japanischer Besatzungsmacht – touristisch gesehen. Hawaiianer sind freundliche Menschen. Keine Ahnung, warum sie den Käpten Cook umgebracht haben.

Und warum sie in Neuseeland den höchsten Berg nach diesem neugierigen Seefahrer benannten, fragt man sich ebenfalls. Von ihren rassigen Gipfeln einmal abgesehen, haben die Neuseeländer ihre beiden kleinen Inseln touristisch dermaßen durchstrukturiert, dass ich mir wieder einmal wie ein Schaf vorkommen muss. Vielleicht hinkt der Vergleich; denn neuseeländische Schafe genießen bestimmt weitgehende Freiheiten. Touristen nicht. Wir fühlen uns gegängelt. Das Wanderwegeangebot zum Beispiel zeigt sich so perfekt, als erwarte man ausschließlich körperlich und geistig gehandicapte Naturliebhaber. Letzter Hauch der Ursprünglichkeit bleiben allein die »Sandflies« (Sandfliegen).

Es mangelt uns an nichts. In jeder Preislage wird mit dem Touristen gefahren, gewandert, geflogen, gesprungen, gesegelt, gepaddelt, geradelt, geritten usw. Aber wo, bitte schön,

Die ganze Welt auf einem Wegweiser

kann er es eigenverantwortlich selbst tun? Wo er es versucht, verstößt er sehr schnell gegen Vorschriften. Naturerlebnisse aus zweiter Hand verdrießen uns. Die Gründe für diese Entwicklung sind verständlich. Was nützt ein Schaf, wenn man ihm nicht das Fell über die Ohren ziehen kann? Naturschönheiten besitzen heute ihren Marktwert. Auf den Inseln Neuseelands ist er naturgemäß hoch.

Australien begann damit, dass sich der Taxifahrer über die kurze, unrentable Tour vom Flughafen Sydney zum Autoverleih beklagte. Dieser erste Eindruck signalisierte: Auch Australien gehört dazu. Oder ist es doch nur die Stadt Sydney im olympischen Tourismuswettkampf?

Wir entfliehen dem Straßenbaudschungel der Olympiastadt und erleben recht bald die spezielle Weite des Fünften Kontinents.

Mein Empfinden für ein großzügiges menschenleeres Raumangebot beschränkt sich keinesfalls auf die Ausdehnung des Murnauer Mooses. Nein! Ich durfte unter anderem die Sahara bereisen, die Atacama-Wüste und die Steppen Sibiriens. Trotzdem wird der Himmel über dem australischen Outback bei Broken Hill einen besonderen Ehrenplatz in meinem Erinnerungsfundus einnehmen.

Überall Himmel. Ein Himmel mit weißen, fast kitschig anmutenden Wattewolken. Ein Himmel, zu dem man rechts, links, hinten und vorne hinunter zu schauen scheint; der nur den Platz übrig lässt, auf dem man steht. Er besteht aus rotbraunem Wüstensand. Die klare Luft reflektiert deshalb einen Hauch von rosa an die Basis der Schafwolkenherde. Die Balance zwischen Wachen und Träumen wird freilich von aggressiven Fliegenschwärmen stets auf der realistischen Seite gehalten. Trotzdem lässt sich hier in etwa erfühlen, warum im Zusammenhang mit den Ureinwohnern Australiens so viel von »Traumpfaden« die Rede ist.

Am heiligen Felsen der Aborigines dagegen empfinden wir es als recht scheinheilig, als uns im Visitor-Center des Ulurukatatuja-Nationalparks die Frage vorgelegt wird: »Würden Sie den Nationalpark noch besuchen, wenn der Felsen nicht mehr bestiegen werden dürfte?«

Auf dieser Welt wimmelt es von heiligen Bergen. Die berühmtesten sind längst zum Goldenen Kalb mutiert. Die persönliche Ehrfurcht vor der Schöpfung hängt zwar grundsätzlich nicht von einem Oben oder Unten ab, aber ein Drobensein erleichtert uns diesen Respekt, weil es den Horizont weitet, Überblicke verschafft, nach Plagen feinfühliger macht.

Mein Sohn und seine Frau lieben Australien. Sie haben sich vor einigen Jahren dort ein Stück Land erworben und

Australien

ein Haus darauf gebaut. Während dieser Australienfahrt habe ich meinen Sohn und seinen biblischen Entschluss verstehen gelernt. Dort ist es gut sein. Trotzdem wissen bei uns Jung und Alt, wo sich ihr Platz und ihre Wurzeln befinden.

Na und, wie war's insgesamt? Abgesehen von den familiären Qualitäten der Reise, abgesehen von den Blitzlichtern, von den Glücksmomenten, die sowieso niemanden etwas angehen, abgesehen vom Spaß mussten wir zur Einsicht kommen, die Welt kann längst nicht mehr erforscht, entdeckt, erspürt, erobert werden. Die Welt prostituiert sich an den Touristenpfaden. Sie bietet sich aufdringlich zum Kauf an, über alle Grenzen hinweg gleichermaßen. Bis wir nicht mehr wissen, wo wir uns gerade aufhalten.

Kennen Sie den? »Also mein Mann und ich, wir haben heuer eine Weltreise unternommen, aber eigentlich hat uns das gar nicht so gut gefallen. Nächstes Jahr fahren wir wieder woanders hin!«

Erlebnisvariation

Brot und Spiele braucht der Mensch. Man kennt diese Kombination seit ein paar tausend Jahren. Am besten wär's, wenn jeder Mensch so viel Brot hätte, dass er sich zusätzlich das Spielen leisten könnte. Aber leider fehlt diese Balance, global betrachtet. Während die einen ihr ganzes Sinnen und Trachten nach Brot ausrichten müssen, macht die anderen ihr Überfluss verspielt oder gar zu Spielern im negativen Sinn. Wir gehören zu den anderen, aber hoffentlich zur positiven Kategorie; denn das Bergsteigen ist zweifellos eine Spielerei.

Berufsbergsteiger sind Berufsspieler. Sie müssen und sie wollen sich, des Erfolgs willen, an Höchstleistungen orientieren und geraten dadurch in körperliche und seelische Grenzbereiche, was dem Spiel hie und da den Spaß rauben dürfte.

Als alpiner Amateurspieler hat man es leichter, Bergsteigen kennt keine Spielregeln. Wir variieren unser Bergauf – Bergab schon durch das »Wo« und das »Wann«. Wenn wir auch noch phantasievoll die Art und Weise verändern, kann sich die folgende hochinteressante Spielzusammensetzung ergeben.

Wir weilen am Berninapass, 2323 Meter hoch. Der frühmorgendliche Sonnenschein wird allen Versprechungen der Oberengadiner Tourismuswerbung gerecht, das hochalpine Szenarium nicht weniger. Wir wissen, was ein Aufenthalt in diesem »Festsaal der Alpen« wert ist. Und sie lassen es sich bezahlen auf Schritt und Tritt, und in Ruhestellung erst recht. Die klingenden Bergziele der Region haben wir zur rechten Zeit erreicht. Jetzt sind wir alt genug, uns etwas Neues einfallen zu lassen. Wir wollen einen Freund besuchen, der schon vor Jahren von München nach Poschiavo übersiedelte – der Genussspecht!

Poschiavo, wo der Ernst sein Haus hat, liegt genau südlich des Berninapasses, luftlinienmäßig etwa 10 Kilometer weit und 1500 Höhenmeter tiefer, knapp an der Grenze zum Veltlin. Tirano heißt der erste italienische Ort. Dort unten muss es schon gemütlich warm sein. Hier heroben beansprucht der Winter den größten Teil des Jahres und den derzeitigen Frühsommer schon gar. Wir könnten jetzt natürlich etwa 30 Kilometer weit auf der Straße ins so genannte Puschlav hinunterfahren, aber das kann ja jeder.

Ich lese also in Walther Flaigs Alpenvereinsführer »Berninagruppe« nach: Das Puschlav oder Valle Poschiavo. Flaig schreibt: »Ich muss mich mit einer ganz kurzen Beschreibung dieses in jeglicher Hinsicht seltsamen und eigen-, ja einzigartigen Tales bescheiden. Das Tal gehört seit 1803 (dem Jahr des Anschlusses des ›Grauen Bundes‹ = Graubünden) zur Schweiz. Es liegt im lombardisch-italienischen Sprachgebiet, doch sprechen die Puschlaver einen eigenen Dialekt. Das herrliche Tal, das südseitig ins Veltlin entwässert, stürzt in vielen markanten Talstufen aus dem Gletscherklima am Berninapass, ja sogar von den Eisgraten des Piz Palü, 3905 Meter, bis in das Weinklima des Veltlins hinab auf 400 Meter. Wo Weinreben, Edelkastanien, Feigen, Maulbeerbäume, Mais und Tabak gedeihen. Um einen schönen Tiefblick durch das südoffene Tal hinaus zu gewinnen, empfehle ich die Besteigung des einzigartigen Aussichtsbalkons Piz Campasc, 2598 Meter, vom Berninahospiz eineinhalb bis zweieinhalb Stunden Gehzeit.«

Wir parken an der Bahnstation der Rhätischen Bahn und gehen sofort los in Richtung Süden. Zur Rechten der Schienenstrang und der Stausee, links schlängelt sich in einiger Entfernung die Passstraße talwärts. Es erhebt sich nur ein einziger Berg vor uns und auch der nicht sehr hoch. Zunächst wandern wir weglos, eben dahin über Felsplatten, bunte Moose und Flechten. Mit dem Ansteigen des Geländes stoßen wir auf einen markierten Pfad. Was unser gemeinsames Ziel angeht, fängt meine Frau jetzt an, eine andere Meinung zu vertreten als ihr Ehemann. Es sei völlig sinnlos, den vor uns liegenden Felsengipfel mit unseren großen Rucksäcken zu erklimmen, wendet sie ein. Eine großartige Aussicht hinunter ins Puschlav sei von dort oben sicherlich unvermeidlich, aber einen Startplatz für zwei alpine Fluggeräte fänden wir auf dem Gipfel nimmermehr. Und wenn wider Erwarten doch, dann würde der Wind bestimmt von der falschen Seite anströmen. Und sollte er tatsächlich ideal von Süden anströmen, dann sicher zu stark. Und wenn nicht, wo bitte schön sollten wir dann überhaupt hinfliegen, in der uns völlig unbekannten Region? Und ob man hier eine eidgenössische Start- und Landegenehmigung bräuchte, fragt sie, und überhaupts ... Weil ich die Argumentation meiner Ehefrau momentan noch nicht in allen Punkten widerlegen kann, lasse ich sie einfach hinter mir hermosern. Aus langjähriger Flug- und Eheerfahrung weiß ich, sie braucht dieses Unmutsventil, um aufsteigende Adrenalinwallungen im Zaum zu halten.

Ein schmaler Felsensteig auf der Westseite des Berges weist uns zum Gipfel. Es wird spannend. Helga schweigt ergeben oder resigniert oder beleidigt. Die versprochene Aussicht talaus nach Italien und der erhoffte Gleitschirmstartplatz haben unsere ganze Neugier. Dann löst sich die Erwartung in totales Wohlgefallen auf, was die Aussicht betrifft, und immerhin in eine gewisse Zufriedenheit mit den Startmöglichkeiten und der Windrichtung. Eine ideale Anlaufwiese in der exakt richtigen Neigung durften wir auf diesem Felsengipfel wirklich nicht erwarten. Wir sehen vor uns einen langen Grat, der nach Süden hinunterzieht. Links die Steilhänge des Val dal Teo und drüber der Felsturm des Piz dal Teo. Weiter draußen eine Schlucht, die Straße verschwindet in ihr. Rechts vom Grat, für das Auge und das Fliegergemüt beruhigender, die Alp Grüm. Die ebene, grüne Fläche der Cavaglia, in der ein paar Bäche glitzern und immer wieder der schmale Schienenstrang der Rhätischen Bahn sichtbar wird. Draußen, vor Poschiavo, weitet sich das Tal einladend, blinzelt ein See im Gegenlicht, häufen sich die besiedelten Stellen und die Hochspannungsmasten.

Der Wind weht, er bläst nicht. Und er tut es ideal von Süden, aus der Sonne heraus. Ich rede meiner Pilotin ein, er röche nach Zitronen. Das Ob-überhaupt-Fliegen-Können-oder-Wollen scheint bei diesen Gegebenheiten auch für Helga beantwortet zu sein. Es bleibt ihre bange Frage nach dem Landeplatz dort unten, irgendwo. Wie soll ich diese Frage erschöpfend beantworten? Ich kenne sie gut genug, um zu wissen, dass sie sich bald mit meinem »Jetzt fliegen wir einmal und dann sehen wir das schon, und das ist ja das Spannende vom Ganzen, und denk dir nix!« abfinden wird. Ja, ich weiß, dass sie sich mit diesen überzeugenden Argumenten zufrieden geben wird.

Wir genießen die Betrachtung der Berninagipfel sehr eingeschränkt. Aber die Pize Cambrena, Palü, Bellavista usw. verdecken sich von hieraus sowieso einigermaßen und umgeben sich zudem mit Schönwetterwolken.

Startvorbereitungen nehmen uns gefangen.

Schließlich steht sie vor mir auf dem breiten, grasig-felsigen Grataufschwung des Piz Campasc. Längst ist konzentrierte Ruhe zwischen uns eingekehrt. Dann steigen plötzlich 21 Quadratmeter rotes Tuch über ihr auf und sie fliegt. Beruhigt weiß ich von den extrem günstigen Flugeigenschaften meiner Frau. Sie wiegt kaum mehr als eine Wildente und der Wind wird sie schon hinaustragen aus dem schroffen Felsengebirge. Bald danach hänge ich hinter ihr über dem flachen Grat. Seine schwachen Thermikablösungen tragen uns, größere Thermiktürme fehlen. Freiheit umfängt uns, Vogelperspektive mit nichts zu vergleichen und unbeschreiblich, in der unbekannten Geographie ganz besonders.

Überwältigende Schau und Warmluftsuche werden irgendwann abgelöst von der Spannung der Landeentscheidung. Ich kann sie Helga nicht abnehmen. Sie fliegt unter mir. Die Schlucht, Steilhänge, Dörfer, der Posciavino-Fluss, Straßen, Wege, Stromleitungen. Über die Siedlungsfläche von Poschiavo zum See hinaus wird sie kaum mehr kommen. Ich vielleicht schon. Kurz vor dem Ort wird Heu geerntet und ich weiß auch schon, dass sie das mag und dass sie dort hinfliegen wird. Eine ganze Puschlaver Bauernfamilie vom Großvater bis zum Kleinkind freut sich, als Helga – wie immer sehr gekonnt und bei dem lebhaften Bodenwind butterweich – landet, und ich etwas später ein paar Meter daneben.

Die bunten Hightech-Erscheinungen gehören in diesem Tal noch nicht zum Alltag, für die Kinder schon gar nicht. Der Familienchef ist schnell erkannt und ich bitte ihn nachträglich um die Landeerlaubnis auf seinem Land. Bei aller Freundlichkeit lassen sie sich nicht allzu lange von ihrer Arbeit aufhalten. Auch der Vierjährige findet seinen kleinen Wasserlauf schnell wieder interessanter als ein paar dahergeflogene Luftikusse. Die Fliegerin als Spielkameradin akzeptiert er aber sofort. Ich verwandele inzwischen zwei Luftfahrzeuge in zwei Rucksäcke.

Unsere Flugbegeisterung klingt sehr stark nach, als wir glücklich nach Poschiavo hinein wandern und als erstes am Bahnhof die Gleitschirme »gepäckverwahren«. Eine Stunde später sitzen wir in der romantischen, liebevoll gepflegten Ortsmitte bei Eis und Cappuccino, von uralten Kulturgebäuden umzingelt. Die Kirchturmuhr schlägt, der Brunnen plätschert, man würde kaum einen Hauch von Tourismus spüren, wären da nicht die Meine und ich in Bergsteigerkluft; denn der Ernst und die Dorothea an unserem Tisch sind in Poschiavo längst eingemeindet. Weit mehr – unser Freund Ernst ist hier Ehrenbürger.

Erörterungen und Kurzinformationen tun not.

Ich hatte mit Ernst Conrad 1953 als 18-Jähriger in einem Münchner Verlag kurz etwas zu tun. Er war damals Mitte zwanzig. Nach einer kurzen Pause von 30 Jahren begegneten wir uns wieder. Er war Verleger, ich ein Journalist, der etliche seiner Bergbücher im Fernsehen besprach. Wiederum ein Weilchen später verkauft Ernst den Münchner Verlag und begibt sich in den Altersruhestand – wohin besser als ins schweizerische Puschlav mitsamt der ebenfalls oberbayerischen Dorothea.

Besuch erwünscht, immer wieder geplant, endlich realisiert. Und schon sind wir hier gelandet. Die Freude ist ehrlich und vierfach. Aber es ist längst noch nicht solcher Glückstage Abend! Die Geschichte setzt sich märchenhaft fort.

Hermann, Helga und Ernst Conrad

Verzeihung, wir müssen unserem Freund Ernst unterstellen, dass er in seinem Haus am Ortsrand nicht nur von der bundesdeutschen Rente lebt. Vielmehr steigt er Berg, spielt Klavier, freut sich an seiner Bibliothek, sammelt Gemälde, züchtet Orchideen und hat uferlos Ideen. Vor einiger Zeit kaufte er ein Haus im »Centro Storico« von Poschiavo, nicht irgendeines, sondern ein denkmalgeschütztes, entstanden im 12. Jahrhundert, kulturell hochwertig umgebaut 1856 und jetzt aufs Feinste restauriert von Ernst Conrad. Er tat es nicht, um drin hochherrschaftlich zu wohnen, sondern um seiner Gemäldesammlung einen würdigen Rahmen zu geben. Poschiavo erfreut sich also ab sofort der Stiftung »Fondazione Ernesto Conrad« im »Casa Console«, weil nämlich ein Vorbesitzer des schönen Gebäudes nicht nur Cafetier und Kirchenrat in Poschiavo, sondern auch noch Konsul in Warschau war.

Als nächstes genießen Helga und ich samt unserer Bergschuhe – es sind ja keine genagelten – den Eintritt ins Haus und in die Ausstellung. Ernst sammelte fast ausschließlich Malerei der Romantik des 19. Jahrhunderts, für Kunstkenner: Klassizismus, Nazarener, Biedermeier, Impressionisten und Jugendstil. Die Künstler entstammen zum größten Teil der so genannten Münchner Schule und ihre Landschaftsmotive sind süddeutsche. Wir werden überrascht durch sehr bekannte Künstlernamen wie Seiler, Lenbach, Kaulbach, Stuck, Defregger, Morgenstern, Hodler, Compton, vor allem aber Spitzweg. Besonders die Spitzweg-Gemälde, aber auch alle anderen präsentieren sich in den verschiedenen, unterschiedlich ausgestatteten, sehr intim wirkenden Ausstellungsräumen im geschmackvollsten Ambiente in einer Atmosphäre, die sich für Sensible im Haus, in der Straße, im Ort, im Tal und in den Bergen drumherum nach außen hin fortsetzt und weitet.

Meine Frau und ich sind beeindruckt und ein bisserl stolz drauf, dass wir den Eindruckstifter kennen und von ihm eingeführt wurden. Es ist uns also eine besondere Ehre, uns am Nachmittag bei einem Ehrenbürger bedanken und verabschieden zu dürfen.

Dennoch hat sich unser erlebnisreicher Tageskreis noch nicht geschlossen.

Auf dem weiteren Fahrplan steht: Rucksäcke aus der Gepäckaufbewahrung holen und besteigen des offenen Aussichtswaggons der Rhätischen Bahn. Behutsam rollen wir bergauf. 1300 Höhenmeter aufwärts will dieser schmalspurige Eisenwurm mit uns bewältigen, ohne die Hilfe von Zahnrädern, einfach als so genannte Reibungs- oder Adhäsionsbahn. Kurven und Serpentinen werden uns verwirren, bis wir Rechts und Links und die Himmelsrichtungen nicht mehr auseinander halten können und sogar das Erkennen von Oben und Unten wird sich durch Tunnels erschweren; denn wir sitzen ja im Freien, im Eisenbahncabriolet. Die gemütliche Fahrt ist tatsächlich ebenso wunderbar aussichtsreich wie verwirrend in ihren Perspektiven. Eine mitfahrende Schülerklasse sorgt akustisch für ein anhaltendes Geisterbahnfeeling und bald ertappen wir uns dabei, wie wir voller Freude mitschreien, wenn es dunkel wird und wieder hell, wenn die Sonne links erscheint und dann wieder rechts und der Piz Palü ebenfalls hin- und herwechselt und die Gletscher und die Wälder und die Tiefblicke hinunter ins Puschlav. Die verrückt-schöne Fahrt beruhigt sich erst droben auf der Passhöhe am Ufer des Lago Bianco. Wir steigen aus. Das Zuggeräusch entfernt sich. Es ist still und kühl am Berninapass. Wir wissen, mehr hat in einem erlebnisreichen Tag nicht Platz.

Fernwandern

Im Verlauf dienstlicher und privater Bergsteigerjahre registrierten wir die Wellenbewegungen bergsteigerischer Lüste zwischen Berg und Tal, nah und fern, heiß und kalt, lang und kurz. Wir sehnten uns in eisigen Höhen nach warmen Kletterspielplätzen, auf endlosen Schneeflächen nach blumigen Almwiesen, mitten im Himalaya nach einer lieblichen Mittelmeerinsel. Wir waren in den Bergen der Welt oft wochenlang zu Fuß unterwegs, denn nur so lernt man ein Land kennen – wenn man drauf geht und drauf schläft.

Beim Unterwegssein in Sibirien, genauer im russisch-mongolischen Altaigebirge, so richtig am Busen einer brutalen, kalten, nassen, morastigen Natur, wurde unter den mitleidenden Freunden der Wunsch geboren, nie wieder, oder wenn, dann nur noch durch sonnige, warme Höhen über blauem Meer zu wandern. Es blieb nicht beim Träumen; es wurde die »Grande Randonnée« durch Korsika daraus.

Und es musste natürlich ein Film entstehen.

Ein Bergurlaub auf der Insel Korsika beginnt sehr ungewöhnlich. Die Flaggen im Hafen von Calvi signalisieren das Wesentliche: erst der Mohrenkopf für Korsika und dann die Trikolore für Frankreich. Der Fremdenverkehrsort Calvi bietet werbeträchtige Geschichten. Christoph Kolumbus soll in Calvi geboren sein (hauptsächlich aber in Genua). Admiral Nelson verlor in der Bucht nicht nur ein Scharmützel mit den Korsen, sondern dabei auch ein Auge. Nur ein Auge für Korsika zu riskieren, das wäre sowieso zu wenig. Die Eigenarten und Kontraste der Insel vermitteln von Anfang an mehr als bloße Ferienstimmung.

Wir staunen über Felsverwitterungen – man nennt sie Tafoni. Sie wirken wie »Nachdenkmale«, wie eindrucksvolle Symbole für die Natur- und Menschengeschichte Korsikas. Zeitgemäße Zutaten, wie die vielen Hochspannungsleitungen, erscheinen daneben nur lästig und lächerlich. Für die Dauer von zwei Wochen erleben wir auf der Fahrt ins Gebirge die letzten Streckenmeter, auf denen wir bewegt werden. Unser Spezialbus mit Kochmöglichkeit und fünf aufklappbaren Dachzelten bildet den Kernpunkt der Logistik unserer Korsika-Durchquerung. Wir werden das Vehikel wie eine mobile Alpenvereinshütte benützen. Von Nordwesten nach Südosten wollen wir die Berge Korsikas durchwandern, fast 180 Kilometer weit. Die Idee ist alles andere als neu, sie hat einen bekannten Namen, nämlich Fernwanderweg Nr. 20 oder kurz GR 20.

Fern- oder Weitwandern ist eine der vielen Spielformen alpinistischer Freizeitgestaltung. Als Kletterer, Skibergsteiger, Hochtouristen, Bergradler, Gleitschirmflieger etc. waren wir vielfach unterwegs gewesen, niemals jedoch als Fernwanderer, obwohl wir Europäische Fernwanderwege Numero soundso vielfach gekreuzt hatten. Wanderweg klang uns vielleicht etwas zu harmlos – bisher.

Ganz pauschal gesehen, halten wir uns alle für so genannte »Geübte«. Die Notwendigkeit dieses Ausbildungsstandes stellt sich schon auf der ersten Etappe heraus. Sie ist mit einer reinen Gehzeit von siebeneinhalb Stunden veranschlagt, 1500 Höhenmeter bergauf und 500 bergab. Die Entfernung vom Forsthaus Bonifatu zum Plateau Stagnu beträgt 14 Kilometer. Die gesamte Tortur haben wir forsch auf elf Tage

Die mobile Alpenvereinshütte

verteilt. Und dabei soll auch noch ein ordentlicher Film entstehen! Die kürzeste Tageswanderzeit beträgt sechseinhalb Stunden, sie kommt nur einmal vor. Neun, zehn und elf Stunden sind des Öfteren angedroht, die Krönung zieht sich über 14 Stunden hin. Mit dieser Information versehen, neigen wir ab sofort dazu, die alpine Disziplin »Weitwandern« sehr ernst zu nehmen. Auch geländetechnisch hatten wir von einem Wanderweg bisher etwas andere Vorstellungen.

Aus allen Fugen und Ritzen des Urgesteins quillt, plätschert, rauscht, sprudelt und tost es. Die Summe trägt den Namen Spasimata-Bach. Es ist Frühsommer, in 1700 Metern Höhe stoßen wir auf eine beachtenswerte Schneedecke. Man könnte vielleicht vermuten, Berge im Mittelmeer, die sich ein bisserl über 2500 Meter erheben, wären mit leichter Kleidung und lässigem Schuhwerk zu bewältigen. So ein Irrtum aber würde sich hier unangenehm, wenn nicht böse auswirken. Im ungünstigsten Fall benötigt man auf Korsika in der Höhenlage über 2000 Meter sogar Eispickel und Steigeisen zum Weiterkommen. Zur selben Zeit, in der der Strandurlauber nur wenige Kilometer entfernt die warme Sonne genießt, tastet sich in der Höhe der frierende Bergsteiger durch düstere Wolkenbänke. Die Baumgespenster im Nebel sind uralte Laricio-Kiefern. Als Mastbäume für Segelschiffe waren sie von jeher besonders gefragt. Auch Admiral Nelson hatte – wie gesagt – glücklos ein Auge drauf geworfen.

Wir weitwandern also ab sofort auf der alpintechnisch anspruchsvollsten Teilstrecke der Tour, vom Col Perdu durch den Kessel von Solidude zur Bocca Minuta. In etwa zwischen den berühmtesten Korsikabergen Monte Cinto und Paglia Orba.

Der GR 20 ist in seiner ganzen Länge weiß-rot markiert. Schnee und Nebel können jedoch den bergsteigerischen Orientierungssinn schon einmal auf die Probe stellen.

Die ersten brauchbaren Informationen über diese wilde Felsenregion stammen übrigens von dem Stuttgarter Arzt Dr. Felix von Cube. Um die Jahrhundertwende war er hier mit seinen Freunden vom Akademischen Alpenverein in München auf der Suche nach Bergabenteuern sehr fündig geworden. 1961 – noch zu seinen Lebzeiten – hat man einen Felsturm nach ihm benannt. Von Cube & Co. kamen seinerzeit mit Schiff, Eisenbahn, Tragesel und Zelt. Die bergsteigerische Infrastruktur hat sich in fast hundert Jahren auf Korsika weit weniger verändert als anderswo.

Die gastliche Hütte in Omnisbusform hat uns erreicht und wir sie. Nicht nur einmal fallen uns schon vor Einbruch der

Dunkelheit die Augen zu. Nach zehnstündigem Fernwandern hat sich diese Betätigung ins Unterbewusstsein eingegraben und macht auch im Schlaf nicht halt. Bei der Schönheit dieser Berglandschaft fällt es schwer, Wachen und Träumen auseinander zu halten. Nur der allgegenwärtige Muskelkater macht es möglich.

Die Paglia Orba, der begehrteste Gipfel Korsikas, bleibt kein Traum. Wir besteigen ihn schnell und außerplanmäßig. Die Nebel ziehen durch den Capu Tafunatu, ein Felsentor erklärt die Naturerscheinung. Bald werden 1000 bis 1500 Höhenmeter Anstieg für Gemüt und Muskulatur zur Gewohnheit. Unsere Mobilunterkunft fordert Zusatzleistungen, weil wir täglich zu einer Straße absteigen müssen. Natürlich gibt es inzwischen Hütten auf dem GR 20, aber sie sind nahezu alle unbewirtschaftet. Man hat also die Wahl zwischen schweren Versorgungsrucksäcken oder beträchtlichen Fleißaufgaben mit leichtem Gepäck.

Der Vorrat an Bildern scheint unerschöpflich zu sein. Im Talschluss von Restonica liegt der Capitellosee. Ein abstraktes Schauspiel von Fels, Licht, Wasser und Eis lässt uns schweigen und staunen. Eis, Schnee und Badegelegenheiten für Naturburschen, und gleich geartete Damen natürlich, liegen oft nicht tage-, sondern nur stundenweit auseinander. Das Meer und das Wasser von den Bergen machen den Hauptreiz Korsikas aus und bestimmen den Glanz der Insel. Wasser regt an, zum Nachdenken und überhaupts. Ohne Wasser geht gar nichts und ein Bergsteiger am allerwenigsten, so lautet unser ältester Kalauer. Gesunde Müdigkeit macht locker und verführt zum Blödeln. Es sind immer die ganz einfachen lächerlichen Dinge, die ein Urlaubsbetriebsklima liebenswert machen.

Die Stadt Corte bietet einen triftigen Grund, die Monotonie der Naturschönheiten zu unterbrechen. Das alte Herz der Insel liegt nur 20 Kilometer abseits des GR 20. In den romantischen Gassen hinter den brüchigen Mauern scheint der ewige Frieden zu nisten. Aber die Geschichte und die aktuelle Erfahrung lehren, dass der unsterbliche korsische Patriotismus hier sein Zuhause hat. Das freie Korsika mit der Hauptstadt Corte gab es nur einen geschichtlichen Wimpernschlag lang, von 1755 bis 1769. Der berühmteste Korse aller Zeiten, Napoleon Bonaparte, erhob natürlich seine Geburtsstadt Ajaccio 1811 zur Hauptstadt. Der kleine Kaiser war seinen Landsleuten immer zu groß – aber nicht nur ihnen. Stolz und Sturheit sind sprichwörtlich auf Korsika. Wahrscheinlich weil und nicht obwohl diese Insel immerzu überfallen, geplündert und beherrscht wurde. Gegen die Griechen, die Römer, die Päpste, die Seeräuber, die Spanier, gegen Pisa und Genua, gegen die Österreicher, sogar gegen einen deutschen Baron, der sich bescheiden Theodor I. König von Korsika nannte, gegen die Franzosen sowieso, gegen alle und noch mehr setzten sich die Korsen zur Wehr. Neuerdings gegen den Fremdenverkehr, ohne den sie aber nicht leben können. Soviel Charakterstärke findet man selten. General Pascal Paoli jedoch war ihr Held. 14 Jahre lang gab er die Richtung an, in einem freien Korsika. Corte würde wie ein freundlicher Ausflug in die Vergangenheit anmuten, wäre es einen Tag nach unseren Filmaufnahmen nicht zu Schießereien in der Stadt gekommen – nicht zum ersten und nicht zum letzten Mal. Auf die Frage »Warum?« zuckt man lächelnd mit den Achseln.

Eines morgens spüren wir ein anderes Klima, wir riechen das Mittelmeer. Es wird wärmer. Unsere Ausrüstung wird leichter, mit Ausnahme der Kamera. Schon seit Tagen wechseln wir uns beim Tragen der Kamera ab. Ich bin der Älteste und nehme deshalb den jeweiligen Tagesanfang für die Buckelei in Anspruch. Michl aus dem Bayerischen Wald ist unser Jüngster und Stärkster. Ihn trifft die Erschwernis am heißen Spätnachmittag. Unsere Wasserflaschen sind zwar immer gefüllt, aber spätestens am Mittag geistert regelmäßig die Fata Morgana von einem kühlen Bier durch unsere überhitzten Phantasien.

Momentan queren wir ein Skigebiet. Skigebiete in allen Bergregionen sind so unvermeidlich wie McDonald's-Niederlassungen in Wohngebieten. Kultursignale unserer Zeit. Auch die Baubaracke, etwa 50 Meter über uns, ordnen wir so ein. Doch an der Hüttenwand springt uns auch noch – wie zum Hohn – ein bekanntes Reklameschild in die Augen, nämlich »Erdinger Weißbier«. Unser aller, aber besonders Michls Blick bekommt etwas sichtbar Gieriges. Der Bretterverschlag scheint bewohnt oder gar bewirtschaftet zu sein. Auf der Stelle verspreche ich unserem Jüngsten ein Weißbier und renne hinauf. Das Wunder wird wahr, es kostet 9,– DM pro Halbe. Und Michl will mich zu diesem Preis von meinem Versprechen entbinden, weil er so einen Wucher einfach nicht unterstützen könne. Schnell haben wir ihn davon überzeugt, dass Charakterstärke in dieser Situation nicht nur unangebracht, sondern völlig unmenschlich sei. Wir verlassen das Skigebiet viel fröhlicher und toleranter als wir es betreten haben.

Die nächste Etappe bringt uns Buchenwälder, Mischwälder, Stunde um Stunde, und immer wieder Brandgeruch, je weiter wir nach Süden kommen. Die Zerstörung großer Waldflächen hat auf der Insel – wie manches andere – ungeklärte Ursachen: Leichtsinn, Protest, Sabotage, Rache, kommerzielle Interessen, wie auch immer. Die Brände sind ein ökologisches Unglück. Es sind Naturfriedhöfe, die man schockiert betritt und traurig verlässt mit der Frage, ob die Wunden je wieder heilen.

Weitblicke versöhnen unsere Gemüter. Im Rücken den Monte d'Oro erwacht unser Inselbewusstsein mit dem ersten Blick aufs Mittelmehr seit eineinhalb Wochen. Noch aber warten viele blaue Berge darauf, von uns überwandert zu werden. Das Zunehmen betörender Düfte stimmt uns immer mediterraner. Von etwa 2000 verschiedenen Pflanzenarten haben wir reden hören, sie einzeln anzusprechen, dürfen wir uns deshalb bitte ersparen. Danke.

In einer langen Etappe, die uns den Schweiß aus allen Poren treibt, nähern wir uns dem Schlaraffenland vor allem der jungen Korsikabergsteiger, dem Kletterparadies der »Bavella«. Schon der Klang des Namen bringt es verstärkt: »La Bavella«. Der gleichnamige Pass liegt nahe der Straße oder besser umgekehrt. Jedenfalls sind wir hier oben für unsere Unterkunft erreichbar.

In diesen Tagen haben wir uns so sehr mit der Natur Korsikas angefreundet, dass sie uns in der Bavella eine besondere Abschiedsvorstellung zum Geschenk macht.

Wir steigen durch ein scheinbar unüberschaubares Sortiment von Türmen, Wänden, Kanten und Pfeilern, gegliedert durch Kamine, Risse, Spalten und Durchschlüpfe, verziert mit phantasieanregenden Verwitterungserscheinungen. Unwillkürlich beurteilen wir den Fels nach Griffigkeit und Sicherungsmöglichkeiten; denn wer je mit dem Klettervirus infiziert wurde, der bekommt als Weitwanderer hier Entzugserscheinungen wie ein Kind, dem man in einem Spielplatz die Hände fesselt.

Ja, das war's! Gipfelziele und den Nervenkitzel des Kletterns entbehrten wir in diesen Tagen. Wie Zuschauer fühlten wir uns dort, wo wir selbst spielen wollten. Andererseits blieben uns dafür der Nerv und die Ruhe, Naturschauspiele zu bestaunen, wie die Blütenstaubwolken der Laricio-Kiefern am Bavella-Pass zum Beispiel. Ein theatralischer Fortpflanzungsakt.

Die Bavella-Etappe kennt im Verlauf des GR 20 einen sehr alpinen Wegverlauf durch die Felsenstadt hindurch und eine andere, einfachere Passage an ihrem Südabsturz entlang. Man sollte sich aufraffen, den Weg durchs Gebirge zu wählen, auch wenn es nach vielen anstrengenden Wandertagen nicht gar so leicht fällt. Wahl- und weglos zieht es uns irgendwo nach oben. Eine Ortsbestimmung sagt: Wir krabbeln auf dem Turm der Österreicher. Einen Turm der Deutschen verzeichnet die Karte etwas weiter nördlich, einen Frankenturm, einen Spion von Ahlen – wo sind wir denn? Die Korsen benützen den Sammelnamen »Eselshörner«.

In ganzer Länge verlangt der GR 20 zweifellos eine sehr sportliche Leistung. Fachleute kalkulieren vernünftigerweise einen Zeitaufwand von 15 Tagen. Durchhaltevermögen und die richtige Logistik sind für die Gesamtbegehung Voraussetzung. Wie man hört, wird die Strecke selten lückenlos vom Start bis zum Ziel begangen. Aus vielen Gründen halten wir das für sehr verständlich. Einer davon wird bestimmt die beiderseits lockende Mittelmeerküste sein.

Zu guter Letzt klingt alles aus. Vom 1200 Meter hoch gelegenen Bavella-Pass lassen wir uns sieben Stunden lang hinaustreiben nach Conca. Der Muskelkater ist längst vergessen. Der Sonnenbrand blüht, die Sohlen sind abgelaufen, es endet der Urlaub. Vielleicht möchte der Interessent ein persönliches Fazit hören: Korsika, Insel der Schönheit, Insel der Kontraste, diese Werbeversprechungen sind übertrieben, aber wahr. Die Schönheit Korsikas neigt tatsächlich zu Übertreibungen. Eigentlich hätten wir dem Maßlosen, dem Unermesslichen der Inselnatur nicht den Messstab GR 20 anlegen dürfen. Aber stolz sind wir schon, dass wir uns jetzt Weitwanderer nennen dürfen.

Kleine, bucklige Welt

Obwohl mich mein Lebenswandel als Bergsteiger ausweist, werde ich in einem Kaufhaus schon auf der aufwärts fahrenden Rolltreppe so müde wie in der Gipfelregion eines sehr hohen Berges. Das kann am ähnlich geringen Sauerstoffgehalt der Luft liegen, wahrscheinlich aber hat mich der Anmarsch zum Kaufhaus schon extrem gefordert. Konsum- und Kulturmärsche in Innenstädten verursachen meist eine geheimnisvolle Schlappheit beim Alpinisten. Spaziergänge kaum weniger. Grundsätzlich scheint die horizontale Fortbewegung zu Fuß den Bergsteiger in körperliche und seelische Grenzbereiche zu führen. Wer dagegen argumentiert, Reinhold Messner habe schließlich bedeutende Eis- und Landebenen bezwungen, der sei an die Außergewöhnlichkeit dieses Mannes erinnert und außerdem an die Notlage, in der er sich befand, als ihm die Aufsehen erregenden Vertikalziele zur Neige gegangen waren.

Also – was folgern wir für uns aus dieser Erfahrung?

Richtig – wir, die ganz normalen, unprofessionellen Lustbergsteiger brauchen unsere Steigungen und Gefälle. Schon die mildeste so gestaltete Geländeformation reicht meist zum Glücklichsein. Darf ich das bitte an einem Beispiel veranschaulichen?

Zwischen dem Murnauer Moos, dem Kurort Bad Kohlgrub und dem von der Weltberühmtheit vernachlässigten Unterammergau buckeln die drei Hörndl bescheiden vor sich hin: das Vordere Hörndl, das Mittlere Hörndl und das Hintere Hörndl. Letzteres überragt als einziges die 1500-Meter-Grenze. Diese drei Wald- und Wiesenhügel sind uns seit Jahren ein beliebtes, gemütvolles, neuerdings auch zum Nachdenken angenehmes Ziel.

Das Vordere Hörndl nimmt eine Sonderstellung ein. Es ist sozusagen erschlossen. Es gibt dort einen kleinen Sessellift, kurgerechte Aufstiegswege, im Winter einige Skipisten und ein Gipfelwirtshaus. Wohltuend unaufdringliche Touristeneinrichtungen. Der Begriff Fremdenverkehrs-Infrastruktur wäre dafür eine Hochstapelei. Hier blüht noch eine familiäre Wander- und Wintersportatmosphäre, wo »Grüß Gott« und »Servus« oder im schlimmsten Fall »Guten Tag« gesagt wird. Wir persönlich mögen die Kohlgruber Seite vom Hörndl auch, weil nahe der Liftstation mein Freund und Exkollege Kaspi Mayr mit seiner Lisi seinen äußerst stilvollen bayerischen Ruhestand pflegt. Und wenn wir die beiden hie und da heimsuchen, ist die Freude beidseitig und ehrlich, weil man sich mag.

Das mit der erwähnten Nachdenklichkeit und Dankbarkeit für jeden glücklichen Tag hat sich verstärkt, seit in einem der letzten Winter mein Lieblingsvetter Hias aus Schongau im Auslauf vom Vorderen Hörndl mit seinen Skiern stürzte und seitdem versuchen muss, im Rollstuhl weiter zu leben. Er war ein guter Skifahrer und ein leidenschaftlicher Bergsteiger. Er wird es also verstehen, wenn wir uns trotzdem wieder und immer wieder diesen drei Vorgebirgshügeln zuwenden.

Von Bad Kohlgrub aus braucht der normale Berg- oder Skiwanderer übers Vordere, Mittlere bis zuhöchst aufs Hintere Hörndl etwa zwei Stunden. Dabei lassen wir den Lift außer Acht, was wir immer tun, weil wir ja Berggeher sind. Ich rede übrigens immer vom Berggehen, wenn ich nicht genau weiß, wann man noch Bergwandern sagen muss oder schon Bergsteigen sagen darf. Diese Überlegung führt uns auch gleich zu einer anderen Aufstiegsmöglichkeit auf die Hörndln.

Knapp nördlich von Unterammergau, auf einem Wiesenhügel, stehen das Kircherl von Kappl und daneben ein Hof. Hier beginnt ein Südwest-Aufstieg zum Mittleren Hörndl. Aus dem Ammertal steilen sich Kuhweiden hinauf. Mischwaldstreifen umsäumen sie. Die Trittspuren der Naturliebhaber sind nicht der Rede wert. Ein Berggeher fällt im Vergleich zum Rindvieh auf den regenweichen Wiesenhängen nicht ins Gewicht. Zu allen Jahreszeiten kommen wir spätestens droben am Waldrand richtig ins Schwitzen. Die Reizschwelle für den Körper und das Gemüt ist erreicht. Ein kleiner Ahornboden tut sich auf. Für die ehrwürdigen, knorrigen Baumgestalten nehmen wir uns bei jedem Wetter Zeit. Wie Gespenster haben wir sie aus dem Morgennebel wachsen sehen, und das Wispern ihrer Blätter empfanden wir im Sommer als Kühlung und im Herbst, bei mildmüdem Licht, war uns das Rascheln des Laubes ein Signal für Ende und Anfang zugleich; denn bald darauf begegnen wir den Bäumen im strahlend weißen Drumherum, eisbepanzert und trutzig.

Oberhalb der Ahornlichtung, nach dem Schlupf durch den Fichtenwaldgürtel, leitet ein mäßig geneigter, breiter Gratrücken vollends zum mittleren Gipfel hinauf. Auf der drüberen Talseite ist hinterm Pürschling längst das Wettersteingebirge herausgewachsen. Droben überrascht besonders die Aussicht nach Nord und Ost. Aufs Murnauer Moos, den Staffelsee, den Riegsee, den Starnberger See und den Ammersee. Auf alles halt, was die Eiszeit damals zur Gestaltung einer oberbayerischen Traumlandschaft beigetragen hat. Der weite Überblick abstrahiert das Kulturelle und lässt das Ursprüngliche aufscheinen.

Und zur Aussicht kommt einmal mehr die Einsicht: Kleine Berge hören dann auf, wenn es am schönsten ist. Sie haben einen erzieherischen Wert für den Alpinisten, weil sie den Idealismus fördern und den Heroismus nicht aufkommen lassen. Und gesünder sind sie auch.

Neulich trafen wir auf dem Mittleren Hörndl keine Menschenseele. Dafür aber grasten dort elf Rindviecher und vier Pferde. Ein andermal feierte man auf allen drei Gipfeln fast gleichzeitig je eine Bergmesse. Angeblich soll die »massierte« Glaubensdemonstration unbeabsichtigt gewesen sein, und es klang auch so; denn die jeweiligen kirchenmusikalischen Darbietungen disharmonierten überzeugend gegeneinander.

Übrigens: Am meistbesuchten, am Hinteren Hörndl hängt ein besonderer Christus am Gipfelkreuz. Kein leidender, strapazierter Heiland, sondern ein sportlicher, mit Bodybuilder-Maßen. Das »Es ist vollbracht« würde man ihm nicht ganz glauben, eher ein »Es ist prachtvoll«. Im Winter ist das Kreuz unbemannt. Schön, dass es in der Ammergauer Herrgottschnitzerzunft so menschelt und keine Norm gibt.

Wir sind im Pfaffenwinkel. In dieser Region leben unsere besten Freunde. Zur rechten Zeit treffen wir sie, verabredet oder auch nicht, auf den Hörndln: die Schleichs, den Sepp und die Marita. Auch ein ganz wilder Alpinist – Gott hab ihn selig – lief uns hier öfters buchstäblich über den Weg: der Dacher Michl.

Noch gar nicht so lange her, saßen wir, die Meinige und ich, unterm Mittleren Hörndl im Windschatten in der Sonne.

Da kommt einer über den Grashügel herauf. Zunächst sehen wir nur seine Silhouette. Bei der ersten Bewegung weiß ich, das ist der Wörmann Sepp. Viele Jahre lang haben wir zusammen gearbeitet. Wir sind nicht nur befreundet, wir sind auch gemütsverwandt. Und drum riechen wir – ohne Absprache – die Tage, an denen man aufs Hörndl gehen muss.

»So klein ist die Welt«, sagt man immer. Wir meinen natürlich unsere kleine Welt, unsere kleine, unebene, bucklige Welt, die immer bergauf und bergab führen muss.

Nichts im Leben endet oben

Vor etwa 15 Jahren schrieb ich einen Filmtext zu einer Bergtour. Ich weiß nicht mehr zu welcher. Wir waren am Gipfel gewesen und fingen an, abzusteigen, abzuklettern, abzuseilen, abzufahren oder herunter zu fliegen – gleich wie, mein Kommentar an dieser Stelle lautete: Nichts im Leben endet oben!

Einen Tag nach der Ausstrahlung des Beitrags rief mich eine Verlegerin aus Salzburg an und schlug mir vor, unter diesem Titel ein Buch zu schreiben. Ich hatte keine Zeit und kein Interesse, aber ich bedankte mich natürlich artig dafür, dass man mir so genau zugehört hatte. So tiefsinnig war diese Bemerkung seinerzeit gar nicht gedacht. Sie sollte nur verbinden vom Bergauf zum Bergab. Eine gewisse Abschiedsschwermut vom Obensein war dabei schon beabsichtigt. Keinesfalls aber sollte es depressiv klingen, eher ein bisserl ironisch, wie: »Sterben müssen wir alle, dann bringt's uns auch nicht um!«

»Nichts im Leben endet oben« ist nun freilich ein Satz, an dem man beunruhigend viel herumdenken kann – wenn man will. Am besten sehen wir das Ganze zunächst einmal rein bergsteigerisch.

Mein Freund Hans Kammerlander übertitelt eines seiner Bücher vom Achttausender-Bergsteigen mit »Abstieg zum Erfolg«. Wenn uns Sonntagsbergsteigern schon die eigene Erfahrung bei so gewaltigen Gipfelzielen fehlt, dann wissen wir doch – dank Jon Krakauer –, dass wir am Mount Everest spätestens um 14 Uhr auf dem Gipfel sein müssen, um noch am selben Tag wieder einen lebensrettenden Zeltplatz zu erreichen. Nun könnte einer natürlich behaupten, diese Situation sei genau das traurige Beispiel dafür, dass etwas doch oben enden könnte, nämlich das Leben. Gerade der höchste Berg der Erde lehrt das immer wieder.

Meine Anmerkung »Nichts im Leben endet oben« denkt jedoch ausschließlich darüber nach, was innerhalb unseres Lebens nachlässt, absinkt, weniger wird, vielleicht sogar ganz aufhört.

Bergsteigerisch gesehen ist es also ganz einfach notwendig, die Kraft und den frohen Mut richtig auf das Bergauf und das Bergab zu verteilen, damit wir nicht schlapp oder grantig werden an unserem Berg.

Immer wieder passieren Fehler bei dieser Planung. Einer der gängigsten ist das zu schnelle Anfangstempo bei einer Tour. Die weiteren tagtäglichen Nachlässigkeiten sind: schlechte Trinkversorgung, zu spätes Aufbrechen, nicht einkalkulieren von Hitze, Kälte, Wettersturz und Selbstüberschätzung ganz allgemein. All das sind Verhaltensmuster, als wolle man auf den Berg nur hinaufkommen und nicht auch wieder herunter und damit zu einem glücklichen Ende der Bergtour. Je höher, länger, schwieriger das Unternehmen, je stärker der Drang, den Gipfel erreichen zu wollen, desto angebrachter ist die lapidare Feststellung: Nichts im Leben endet oben!

Komplizierter, aber auch reizvoller wird es, wenn wir anfangen zu überlegen, warum im Leben nichts oben endet, sondern immer alles unten.

Wenn auf diesem Buchtitel steht: »BERGAUF – BERGAB – Nichts im Leben endet oben«, dann ist das eigentlich eine so genannte Tautologie. Das heißt: doppelt gemoppelt, eine Wiederholung des Sachverhalts, zweimal dasselbe. Die Erdanziehung oder die Schwerkraft, sie erlaubt uns zwar unter Anwendung von Energie nach oben zu kommen, aber solange wir leben, zieht es uns immer wieder nach unten, und wir sind Gott sei Dank darauf eingestellt. (»Runter kommen sie alle.«)

Meine Frau und ich steigen auf einen Gipfel an der Grenze vom Oberen Vinschgau in die Schweiz. Ein langer, anstrengender Aufstieg an einem warmen Frühsommertag über Hochalmen und harte Schneefelder liegt hinter uns. Wir sitzen am Gipfel in 2600 Metern Höhe. Längst wissen wir beide, diese Höhe wird heute nicht unser Kulminationspunkt sein. Schon in der näheren Umgebung stehen ein paar höhere Gipfel. Aber sie sind nicht unser Ziel.

Die Aufstiegsenergie, die bisher aus unseren alten Bergsteigermuskeln kam, werden wir umtauschen gegen die der warmen aufsteigenden Luft, gegen die Thermik.

Wenige Minuten nach dem Start mit unseren Gleitschirmen sagt mir mein Höhenmesser eine Höhe von über 3000 Metern an, mit der Tendenz »steigend«. Die Flugperspektive der nächsten Stunde heißt Vinschgau, Ortler, Münstertal, Engadin. Ich bemühe mich, wenn auch ungern, die eidgenössische Lufthoheit und den Schweizer Nationalpark zu respektieren. Mit mir fliegt die Euphorie. Meine liebe Frau leider schon längere Zeit nicht mehr. Obwohl ich sie nach dem Start über mir dulden musste, orte ich den roten Schirm jetzt weit unten, beharrlich an den Hängen über St. Johann in Taufers fliegend. Dort unten lebt unser Freund Erich Pircher, dort unten werden wir landen. Irgendwann tun wir es, sitzen glücklich in der frisch gemähten Wiese und reden über unser grandioses Flugerlebnis. Warum sie mich dort droben in 3500 Meter Höhe verlassen hätte, frage ich meine wirklich ausgezeichnete Pilotin. »In so großer Höhe, so weit über Grund wird es mir immer ein wenig unheimlich und ich habe das Gefühl, ich gehöre da nicht hin«, meint sie. Ich konnte dieses Gefühl an diesem Tag nicht mit ihr teilen. Aber es fällt mir ein anderes Erlebnis zum Thema Erdverbundenheit ein.

An einem Nachmittag im Mai starten Helga und ich mit dem Gleitschirm auf dem Gipfel des 2059 Meter hohen Monte Stivo über Arco. Im Angesicht des Gardasees, welcher bekanntlich nur 65 Meter hoch liegt. Fast 2000 Meter Höhenunterschied also zwischen oben und unten. Das Erlebnis dort ist nicht neu für uns, aber immer wieder faszinierend und wegen der Gardaseewinde auch spannend. Unser VW-Bus parkt bei Santa Barbara am Ende der Auffahrtsstraße, etwa 1200 Meter hoch. Helga will beim Bus landen und wir wollen uns am Campingplatz in Arco wieder treffen. Wir fliegen eine Weile um den Gipfel herum und konzentrieren uns dann jeder auf seinen Landeplatz.

Meiner ist noch weit weg. Das Fußballstadion in Arco habe ich vorgesehen; denn die Landemöglichkeiten am Nordende des Gardasees sind rar. Ich fliege in großer Höhe hinaus in Richtung See und wünsche mir, dass alle Düsenjägerpiloten jetzt am Nachmittag längst dienstfrei haben. Es geht – wie erwartet – zäh voran. Der Wind vom See her fühlt sich ziemlich steif an. Das Fußballstadion im dunstigen Arco sieht sehr, sehr klein aus. Noch habe ich von der Beschleunigungsmöglichkeit meines Fluggerätes keinen Gebrauch gemacht. Ich spare sie mir auf. Obwohl ich schon weit vom Gipfel entfernt bin, schleiche ich noch 1600 Meter hoch über dem Sarcatal dahin. Helga ist längst auf dem Hochplateau beim Auto gelandet. Das beruhigt mich. Später glaube ich, unseren weißen Bus zu sehen, an den weniger bewaldeten Stellen der Serpentinenstraße. Als ich immer noch 1200 Meter hoch irgendwo zwischen Torbole und Arco herumhänge und den Schirm immer noch krampfhaft gegen den Wind halte, macht es mir keinen Spaß mehr. Das Betätigen des Beschleunigers hat sowohl abwärts wie vorwärts wenig Wirkung. Als mein Höhenmesser 1100 Meter anzeigt, geht's keinen Meter mehr abwärts. Es scheint ein Deckel über dem Sarcatal zu liegen, der mich nicht nach unten kommen lässt. Die vertraute Erdanziehung ist zugedeckt von einer Thermikglocke. Gut eineinhalb Stunden bin ich jetzt unterwegs und ich fange an, meinen Gleitschirm nach bestem Wissen und Gewissen zu strapazieren, wohl wissend, dass mir kein Rettungsschirm zur Verfügung steht. Spiralen bringt Höhenverlust, aber wenn ich die Spirale ausleite, weil mir der Arm fast abfällt vor Anstrengung, geht es sofort wieder nach oben. Und außerdem treibt es mich nach Norden, wo ich nicht hin will, weil ich dort – sollte ich irgendwann den Boden erreichen – nur Weinstöcke, Obstbäume und Hochspannungsleitungen weiß. Ein Manöver, das »B-Stall« heißt und eine symmetrische Verkleinerung der Schirmfläche bedeutet, bewährt sich nicht, weil ich dabei meine Richtung nicht halten kann. Herunterziehen der Schirmohren bringt keinen spürbaren Erfolg. »Erstaunlich, was so ein graziles Gebilde alles mit sich machen lässt«, denke ich mir.

Ich bin 1000 Meter hoch über dem Sarcatal. Rechts von mir wären Arco und der Fußballplatz, aber ich habe den Plan, dort zu landen, längst aufgegeben. Denn wenn ich das Grün wegen des starken Windes nicht erreiche, bin ich mitten im »Centro Storico« von Arco. Ich mag den alten Ort, aber nicht so.

Ich bin jetzt weit über zwei Stunden am Himmel und überlege möglichst cool. Ich werde in den Beschleuniger steigen, möglichst viel die Ohren anlegen und dadurch hoffentlich wieder etwas in Richtung Gardasee vorankommen. Unten führt eine landwirtschaftliche Straße wie mit einem Lineal gezogen in Richtung Torbole. Dort werde ich irgendwann die Füße wieder auf den Boden bekommen. Die Erdanziehung gewinnt immer, aber die starke Thermik über dem Sarcatal ließ erst nach, als es finster wurde.

Helga war zum Einkaufen gegangen und hatte mich dann nicht mehr aus den Augen gelassen. Ich landete wohlbehalten auf der geplanten Straße. Als ich am Boden stand, hing der Schirm über mir an einer Telefonleitung. Ich hatte sie nicht mehr gesehen, weil es schon zu dunkel war.

Nichts im Leben endet oben! Schließlich gilt diese Erkenntnis, wie wir alle wissen, für alle Lebenslagen, für Stimmungen, Witterungsbedingungen, Gesundheitszustände, Börsenkurse, Liebesverhältnisse, Berufskarrieren, Bergsteigergrößen, Staatspräsidenten, Bundeskanzler usw., usw. Es würde mich nicht wundern, wenn nicht einmal der Papst um diese Realität herum käme. Aus eben dieser Richtung haben wir, als wir noch ziemlich jung waren, immer gehört: »Wenn du brav bist, kommst du in den Himmel!« (Leider hat man auch nie vergessen, darauf hinzuweisen, unter welchen Voraussetzungen man in die Hölle oder zumindest ins Fegefeuer hinunterkäme.) Schon damals habe ich mir unter »oben im Himmel« nichts wirklich Überzeugendes vorstellen können. Und auch schon damals habe ich mir damit geholfen, dass ich mir vorstellte, ich werde dann dort oben alles verstehen, was ich heute nicht verstehe. Und das wird viel sein. Halleluja!

Es ist beunruhigend für den Alten, dass die Jungen
glauben könnten, er wäre mächtiger, kräftiger,
erfahrener, selbstbewusster, reicher, wissender,
klüger, weiser, schöner ...
Dabei hat er den Jungen nur das Eine sicher voraus:
Er war schon einmal so jung wie sie ...